TRANSLATED SERIES ON
INTERNATIONAL
CULTURAL HERITAGE LAW

ENFORCING INTERNATIONAL
CULTURAL HERITAGE LAW

Francesco Francioni   James Gordley

文 化 遗 产 国 际 法 律 译 丛

丛书总主编：程乐   [英] David Machin   李俭   [法] Anne Wagner

国际文化遗产法律的
执行

[意] 弗朗西斯科·弗兰西奥尼   [美] 詹姆斯·戈德雷/主编

程乐 李俭 孙钰岫 余薇 吴昕蔚/译

中国民主法制出版社
全国百佳图书出版单位

图书在版编目（CIP）数据

国际文化遗产法律的执行/（意）弗朗西斯科·弗兰
西奥尼（Francesco Francioni），（美）詹姆斯·戈德雷
(James Gordley) 主编；程乐等译.—北京：中国民
主法制出版社，2021.9
（文化遗产国际法律译丛）
书名原文：ENFORCING INTERNATIONAL CULTURAL
HERITAGE LAW, FIRST EDITION
ISBN 978-7-5162-2592-9

Ⅰ.①国… Ⅱ.①弗… ②詹… ③程… Ⅲ.①文化遗
产—法律—研究—世界 Ⅳ.①D912.104

中国版本图书馆 CIP 数据核字（2021）第 088668 号

Enforcing International Cultural Heritage Law was originally published in English in
2013. This translation is published by arrangement with Oxford University Press. China Democ-
racy and Legal System Publishing House is solely responsible for this translation from the origi-
nal work and Oxford University Press shall have no liability for any errors，omissions or inaccu-
racies or ambiguities in such translation or for any losses caused by reliance thereon.

图书出品人：刘海涛
出 版 统 筹：乔先彪
责 任 编 辑：逯卫光

书名/ 国际文化遗产法律的执行
作者/ 〔意〕弗朗西斯科·弗兰西奥尼（Francesco Francioni）
〔美〕詹姆斯·戈德雷（James Gordley）/主编
程乐 李俭 孙钰岫 余薇 吴昕蔚/译

出版·发行/ 中国民主法制出版社
地址/ 北京市丰台区右安门外玉林里 7 号（100069）
电话/ （010）63055259（总编室） 63058068 63057714（营销中心）
传真/ （010）63055259
http：//www.npcpub.com
E-mail： mzfz@npcpub.com
经销/ 新华书店
开本/ 16 开 710 毫米×1000 毫米
印张/ 15 字数/ 228 千字
版本/ 2021 年 12 月第 1 版 2021 年 12 月第 1 次印刷
印刷/ 三河市宏图印务有限公司

书号/ ISBN 978-7-5162-2592-9
定价/ 52.00 元

"文化遗产国际法律话语译丛"编委会

总 主 编

程　乐　David Machin　李　俭　Anne Wagner

副总主编

刘　强　孙钰岫　裴佳敏　胡锡涛

编　　委

David J. Bodenhamer(美国印第安纳普渡大学)

蔡建明(中国科学院)

陈芳鑫(浙江大学)

程　乐(浙江大学)

付　欣(西北政法大学)

宫明玉(对外经济贸易大学)

Nelson H. Graburn(美国加州大学伯克利分校)

Rodney Harrison(英国伦敦大学学院)

Michael Herzfeld(美国哈佛大学)

胡锡涛(浙江大学)

李　俭(浙江工商大学)

Lucas Lixinski(澳大利亚新南威尔士大学)

刘光华(兰州大学)

刘　强(中国外文局)

马庆凯(杭州师范大学)

David Machin(浙江大学)

Lucie Morisset（加拿大蒙特利尔大学）

裴佳敏（浙江工商大学 ）

Michael Rowlands（英国伦敦大学学院）

沙丽金（中国政法大学）

Laurajane Smith（澳大利亚国立大学）

孙钰岫（浙江大学）

Anne Wagner（法国里尔大学）

王春晖（浙江大学）

王　敏（中国人民大学）

王　欣（浙江大学）

吴晶晶（浙江大学）

吴忠华（浙江大学）

冼景炬（香港城市大学）

杨晓琳（西北工业大学）

叶　宁（浙江大学）

余　薇（澳大利亚墨尔本大学）

目录

CONTENTS

第二部分

国内法院的执法

第三部分

执法的替代方法

概　述

　　在过去二十年中，国际法对文化财产领域的关注显著增强，并极大扩展了保护文化财产的法律工具。各国已经就新的多边公约进行了谈判，并采用软法律文书处理新型文化遗产，例如 2001 年《水下文化遗产保护公约》，2003 年《保护非物质文化遗产公约》，2003 年《关于蓄意破坏文化遗产问题的宣言》以及 2007 年《联合国土著人民权利宣言》。在同一时期，为更新和完善旧的文化财产保护制度，已经开展了大量的工作。1999 年《关于发生武装冲突时保护文化财产公约第二议定书》以及 1995 年国际统一私法协会《关于被盗或者非法出口文物的公约》的通过就是如此，该公约填补了 1970 年联合国教科文组织《关于禁止和防止非法进出口文化财产和非法转让其所有权的方法的公约》（以下简称 1970 年《联合国教科文组织公约》）的私法空白。这项立法活动促进了大量学术著作的发展，涵盖了从物质到非物质不同学科和文化遗产的方方面面。[①]

　　与此同时，文化遗产问题也开始渗透到国际法和国际裁决的其他领域。如今，在投资争端的裁决、世界贸易组织法、人权法院的判例中，甚至在世界知识产权组织的工作中，都经常提到文化遗产保护。世界知识产权组织一直在努力使知识产权与通常被认定为"传统知识"的文化遗产的表现形式相适应。今天，可以肯定地说，文化遗产法是国际法的一个独立分支。同时，它也是国际法许多其他领域不断发展的一个方面。

　　但是，与国际法的其他领域（尤其是环境保护法）一样，文化遗产领域还没有相应地制定执行程序和机制。在文化遗产领域，没有设立或正在考虑设立普通法院。即使在文化财产非法贸易的关键领域，即文化遗产争端数

---

　　① 有关文化遗产领域法律制定的概述，请参见联合国教科文组织文件 *Standard Setting in UNESCO：Normative Action in Education，Science and Culture*（ UNESCO Publishing and Martinus Nijhoff：Leiden/Boston，2007）．

量最多之处,对于联合国教科文组织负责的归还问题,政府间委员会也没能发挥应有的作用,私人团体仍然无法进入这一关键领域。国际文化遗产法的这一"弱点"与相关法律文献中的空白相对应,迄今为止,这一空白几乎完全从国际私法的角度解决文化遗产法的实施问题,并依靠法院在决定适用法律和主管法院问题方面的作用。

本书旨在通过对国际文化遗产法执行的可行方法进行多层次分析来填补这一空白。第一部分考察了国际机制和方法提供的执法机会。第二部分侧重于国内裁决的作用,包括国际法规定的限制,例如司法管辖豁免。第三部分致力于分析实施和争端解决的替代手段,如仲裁、外交谈判、博物馆实践和社会规范的发展。

弗朗西斯科·弗兰西奥尼(Francesco Francioni)将多种文化表现形式中的多元化思想与可能在强制执行文化遗产保护规范中发挥作用的多种法律命令联系起来。本章介绍了国内和国际不同的法律秩序,并阐述战争与和平时期、公共和私人等不同的规范体系如何在文化财产的各级监管和执法过程中相互作用。本章还强调了文化财产作为一项国际公共利益的重要性,以及公共和私人行为主体在促进国际规则对保护艺术和遗产作为人类共同利益方面的作用。

安娜·弗尔多利亚克(Ana Vrdoljak)关注第一次世界大战后的一系列重要条约,考察文物归还、实物赔偿和重建国家文化遗产,提供了有关和平条约作用的创新见解。本章还探讨了有关多民族国家解体中文化遗产国家继承的重要问题,如奥地利和奥斯曼帝国等。笔者认为,这些通过和平条约执行文化遗产的早期例子,为当代解决冲突后局势中的争端提供了一个重要经验。

费德里克·莱兹里尼(Federico Lenzerini)研究了前南斯拉夫国际刑事法庭的最新判例,该制例可概括为国际刑事法庭在对侵犯文化遗产罪执行个人刑事责任原则时的实践。由于文化财产的人文因素及其作为人民和社区文化和精神部分特征的重要性,他着重论述了国际刑法作为文化遗产法执行工具的作用。审查判例法,特别是巴尔干战争引起的判例,表明文化遗产的破坏既不是军事的必然结果,也不是敌对行为的不幸附带损害,而是有意攻击目标人民的身份和生活基本要素,从而通过不同方式继续进行种族清洗。

劳丽·拉什(Laurie W. Rush)针对预防和打击抢劫考古遗址和非法贩运

古物的各种方法提出了一个"实地观点",文章还审查了立法模式、实物保护和专门机构的建立,如意大利宪兵队对文化遗产的保护。本书提供了关于作者在和平时期抢劫中的亲身经历以及在伊拉克等冲突局势中制止非法贩运文物的第一手资料。

本书的第二部分探讨了各国国内法院的文化遗产和文化财产法执行情况。在这一领域值得关注的是,各国可以根据自己的主权提出抗辩或主张权利。

里卡尔多·帕沃尼(Riccardo Pavoni)论述了各国在多大程度上可以提高诉讼和执行主权豁免权的辩护效果。他描述了三种可能适用于文化财产诉讼豁免的例外情况。一是国家豁免的"商业例外",例如《联合国国家及其财产管辖豁免公约》第 10 条或美国《外国主权豁免法》第 1605(a)(2)条。二是"所有、占有和使用财产"例外及其限制(根据 UNCSI 第 13 条,或 FSIA 第 1605(a)(4)条)。三为 FSIA 第 1605(a)(3)条的"征用"例外。里卡尔多·帕沃尼认识到这三个例外在执行豁免的领域带来的困难,他思考的问题是,当习惯或条约义务要求收回艺术品与归还战争、和平时期拿走的文物时,"文化遗产"豁免限制措施在多大程度上是合法的。他还遵循意大利费里尼判例,讨论了对主权和主权财产豁免的"文化人权"例外的概况和可行性。

詹姆斯·戈德雷(James Gordley)讨论了第一个问题,即民事诉讼的各种障碍。其中一个障碍是违反出口法偷运出境的艺术品不能以一国不执行另一国的出口管制法为由予以回收。詹姆斯·戈德雷认为,即使根据现行法律,这条规则也不应适用于对国家文化遗产至关重要的物品。另一个障碍是,国家不能以所有权为由要求归还文化财产,除非所有者享有使用、占有和处置文物的正常权利。詹姆斯·戈德雷主张一个国家承认不同类型的财产权,即保卫和保护文物的权利。这将使其能够收回走私到国外的文物,就像这些文物仍在其境内受到保护一样。

帕特里齐亚·维格尼(Patrizia Vigni)探讨了一个国家可以在其主权基础上提出的最具争议的主张之一:对在海底发现的文化财产的主张。该主张可能基于起源国,即某历史性物体在淹没水下之前已经被生产和使用过的国家。也就是说,该主张可以基于船旗国对其船舶的主权,正如国际惯例法、1982 年《联合国海洋法公约》和海事法所认定的那样。此外,沿海国对其领海和大陆架的自然资源拥有主权权利,并有权控制毗连区的活动,如打捞行动。帕特里齐亚·维格尼指出对基于上述法律规范获得相关区域主权的国家国内法院可以认为其主权优先基于其他利益。其他利益包括私人利益以及因作为人类遗产一部分的文化物品特殊地位所产生的利益,尤其是2001 年《保护水下文化遗产公约》所认定的物品。由此帕特里齐亚·维格尼认为,这些利益有权获得更大程度的保护。

后续章节探讨了在主权国家主张债权或辩护时,国内法院对文化遗产和文化财产所提供的保护。

帕蒂·格斯滕布利斯(Patricia Gerstenblith)描述了民事和刑事案件中如何处理三种类型的非法活动:一是从文物被埋葬或隐藏的地点抢劫文物;二是从其所有者处盗窃文物;三是违反出口法律跨越国界偷运此类物品。鉴于国际法和国内法的复杂性,她讨论了国内法院可以提供保护的程度。由于采取有关保护行动存在困难,文物回收的民事诉讼正在发挥着举足轻重的作用。但刑事诉讼不起作用,除执法力度不足外,一部分原因是缺乏资源,另一部分原因是政府对文化对象的重视程度相对较低。

本书的第三部分涵盖了实施保护文化财产和文化遗产规范的替代方法。

亚历山德罗·切奇(Alessandro Chechi)承认了在国内法庭提起诉讼的困难。困难包括一些技术原因,例如时效期限届满、实施反扣押立法或国家豁免规定。诉讼涉及零和解决方案,往往迫使法官将财务损失分配给被剥夺财产的所有者或当前善意持有人。此外,诉讼费用昂贵。亚历山德罗·切奇表示,尽管存在这些困难,但谈判、调解和仲裁等替代方案尚未广泛使用。谈判和调解不能确保争端得到解决或解决方案可以强制执行。仲裁可能与传统诉讼一样昂贵且耗时。随着国内法院逐步认识到诉讼在涉及文化物品、艺术市场特点以及协调历史、道德、文化、金融和法律问题最后达成解决方案上的特点,亚历山德罗·切奇看到了一个更有希望的选择。这一认识转变体现在各案件中,例如法官下令归还战争时期扣押的文物,法官不顾禁止在域外执行出口法的规则而执行了来源国的法律。

德里克·芬钦(Derek Fincham)重点介绍了博物馆和文化遗产机构自发遵守国际标准所带来的实施潜力。他描述了在博物馆和画廊观察到的社会规范的积极变化。博物馆在没有1970 年以前文献资料的情况下获取文物越发犹豫。如果展示的物品是被非法挖掘的,各国都会要求返还,在几个重要案例中,博物馆都愿意归还这些非法挖掘文物。根据德里克·芬钦的观点,下一步理应是越来越多的个人接受这些规范。

　　霍莉·弗洛拉(Holly Flora)详细描述了领先的美国博物馆采用的正式道德标准的变化。她总结道,尽管这些新标准反映了博物馆长期以来对抢劫问题的认识,但像纽约大都会博物馆这样的博物馆在获取没有完整出处的文物方面有很大的自由,如果没有被证实是非法的行为。新标准是否会阻止掠夺者做他们现在所做的事情,她对这一点表示怀疑。事实上,这可能会通过新网络进行不同的甚至更危险的贩运活动,为被抢劫的物品建立错误的信息来源。此外,即使在这个标准更加严格的时代,尽管博物馆更加关注物源,但他们仍然会继续从同一经销商处购买物品。

第一部分

国际法框架

第一章

文化遗产执法中法律秩序的多元性与互动

弗朗西斯科·弗兰西奥尼（Francesco Francioni）[①]

第一节 引言

在介绍这本关于文化遗产法执行的著作之前,应该解释本章标题的含义。"法律秩序的多元性与互动"旨在表达法律在文化财产领域的执法需要不同法律秩序的不断互动和融合,包括私人和公共、国内和国际、国家和区域以及软法律和强制性法律。这些不同的法律秩序共存、相互影响、相互冲突,尤其是当作为其驱动力的法院和法庭被要求执行文化财产和遗产保护标准时。正是在这个阶段,法律多元化可能被用于避开对文化遗产的有效保护。例如,就像我们使用法律多元化作为多层次监管和国际合作的工具一样,通过巧妙地使用法律冲突来验证可疑出处物品(被盗艺术品或非法出口的古物)的所有权,或来增强对文化遗产的保护。同样,在本讨论语境中,"法律秩序"的含义是什么? 回顾 20 世纪初出现的"法律秩序"(ordinamento giuridico,ordonnoncement juridique,Rechtsordnung)的概念可能有用,这个概念很大程度上是对主流法律实证主义理论的回应。在西西里法学家桑蒂·罗马诺(Santi Romano)于 1907 年出版的开创性著作《法律秩序》(L' Ordinamento giuridico)中可以找到法律秩序概念的解释,法律作为法律秩序不是如法律实证主义所假设的那样具有约束力的规范总和,而是由个人和集体信仰、实践和社会成员的共同倾向以及反映社会成员实践和倾向的物质组织

[①] 意大利佛罗伦萨大学国际法教授。

构成的基本社会结构。这就是所谓的法律"制度性"理论,当使用诸如意大利语之类的语言时,该理论更容易理解,因为在这种语言中,分别用不同的表述对应法律作为一种法律秩序(diritto)和法律作为一种具有约束力的公认立法权威(legge)。

但将桑蒂·罗马诺的著作与本书的主题联系起来的主要原因是他将法律视为"多元法律秩序"、超越国家的法律以及超越国家任何特定社会组织的产物。在今天的全球化世界中,这一想法是非常现代的。而更重要的是,它与本书文化遗产和法律的背景相符合。多元化和多样性是文化表现形式的显著特征。作为一种致力于赋予文化表达形式的媒介,艺术本身总是超越其作为一个客观存在的经济价值,并反映出倾向的多元化和多样性。这一点很好地与法律作为多元法律秩序的思想相契合。对于任何访问欧洲的人来说,这是显而易见的。游客探索这片土地的过程中,将在巨石阵考古遗址、伊特鲁里亚死亡城市、希腊殖民地和罗马帝国的宏伟遗迹以及在有着惊人风格的建筑和城市景观中找到近3000年的人类历史痕迹。这些建筑和景观涵盖了从标记中世纪朝圣者小路的严酷罗马式教区教堂到气势磅礴的哥特式大教堂和巴洛克风格的华丽戏剧。这种多样性不仅仅是对不同历史时期的继承,也是对同一时代精神的不同解释和演绎。当我们将利昂·巴蒂斯塔·阿尔贝蒂(Leon Battista Alberti)佛罗伦萨文艺复兴时期建筑的光彩夺目的优雅与罗马大教堂的宏伟壮丽以及同一时代的华丽威尼斯风格相比较时,这一点是显而易见的,因为建筑明显受到了东方的影响。

艺术和遗产的表达形式多种多样,反映了生产和维护它们的社区的不同集体倾向和社会组织。桑蒂·罗马诺曾引用古老格言"ubi societas ibi jus(有法,才有社会)",我们可以说"ubi societas ibi ars et jus(有艺术和法,才有社会)"。

基于这一点,本章将在以下部分中着力研究:第一,文化遗产法律观点的多元性和互动;第二,不同法律制度在保护文化遗产方面的多元性和相互作用;第三,国内和国际不同执行机制之间的多元性和互动。

第二节　视角多样性

关于文化遗产的概念和意义,直到最近,根据文化财产的两种概念,国际和比较法学者以及文化遗产外交专家分为两派：一派将其视为国家的一部分；另一派将其视为人类文化遗产的一部分。前者将对国家领土内文物的保留作出合理解释，并以公共利益的名义对文化产品的私人所有权实行出口管制和限制。相反，后者将会弱化文化遗产作为国家认同要素的作用，而强调其作为人类遗产一部分的重要性，从而支持最广泛地获取文化遗产和促进世界各国人民之间的文化理解与交流。后一观点并不受"来源国"的青睐，这些国家过去曾遭受过文化遗产的损失，当下也可能因非法贩运而继续遭受损失。相反，艺术进口国的政策制定者、收藏家和博物馆更喜欢后一观点，因为其有能力为世界秩序作出贡献，其中，文化交流可以支持人类的智力和道德进步。

　　人们可能想知道这两种观点是否准确地反映了法律精神和政策对文化遗产保护和管理的态度。当然，这种关于文化遗产的作用和重要性非黑即白的观点今天被一种更复杂和多元化的文化表达概念所取代，这种概念超越了国际和各个国家态度之间的原始区别。

　　今天，文化财产可能被视为国家认同的一部分，特别是在后殖民主义和后共产主义背景下，无论是被掠夺或损坏艺术品的归还形式，还是恢复具有政治意义的古迹的形式，文化遗产在"过渡时期司法"中扮演着重要角色。① 与此同时，文化物品可以被视为影响着我们的世界观的物质公共空间的一部分，这些物质公共空间也是我们通常所说的"环境"或"景观"的一部分。文化遗产作为公共空间的一部分，为通向遗产的整体方法开辟了道路；这是一种将文化遗产和自然遗产结合在一起的方法，并考虑了此类遗产与居住在其中的人们的真实生活之间的互动联系。正是这种整体的遗产概念为国际上制定保护景观的规范性文书所作的努力奠定了基础。②

　　文化物品可被视为易受经济评价影响的可移动文物，因此可在国内和国际商业中进行交换；但它们也可被视为具有内在价值的物体，作为人类创造力的表现形式，并作为人类技能和工艺独特或非常特殊传统的一部分，今

---

　　① 参见爱沙尼亚抵抗纳粹主义纪念碑的拆除以及俄罗斯的痛苦反应，这一拆除行为被爱沙尼亚视为苏联占领的标志，而被俄罗斯看作是历史修正主义的挑衅行为。

　　② 参见 the European Landscape Convention, Florence 2000, Council of Europe Treaty Series note 176；the UNESCO Proposal Concerning the Desirability of a Standard Setting Instrument on Historical Urban Landscapes,18 Aug. 2011, General Conference 36 C/23.

天我们将其称为"非物质文化遗产"。① 今天在博物馆、展览馆和商店中展示的绘画、雕塑、马赛克、镶嵌木材、乐器和口头遗产的杰作,都得益于社会结构和传统,正是这些结构和传统培育和维护了生产它们所必需的人类知识和技能。

今天的文化财产可以被视为个人权利财产权的对象,也可以被视为"共同财产"或公共财产,后者对于集体社会团体的归属感以及将这种情感传递给后代是必不可少的。从这个意义上说,文化遗产成为人权的一个重要方面,它反映了少数群体和族群的精神、宗教和文化特殊性。这种特殊性与作为国家一部分的遗产这一主导思想相悖,在 2007 年《联合国土著人民权利宣言》中土著人民的文化权利中得到了最充分的体现。②

▎第三节 法律制度的多元化与互动

在文化财产思考方式上多样化的同时,法律也越来越复杂,国际监管制度之间的相互作用也不断增加。自联合国教育、科学及文化组织(以下称教科文组织)③成立以来,已经通过了多项多边条约,这些条约有助于对"文化财产"概念作出精确定义,而"文化财产"④以前被认为是一个难以捉摸的、破碎的物品自治类别。与此同时,国际惯例和条约法已经从把"文化财产"概念作为一个对象,发展到更广泛的"文化遗产"概念。由于文化财产法与人权法的相互作用,这一点得以实现,这也使得保护范围从物质文化产品扩展到这些商品的"相关"社会价值,这些物质文化产品也成为文化社区的重要

---

① 参见 UNESCO Convention for the Safeguarding of the Intangible Cultural Heritage, adopted in Paris on 17 Oct. 2003, available at < http://portal. unesco. org/en/ev. php-URL_ID = 17716& URL_DO = DO_TOPIC&URL_SECTION = 201. html > (最后访问于 2013 年 2 月 4 日)。

② United Nations Declaration on the Rights of Indigenous Peoples, General Assembly Resolution, 13 Sept. 2007, Sixty-First Session, Supp. No. 53(A/61/53), especially arts. pp. 11-16.

③ 联合国教科文组织于 1945 年 11 月 16 日由 37 个国家的代表创立,这些国家签署了《联合国教育、科学及文化组织组织法》(1946 年 11 月 4 日生效), 见 < http://portal. unesco. org/en/ev. php-URL_ID = 17716& URL_DO = DO_TOPIC&URL_SECTION = 201. html >。

④ "文化财产"这个综合表述首次用于 1954 年《关于发生武装冲突时保护文化财产的公约》, 见 < http:// portal. unesco. org/en/ev. php-URL_ID = 13637&URL_DO = DO_TOPIC&URL_SECTION = 201. html > (最后访问于 2013 年 2 月 4 日)。在早先的国际文书中,没有关于文化财产的统一概念,只有对战争行为中应该避免的历史性、纪念性或人道主义利益对象的经验性指示。

组成部分和文化社区创造精神和身份的表达。

　　法律秩序的多元化和相互作用也是国际人道法与国际国内武装冲突中保护文化财产的具体规则之间的相互影响的基础。① 此外，国际武装冲突法已与国际刑法共同成为国际文化遗产法创新和进步发展的要素，具体分为三个不同方向：第一，把对文化财产的攻击提升到国际罪行的法律地位，特别是战争罪和危害人类罪；② 第二，不仅在国内法下，还根据国际法，对严重侵害文化物体的个人刑事责任法进行巩固；③ 第三，逐步发展故意破坏文化遗产的国家责任法。④

　　在和平时期的国际法领域，公法和私法义务已朝着预防和制止可移动文化财产非法贩运方向发展。⑤ 在公法层面，越来越多的进出口国家批准了1970年教科文组织《禁止非法贩运文化财产国际公约》，该公约现已在所有主要艺术市场国家生效。⑥ 在国际私法层面，1995年《国际统一私法协会关于被盗或者非法出口文物的公约》（以下简称《国际统一私法协会公约》）⑦就被盗或非法出口文化产品的所有权取得、提出索赔的时限以及外国公法

---

　　① 参见 1949 Geneva Conventions (Convention (I) for the Amelioration of the Condition of the Wounded and Sick in Armed Forces in the Field; Convention (II) for the Amelioration of the Condition of Wounded, Sick and Shipwrecked Members of Armed Forces at Sea; Convention (III) Relative to the Treatment of Prisoners of War; and Convention (IV) Relative to the Protection of Civilian Persons in Time of War) as well as their Additional Protocols of 1977, particularly Articles 52(1), 53 and 86 of Protocol I and 16 of Protocol II.

　　② 参见 Article 3 of the Statute of the International Criminal Tribunal for Yugoslavia and Article 8 b ix and 8 e iv of the Statute of the International Criminal Court.

　　③ Second Protocol to the Hague Convention of 1954 for the Protection of Cultural Property in the Event of Armed Conflict, adopted 26 Mar. 1999, published in 38 ILM (1999) at pp. 769-82, especially arts. pp. 15-18; Article 3d of the Statute of the International Criminal Tribunal for Yugoslavia, 32 ILM (1993) at 1192-5; Article 8 of the Statute of the International Criminal Court, 37 ILM (1998) at pp. 999-1019.

　　④ 参见 UNESCO Declaration Concerning the Intentional Destruction of Cultural Heritage adopted by the General Conference of UNESCO at its 33rd Session, Paris, 19 Oct. 2005, reprinted in Standard Setting in UNESCO, Volume II (2007), at p. 733; see also Francioni and Lenzerini, 'The Destruction of the Buddhas of Bamiyan and International Law', 14 Eur. J. Int'l L. (2003) at p. 619.

　　⑤ Convention on the Means of Prohibiting and Preventing the Illicit Import, Export and Transfer of Ownership of Cultural Property, adopted in Paris on 14 Nov. 1970, 见 < http://portal. unesco. org/en/ev. php-URL_ID = 13039&URL_DO = DO_TOPIC&URL_SECTION = 201. html > （最后访问于 2013 年 2 月 4 日）。

　　⑥ 见 < http://portal. unesco. org/la/convention. asp? KO = 13039&language = E&order = alpha > 。该公约已被 120 个国家批准，其中包括最大的文物进出口国，如美国、英国、瑞士、日本、意大利和法国。

　　⑦ UNIDROIT Convention on Stolen or Illegally Exported Cultural Objects, adopted 24 June 1995, 见 < http://www. unidroit. org/english/conventions/1995 culturalproperty/1995 culturalproperty-e. pdf > （最后访问于 2013 年 2 月 4 日）。

在归还纠纷中的相关性等问题制定了创新性规则。通过这两个文件，人们可以理解国际公法与私法之间的相互作用，其目的是防止和制止文物的非法贩运。《国际统一私法协会公约》也纳入了国际公共政策原则，即绝不允许合法取得被盗文物，并规定被盗文物的占有者必须将其归还。① 从这个意义上讲，国际公法原则成为弥合不相容的国内法律秩序之间差距的工具，一方面（大陆法系）规定被盗动产的善意购买人应获得法定所有权，另一方面（英美法系）购买被盗文物绝不意味着获得法定所有权。

《国际统一私法协会公约》提供了不同法律命令之间富有成果的相互作用的其他实例，以期更有效地保护文化财产免遭秘密贩运以及随之而来的损失和失散。《国际统一私法协会公约》第 3 条第 2 款提供了这样一个例子，允许将"已被非法挖掘或合法挖掘但非法保留的文化物体"作为"被盗物"的资格（因此必须强制返还），前提是该资格与物品挖掘国的法律相符（即国家法律将地下考古物品描述为国家遗产）。显而易见，这一规定使得我们有可能去克服不同国家法律秩序多元化和自治所带来的障碍，这些法律秩序一方面将地下考古遗产视为公共财产，另一方面又允许私有土地所有者和私人团体对考古物品的所有权。《国际统一私法协会公约》提供的解决方案反映了人们对国家法律命令之间的冲突关系以及它们之间的渐进式调解关系的认识，以支持在打击非法贩运古物方面的法律合作政策。

在更细微的模式中，当归还文物的行为不仅涉及恢复原始所有权人的所有权（例如盗窃或非法出口的情况下），而且还需要承认历史不公正或国际罪行时，在某些归还纠纷中就可以看出私法与公法之间的相互作用。近期许多涉及大屠杀掠夺艺术品、②战争掠夺和殖民统治期间文化剥夺行为的案件都是如此。在这些情况下，国际条约的不溯及既往原则可能成为文物回归其合法所有者的巨大障碍。然而，非过渡时期原则的僵化可以通过过渡时期的原则加以调整，更确切地说是通过过去错误行为的"非合法性"原则调整，例如《国际统一私法协会公约》第10(3)条中可以找到的原则。③

---

① UNIDROIT Convention art. 3.

② 请参阅 O'Donnell, 'The Restitution of Holocaust Looted Art and Transitional Justice: The Perfect Storm or the Raft of the Medusa?', 22 Eur. J. Int'l L. (2011) at p.49。

③ 第10(3)条规定如下："公约在任何情况下都不会容许在本公约生效之前任何性质的非法转移变得合法化……也不限制国家或其他人的任何权利根据本公约框架内的补救措施提出索赔、要求归还在本公约生效前被盗或非法出口的文物。"这一概念在《国际统一私法协会公约》序言部分第六段中也得到确认。

国际法与国内法之间的相互作用是 1972 年联合国教科文组织《保护世界文化和自然遗产公约》所提供的"世界遗产"保护的创新制度核心。此公约包括其 190 个缔约方,与国际社会整体近乎吻合建立并发展了一种国际合作体系,以保护和定价具有突出价值的某些文化和自然财产。① 其成功的秘诀在于,在领土主权原则的基础上,将国家的法律秩序与附加于这种特殊价值的"世界遗产"的国际法概念的精心结合,使其成为人类共同利益的对象,以保护和传承给后代。国家法与国际法之间的相互作用遵循国家法和国际法之间分工的创造性模式。在国家层面,领土国家拥有识别其领土内的财产以列入《世界遗产名录》的专有权。在国际层面,"公约"的主管机构——世界遗产委员会有权评估拟议财产,有权批准或拒绝其在名单中登记,并监测其保护状况,以维持它的世界遗产地位,或决定将其降级为"濒危世界遗产名录",甚至将其从名单中删除。② 世界遗产制度是领土主权基本原则与国际法相互作用的一个很好的例子。与共同遗产资源③不同,世界遗产仍然受到领土国家主权的制约;同时,这种主权必须以符合国际法保护和保护财产为目标的方式行使,以符合国际社会的共同利益。

在 21 世纪即将来临之际,在保护水下文化遗产④和保护非物质文化遗产⑤的条约制度发展中,出现了文化遗产管理中法律秩序多元化和相互作用的其他表现形式。首先是 1982 年《联合国海洋法公约》所规定的国际海洋法律秩序空白和应用不令人满意的结果。公约没有为保护水下文化遗产问题提供充分的答案,使其免于因纯粹商业目的而未经授权或不受管制地被检索的风险。尽管 2001 年《保护水下文化遗产公约》的批准数量仍然有限,并且对其烦琐的国家间合作体系提出了批评,但该公约及其有关"针对水下文化遗产的活动规则"的技术在整合与文化遗产、海洋法律秩序有关方面仍

---

① Convention Concerning the Protection of the World Cultural and Natural Heritage, adopted in Paris on 16 Nov. 1972, 见 < http://portal. unesco. org/en/ev. php-URL _ ID = 13055&URL _ DO = DO _ TOPIC&URL_SECTION = 201. html > (最后访问于 2013 年 2 月 4 日)。

② 共发生了两次:一次与阿曼(Oman)的一个自然遗址有关;另一次与德国德累斯顿市(Dresden)的文化遗址有关。

③ 《联合国海洋法公约》第十一部分中的国际海底区域的矿物资源。

④ Convention on the Protection of the Underwater Cultural Heritage, adopted in Paris on 2 Nov. 2001, 见 < http://portal. unesco. org/en/ev. php-URL_ID = 13520&URL_DO = DO_ TOPIC&URL_SECTION = 201. html > (最后访问于 2013 年 2 月 4 日)。

⑤ 2003 年 10 月 17 日在巴黎通过的联合国教科文组织《保护非物质文化遗产公约》,见 < http://portal. unesco. org/en/ev. php-URL_ID = 17716&URL_ DO = DO_TOPIC&URL_SECTION = 201. html > (最后访问于 2013 年 2 月 4 日)。

然是值得赞扬的。自古以来,这种法律秩序是在普遍的商业和安全利益的推动下发展起来的。

2003 年《保护非物质文化遗产公约》以及 2005 年《保护和促进文化表现形式多样性公约》本身就是对全球化时代保护文化多元化和多样性的日益关注的产物。但从更深层来说,它们也是两种不同的国际规范、文化遗产规范和人权规范之间相互作用的结果。基于此,2003 年《保护非物质文化遗产公约》提出,国际文化遗产法与人权法、保护少数群体法和正在形成的保护土著居民权利法相结合。

第四节　执法机制的多元性和相互作用

与跨国投资、贸易和人权等其他国际法领域不同,国际文化遗产法没有规范执行和争端解决的临时机制。目前没有普通法院,也没有在未来设立有关法院的计划。遗产返还委员会在很大程度上未得到充分利用,并且对私人方无效力。该委员会是由教科文组织内部决定的产物,而不是 1970 年《禁止非法贩运文化财产国际公约》的一部分,国际法院(the International Court of Justice,简称 ICJ)是联合国的主要机构,却很少有机会解决文化财产和文化遗产问题。柏威夏寺是个旧案件,现在再次在法院受理。① 尽管所涉文化财产本身并不是争端的主题,其本身只是划定该案件有争议边界的参考,但法院裁定,泰国有归还从柏威夏寺遗址中移走的部分文化财产的国际义务。另一起是 2004 年列支敦士登对德国提起的案件,列支敦士登要求德国归还在第二次世界大战后没收的某些艺术品,该案从未超过法院拒绝行使管辖权的初步反对阶段。② 最近,国际法院有机会详细阐述在种族灭绝背景下的文化遗产相关内容,③以及在 2009 年航行权和有关权利的案件(如

---

① Case Concerning the Temple of Preah Vihear(Cambodia v Thailand) ,Judgment of 15 June 1965, ICJ Reports(1962) ,at 6 ff.

② Certain Property(Liechtenstein v Germany) ,Judgment of 10 Feb. 2005.

③ Genocide Case(Bosnia-Herzegovina v Serbia) ,Judgment of 26 Feb. 2007. 在此件中,申诉人的论点呈上法院,申诉人认为,记录在案的有系统地摧毁宗教建筑、图书馆和其他文化财产是被告蓄意抹杀目标领土上穆斯林人所有生命和文化痕迹的证据,从而达到种族灭绝的目的。法院虽然承认此类行为的国际罪行性质,但拒绝将其视为犯下灭绝种族罪的证据。详见第 335—344 段。

Costa Rica 诉 Nicaragua 案)①中,国际法院维护了当地土著居民把文化传统(捕鱼)作为他们维护自给经济权利的一部分的权利。

　　缺乏一个执行文化遗产规范的专门平台,以及国际法院在文化遗产方面案件的稀缺在某种程度上通过"借用平台"得到补偿;"借用平台"是指为执行其他类别的国际规范而建立的争端解决机制。人权法院和国际刑事司法机构的情况就是如此,其判例显示,越来越多的案件涉及人权标准与文化遗产规范之间的密切互动或冲突。特别是当个人或私有实体为了保护财产权而援引国际法时,就会发生这种情况。欧洲人权法院已裁定了几起案件,案件涉及难以解决个人私有财产权和保护文化产品公共利益的问题。在这些案件②中,法院没有超越《第一附加议定书》(Protocol I)中有关保护"每个自然人或法人和平地享受其财产"的个体权利的严格规定。③ 因此,保护集体文化遗产或文化景观公共价值的利益略受轻视,或者充其量算作能够影响争议财产市场价值的因素。美国人权法院已经实现了个体权利与文化财产公共利益之间渐进的平衡。美国法理学在解释《美国人权公约》第 21 条时有了突破。这一条款原本旨在保护财产作为个体权利,而现在该条款着眼于文化社区、地方团体和土著人民的共同利益,以 2001 年 AwasTingni 案的判决为开端,美国法院大胆融合了个体财产权与社区文化财产概念,并在随后的判例法中明确了这种方法,特别是在 2005 年 Moiwana 社区诉 Suriname 案和 YakyeAxa 诉 Paraguay 案中。

　　显示文化遗产规范与国际法其他分支之间相互启发可能性的另一个国际争端解决领域是国际仲裁,本书的其他章节中(如第九章)也有专门讨论。这里需要指出,投资仲裁领域正在出现一种独特做法,其中文化遗产规范也会影响仲裁员解释和实施适用条约规范的方式,从而最终调整决策的结果,即使从技术上讲,文化遗产规范也不是适用于争端法律的一部分。帕克(Parkering)仲裁提供了一个相关的案例,关于立陶宛维尔纽斯市(Vilnius)为在历史名城中心公开招标建设现代停车场而引起的争议,该历史名城被联合国教科文组织列为世界遗产。原告是一家挪威公司,该公司指控立陶

---

　　① Judgment of 13 July 2009, paras. pp. 134-144.

　　② *Beyeler v Italy*, Application note 33202/96, Decision of 5 Jan. 2000. 该案涉及意大利艺术作品出口管制与《欧洲人权公约》中《第一附加议定书》的兼容性;*Sud Fondi Srl c Italia*, Application No. 75909/01, *Decision of 20 Jan. 2009*,其中,法院认定意大利决定拆除建造在受保护沿海地区的大型建筑物这一行为违反了该公约第七条和财产权。

　　③ 《第一附加议定书》第 1 条。

宛政府因将合同授予荷兰公司而违反了适用的《双边投资条约》中所载的最惠国条款。在驳回原告主张时,与荷兰投标人介入程度较小的项目相比,国际投资争端解决中心(ICSID)法庭相当重视原告项目会给文化遗产带来的影响,并得出结论,就适用的投资条约而言,两个投资者的处境并非"相似":

(原告项目)对大教堂区域附近旧城区的显著扩展以及项目规模的差异足以确定两个投资者的处境并非"相似"。此外,维尔纽斯市政府面临着各种机构基于考古和环境问题的无数强烈反对。在记录中,没有任何令人信服的证据表明这种担忧不是决定性的,或是建立在拒绝(原告项目)之上的。所以,维尔纽斯市确实有合理的理由来区分这两个项目。①

这项裁决取得了新突破,将文化遗产问题作为东道国可能追求的合法目标,东道国会采纳条例或采取对投资者的经济利益有影响的措施,这些措施也可能达成违反国际投资法所规定义务的初步认定。该裁决基于先前的判例,例如SSP诉埃及案,其中ICSID法庭甚至将国际文化遗产规范与《保护世界文化和自然遗产公约》作为投资争端中的相关适用法律。这一趋势已在最近的实践中得到证实。根据《北美自由贸易协定》第11章,在Glamis Gold(2009)和Grand River(2011)两个案件中,双方都涉及投资者向美国索赔。在第一个案件中,ICSID法庭驳回了一家加拿大公司的主张,即联邦和州一级对加利福尼亚采矿业务的严格规定将构成间接征收并打破外国投资者的合法期望。作为美洲土著人部落祖先土地,采矿场地的文化价值及其引人注目的环境因素,是支持美国政府为保护相关领土的环境和景观价值而采取的监管措施合法性的一个因素。

2011年1月裁决的第二个案件有关加拿大土著社区的一项投诉,即美国烟草业为补偿吸烟受害者而实施的联邦补偿计划违反了北美自由贸易协定下的投资者权利。该裁决按事实驳回了申诉,但同时明确提到了文化遗产相关的国际标准作为经济纠纷中可能适用的法律,特别是2007年《联合国土著人民权利宣言》。

▌第五节　国内裁决与国际执法的互动

到目前为止,本章研究了执法机制在"横向"维度中的相互作用,即在不

---

① ICSID Case No. AR/05/08,Sept. 2007.

同的国际裁决机构之间的关系。但如今,执法机制在"垂直"维度上也发生了强烈的相互作用,即在各国家法院和国际争端解决机制之间。国家法院可以成为加速解决国际或跨国文化财产争端的催化剂。人们可能还记得Altman 案,其中美国最高法院认为,在向美国法院提起民事诉讼时,奥地利政府在要求归还奥地利因纳粹迫害奥地利犹太人而获得的一系列珍贵画作(Klimt)上不能享有主权豁免。在裁决之后,争议各方同意仲裁,并最终通过仲裁裁决,要求奥地利将有争议的艺术品归还原告。在刑事案件中,盖蒂博物馆前策展人马里昂·特鲁(Marion True)一案在意大利备受瞩目,因为她涉嫌与有组织抢劫人美第奇(Medici)从意大利非法贩运文物到美国,该案件为意大利政府与美国几家主要博物馆之间的谈判和缔结创新协议铺平了道路,并开辟了新的模式,其中包括盖蒂博物馆、纽约大都会博物馆、波士顿博物馆和克利夫兰博物馆。同样,2009 年秘鲁在美国对耶鲁大学就关于归还秘鲁马丘比丘(Macchu Picchu)宝藏一事提起了诉讼,这一举动影响了 2010年秘鲁与耶鲁之间协议谈判,也影响了 2011 年 2 月耶鲁与库斯科大学之间为发展印加文化研究联合中心以及共同管理争议文物而签署的谅解备忘录。

第六节　结语

文化遗产作为"人类的共同遗产"这一概念可以追溯到 1954 年《关于发生武装冲突时保护文化财产的公约》,其中提到"对任何人的文化财产的损害都意味着对全人类文化遗产的损害,因为每个人都为世界文化作出了贡献"。本章节试图表明不同的法律秩序、公共和私人、国内和国际、战时和和平等不同的规范如何在不同的文化财产监管和保护程度上相互作用。在执行国际标准层面,互动更为重要,缺乏集中的争端解决机制将有效执行法律的责任转移到国家法院、法庭、政府机构和私有主体,例如博物馆和艺术品收藏家。

第二章
通过和平协议执行文化遗产归还

安娜·弗尔多利亚克(Ana Vrdoljak)[1]

第一节 引言

在现代社会中所巩固的和平协议是国际法的重要来源。20世纪初以来,和平协议在制定国际和区域文化遗产保护方面具有特别重要的意义。[2] 冷战结束后,武装冲突的数量和性质转变已经明显升级。[3] 其中大多数是国家内部冲突,很多是由种族和宗教差异引起的,[4]而少数民族、土著人民往往是"受害者,而不是暴力行凶者"。[5] 和平协议数量在这一时期也有所增加。[6] 尽管有关国内冲突的和平协议增多,但仍有相当一部分冲突重新出现,特别是那些具有"种族"因素的冲突。[7] 联合国秘书长指出:"培养种族文化和传统是持久稳定的基础。在执行相关国际规范和最大限度地实现成功

① 澳大利亚悉尼科技大学法学院教授,中欧大学法律研究系客座教授。

② C. de Visscher,'International Protection of Works of Art and Historic Monuments',Documents and State Papers(1949)821.

③ L. Harbom and P. Wallensteem,'Armed Conflicts 1946-2009',47(4)J. Peace Research(2010)501; Human Sec. Report Project, Human Security Report 2009/2010 (Vancouver:HSRP, 2010) (hereinafter HSRP).

④ Kreutz,'How and When Armed Conflicts End',47(2)J. Peace Research(2010)243.

⑤ United Nations,Report of the Independent Expert on Minority Issues,UN Doc. A/65/287(2010),p.5.

⑥ L. Harbom et al.,'Armed Conflict and Peace Agreements',43(5)J. Peace Research(2006)617.

⑦ Harbom and Wallensteem,see earlier note 2;HSRP,see earlier note 2;Kreutz,see earlier note 3; G. Stewart et al.,'Major Findings and Conclusions on the Relationship between Horizontal Inequalities and Conflict',in F. Steward(ed.),Horizontal Inequalities and Conflict(New York:Palgrave Macmillan,2010) pp.285-300.

且可持续和平协议时,迫切需要研究文化及文化遗产的作用。"①

　　我认为,和平协议历史上处理文化遗产的方式大致可分为三类:一是归还和恢复文化遗产,作为冲突后现有国家之间的赔偿;二是现有国家的文化权利保障与文化遗产的归还和保护;三是新国家的文化权利保障与文化遗产的归还和保护。

　　这一分类至关重要,因为在其过程中,都包含对文化遗产自身的危险和对这种威胁的不同应对措施。

　　本章作者以1919年巴黎和会产生的相关和平条约作为案例,探讨了这三个类型对于文化遗产法实施的影响,尤其在文化遗产归还方面。这些条约不仅是"新瓶装旧酒"的典型,而且为当代国际文化遗产法奠定了基本原则,这些条约中的实施方案仍为解决今天的争议提供了潜在的解决方案。在认识到其局限性的同时,这些第一次世界大战后的和平条约在制定和执行文化遗产法的贡献方面值得重新评估。

┃ 第二节　通过赔偿实现和平

　　直到20世纪90年代,多数和平协议都涉及国际武装冲突,也就是说,存在于现有国家之间。1648年《威斯特伐利亚和约》和1945年后的和平协议超越了国家间的直接冲突,并通过建立新的国际秩序努力实现持久和平。从涵盖宗教包容到少数群体保障,再到早期人权保护的规定,这些和平解决方案都以不同但有限的程度解决"文化"问题。② 这些和平解决方案部分定义了这些条约,同时也被这些条约界定,也正是这些条约构成了新的国际秩序。

　　从1815年起,这些和平协定通常还包含关于文化遗产恢复性赔偿的详细规定。为了应对违反战争法和国际人道主义法的行为,他们批准了可迁移文化遗产国家之间的外部归还(例如,艺术品、文档等)以及不可迁移文化

---

　　①　UNDoc. SG/SM/12833(2010).

　　②　P. Thornberry, *International Law and the Rights of Minorities*(Oxford:Clarendon Press,1991);A. F. Vrdoljak, *International Law*, *Museums and the Return of Cultural Objects*,(Cambridge:Cambridge University Press,2006).

遗产的重建(例如,图书馆、宗教圣地等)。①

直到 20 世纪中叶,国家间和平协议中的这两部分都是平行的。当联合政府对 20 世纪 30 年代和 40 年代暴行回应时,两者才合并在一起。②

一、第一次世界大战后条约框架下的赔偿

1919 年《凡尔赛和约》(又称《协约国和参战各国对德和约》)中所载的归还条款为文物归还开创了先例,这是对违反国际法特别是国际人道法所造成重大文化损失的补救,同时也包括了"被归还"对象是由持有国合法获得的情况。③ 美国代表大卫·亨特·米勒(D. H. Miller)指出,违反国际法,包括 1899 年和 1907 年《海牙公约》(又称《制止非法劫持航空器公约》)保护的文化财产所产生的义务,有权要求损害赔偿。④ 和平会议代表的动机是通过恢复社区、领土、文物和档案来实现和平与稳定这样更广泛的愿望。美国总统伍德罗·威尔逊(Woodrow Wilson)表示,解放后的领土必须"恢复",并补充说:"如果没有这种治愈行为,国际法的整体结构和有效性将永远受到损害。"⑤根据威尔逊的话,米勒指出,恢复不仅限于物理重建,还应包括心理重建以及国家文化遗产重建。⑥

《凡尔赛和约》第 247 条将通过根据该条约设立的盟国间委员会(赔偿委员会)进行调解。⑦ 该委员会将考虑赔偿要求并向德国(及其同盟)提供

---

① W. W. Kowalski, in T. Schadla-Hall (ed.), Art Treasures and War (London: Institute of Art & Law,1998); Vrdoljak, see earlier note 8, at pp. 77-87; A. F. Vrdoljak, ' Cultural Heritage in Human Rights and Humanitarian Law ', in O. Ben-Naftali (ed), *International Human Rights and Humanitarian Law* (Oxford: Oxford University Press,2011), at p. 250-302.

② Berlia, see earlier note 11, at 2; Vrdoljak, see earlier note 9, at p. 266.

③ Arts. 245-247, Treaty of Peace between the Allied and Associated Powers and Germany, Versailles, 28 June 1919, in force 10 Jan. 1920, Cmd 516 (1920); British and Foreign State Papers, vol. 112, at 1; (1919)225 Parry's CTS 189; (1919)13 (supp.) *Am. J. Int' l L.* 151 at p. 276.

④ D. H. Miller, Memorandum, ' The American Program and International Law ', (31 July 1918), in P. M. Burnett, *Reparation at the Paris Peace Conference from the Standpoint of the American Delegation* (2 vols, New York: Columbia Univ. Press,1940), vol. 2, at 170. See arts. 27 and 56 of the Convention (II) with Respect to the Laws and Customs of War on Land and Its Annex: Regulations Concerning the Laws and Customs of War on Land,29 July 1899, in force 4 Sept. 1900,187 Parry's CTS (1898-99),4291 (supp.), *Am. J. Int' l L.* (1907)129; Convention (IV) Respecting the Laws and Customs of War on Land, and Annex, The Hague,18 Oct. 1907, in force 26 Jan. 1910,208 Parry's CTS (1907),77 2 (supp.), *Am. J. Int' l L.* (1908)90.

⑤ Burnett, see earlier note 14, vol. 2, at p. 303, doc. 454.

⑥ Burnett, see earlier note 14, vol. 1, at p. 423, doc. 47.

⑦ Articles 233 and Annex II, Treaty of Versailles. 第 245 条和第 246 条没有具体提及对赔偿委员会的适用。实际上,第 245 条规定,转移将"根据由法国政府……所传达的清单"进行。第 246 条规定,"交付物品……应在归还国政府规定的地点和条件下交付"。

"一个公正表达意见的机会"。① 来自提名国的 5 名代表将参加私下举行的会议并投票。② 该委员会不受任何特定法律、证据或法规的约束,但以"正义、公平和诚信"为指导,其所有决定"在所有适用情况下遵循相同的原则和规则"。③

二、凡尔赛赔偿条款的基本原理

《凡尔赛和约》第 247 条所批准的归还等级在法律评论员之间几乎没有达成一致意见。该条款所禁止的这种归还被描述为赔偿、实物归还或艺术品重建。实际上,在这种情况下使用这些术语与我们今天熟悉的国家责任赔偿术语相去甚远。

(一)赔偿

盟国和平谈判者对扩大和平协定中文化遗产的"赔偿"因素表示极大的抵制。盟国政府特别不愿意由另一国文化遗产的胜利者来制裁掠夺。根据第 247 条,归还的艺术品已被德国持有机构合法地获得,并且在第一次世界大战期间没有被没收。④ 因此,查尔斯·德·维舍尔(Charles de Visscher)认为,这既不是归还,也不是恢复原状,而是承认比利时对德国因违反战争规则造成的文化损失享有"赔偿权"。⑤ 该条款在条约中的位置以及赔偿委员会的执行使这一解释得到了加强,赔偿委员会的任务涵盖了处理各种战争赔偿。⑥

(二)实物归还

《凡尔赛和约》的规定最初源于承认法国和比利时遭受的大规模文化损

---

① Pt. VIII Reparations, Section I: General Provisions, Art. 233, Treaty of Versailles.

② 包括美国、英国、法国、意大利、日本、比利时和塞尔维亚、克罗地亚、斯洛文尼亚国家:Pt. VIII Reparations, Section I: General Provisions, Annex II, para. 2, Treaty of Versailles.

③ Pt. VIII Reparations, Section I: General Provisions, Annex II, para. 11, Treaty of Versailles.

④ T. Bodkin, Dismembered Masterpieces: A Plea for their Reconstruction by International Action (London: Collins, 1945) at pp. 12-15; De Visscher, see earlier note 1, at pp. 829-830; D. Rigby, Cultural Reparations and a New Western Tradition, 13 Am. Scholar(1943-44) 273, at p. 279.

⑤ Bodkin, see earlier note 21, at p. 13; De Visscher, see earlier note 1, at 830; UNESCO 1969, Means of Prohibiting and Preventing the Illicit Import, Export and Transfer of Ownership of Cultural Property, Preliminary Report, 8 Aug. 1969, UNESCO Doc. SHC/MD/3(1969), 11; cf. Burnett, see earlier note 14, at pp. 127-128; B. Hollander, The International Law of Art for Lawyers, Collectors and Artists (London: Bowes & Bowes, 1959) 32; US Dep't of State, Treaty of Versailles and After(Wash., DC: USPO, 1947), p. 443.

⑥ Pt. VIII Reparations, Section II: Special Provisions, Treaty of Versailles.

失而接受实物归还。① 与法国不同,比利时成功引入了《凡尔赛和约》的第
247 条,该条款减少了其恢复原状的要求。② 它允许将具有相同数量和价值
的物品归还鲁汶大学,并将在武装冲突之前由返回国合法获得的艺术作品
重新归还比利时。尽管和平谈判者竭力减少这种救济的出现,但第 247 条确
实成为实物归还的一个重要的早期实例。③ 英国代表对批准该救济的条款
草案表示关注,因为"在 1814 年,艺术品的易货交易引起了极大的痛苦"。④
事实上,德国评论员担心,该条款草案会重蹈一百年前拿破仑在和平条约的
法律"遮羞布"下进行的没收。⑤

(三)艺术作品重建

大多数评论家都同意这一条款促进了艺术作品的重建,但在其理由是
否为促进比利时国家遗产或人类遗产方面观点各不相同。⑥ 托马斯·博德
金(Thomas Bodkin)在主张重建被肢解艺术作品的同时,对其在此案中适用
的合法性提出质疑。他认为,将艺术品返回比利时的工作缺乏安全措施且
条件恶劣,这使得作为全人类共同遗产一部分的文物受到了威胁。⑦ 另一方
面,查尔斯·德·维舍尔坚持认为这项规定促进了国家文化遗产的重建工
作,其目的是与巴黎和平条约中的其他归还条款保持一致。⑧

(四)国家文化遗产重建

重建国家文化遗产的概念也在《凡尔赛和约》第 245 条中进行了说明。

---

①　J. W. Garner, International Law and the World War, 2 vols. (London: Longman, Green & Co.,
1920), vol. 1, at 434; C. Phillipson, International Law and the Great War (London: T. Fisher Unwin Ltd,
1915), at pp. 159-174.

②　Burnett, see earlier note 14, vol. 1, at 981-982, 1009, docs. 284 and 286.

③　Kowalski, see earlier note 9, at 35; Martin, ' Private Property, Rights and Interests in the Paris
Peace Treaties', 24 British Y. B. Int' l L. (1947) 277; I. Vásárhelyi, Restitution in International Law, revised
by Gy. Haraszti and translated by I. Szaśzy (Budapest: Publishing House of the Hungarian Academy of Sci-
ences, 1964) 34.

④　Burnett, see earlier note 14, vol. 1, at 876, doc. 254.

⑤　Grautoff, ' Foreign Judgments on the Preservation of Monuments of Art', in P. Clemen (ed.), Pro-
tection of Art During the War: Reports Concerning the Condition of Monuments of Art at the Different Thea-
tres of War and the German and Austrian Measures Taken for Their Preservation, Rescue and Research (Leip-
zig: E. A. Secmann, 1919) 129; W. Treue, Art Plunder: The Fate of Art in War and Unrest, translated by B.
Creighton, (New York: Methuen, 1961), at pp. 222-223.

⑥　Bodkin, see earlier note 21, at 13-15; De Visscher, see earlier note 1, at 830; D. Rigby, ' Cultural
Reparations and a New Western Tradition', 13 Am. Scholar (1943-44) 273, at pp. 279-280.

⑦　Bodkin, see earlier note 21, at 14; De Visscher, see earlier note 1, at p. 830.

⑧　De Visscher, see earlier note 1, at p. 829.

为德国向法国归还在"1870—1971 战争和第二次世界大战"期间从法国劫掠的"奖杯、档案、历史纪念品或艺术品"提供了依据。[①] 随着阿尔萨斯-洛林（Alsace-Lorraine）领土归还,还有一个与该领土恢复有着特殊联系的类似文化遗产归还。[②] 此外,人们相信文化遗产归还将确保欧洲内部稳定。值得注意的是,该条款旨在通过重新分配在第一次世界大战之前就已被移动的文物来纠正历史错误。这一理论基础也为所讨论的奥匈帝国解体后继承国之间达成的和平协议奠定了基础。

第三节　通过统一实现和平

涵盖国内冲突的和平协议是当代国际立法和该领域学术研究的主要核心。1989 年后的时期是现有国家内部武装冲突急剧升级的时期,这些冲突的特征是种族和宗教分裂。[③] 与先前时期相比,和平协议终止了很大一部分国内冲突。[④] 在 1989 年之后的 20 年,和平协议也呈指数增长,其中多数涉及国内冲突。[⑤] 事实证明,在重新定义国家体制结构和进程以消除分歧和避免新的暴力方面,这些和平协议表现出多样性和创新性。其中,涉及文化遗产的条款占据了重要地位。

这些冷战后和平协定的数量之多和创造性之强,已促使法律学者和国际组织将关注主要集中在和平（及过渡）进程中的公民和政治方面。联合国通过了各种指导方针和建议,重新定义和加强了法治原则、人权、打击有罪不罚现象和民主治理。[⑥] 同样,法律和社会科学研究也侧重于这一日益增长的法律实践,以便在规则上重新理论化法律、宪政和治理。

---

① The requirements of Article 245 were fulfilled. See Hollander, see earlier note 22, at p. 32.

② Burnett, see earlier note 14, vol. 2, at pp. 303-304, doc. 454.

③ Harbom and Wallensteen, see earlier note 2.

④ C. Bell, On the Law of Peace: Peace Agreements and the Lex Pacificatoria(Oxford: Oxford University Press, 2008) 305-37; Kreutz, see earlier note 3.

⑤ Bell, see earlier note 35, at p. 5.

⑥ United Nations, Secretary-General Comments on Guidelines Given to Envoys, UN Press Release SG/SM/7257(1999) 10; United Nations, The Rule of Law and Transitional Justice in Conflict and Post-Conflict Societies, UN Doc. S/2004/616(2004), pp. 21-23; United Nations, Updated Set of Principles for the Protection and Promotion of Human Rights Th rough Action to Combat Impunity, UN Doc. E/CN. 4/2005/102/Add. 1(2005).

这些冲突和相关和平进程加强了关于文化遗产和相关人权规范的多边立法和学术研究,特别是文化权利。① 在过去 20 年中,已经通过了七项关于文化遗产的多边文书。这扩大了国际社会对包括非物质文化遗产在内的文化遗产类型的承认和保护,并促进了文化多样性和有效实现人权。同样,人们重申并阐述了现行的人权准则,并通过了专门的国际和区域少数民族文件,这些文件促进了文化权利的再次振兴,并促成了 2009 年第一位联合国文化权利独立专家的任命。② 目前对和平协定的研究及其实施在很大程度上与这些努力有关。

与土耳其和同盟国签订的第一项和平条约(1920 年《色佛尔条约》)代表了国际法在文化财产归还和通过制定保护少数群体和谴责危害人类罪来保护新生的人权之间的早期交叉。③ 未经批准的《色佛尔条约》所带来的直接影响有限,于 1923 年被《洛桑条约》取代。④ 尽管如此,《色佛尔条约》所载的原则成为国际社会在 1945 年后制定专门文化遗产文件的重要参考。

在第一次世界大战之后,为了应对国家对少数民族的迫害,第一次确定了危害人类罪的要素。初步和平会议设立了责任委员会(1919 年委员会),⑤以调查德国及其盟国违反战争法、惯例以及“源于文明人民之间的惯例、人类法律和公众良知的国际法原则”的行为。⑥ 它建议和平条约设立法庭,调查和起诉包括谋杀、屠杀、驱逐平民、剥夺占领居民领土的人的国籍、掠夺、没收财产、肆意毁坏、破坏财产以及肆意破坏宗教、慈善、教育、历史建

① J. Toman, Cultural Property in War: Improvement in Protection (Paris: UNESCO Pub'g, 2010); E. Stamatopoulou, Cultural Rights in International Law (Leiden: Martinus Nijhoff Publishers, 2007); M. Weller (ed.), Universal Minority Rights (Oxford: Oxford University Press, 2007); A. F. Vrdoljak, 'Genocide and Restitution: Ensuring Each Group's Contribution to Humanity', 22(1) *Eur. J. Int'l L.* (2011) 17.

② Human Rights Council Resolution 10/23 (2009); see, eg, Declaration on the Rights of Persons Belonging to National or Ethnic, Religious and Linguistic Minorities, UNGA Res. 47/135, 18 Dec. 1992, UN Doc. A/Res/47/135; (1993) 32 ILM 911; Council of Europe, Framework Convention for the Protection of National Minorities, 1 Feb. 1995, in force 1 Feb. 1998, CETS No. 157.

③ Treaty of Peace between the Allied and Associated Powers and Turkey, 10 Aug. 1920, not ratified, 15 (supp.) *Am. J. Int'l L.* (1921) 179; Vrdoljak, see earlier note 38.

④ Treaty of Peace with Turkey, 24 July 1923, in force 5 Sept. 1924, 28 LNTS 12.

⑤ Commission on the Responsibilities of the Authors of War and on Enforcement of Penalties for Violations of the Laws and Customs of War, Majority and Dissenting Reports, Conference of Paris, 14 *Am. J. Int'l L.* (1920) 95, at 122 (hereinafter 1919 Commission).

⑥ Eighth recital, preamble, 1907 Hague IV Convention ('Martens clause').

筑物、纪念碑的主体。① 该委员会发现,《海牙公约》禁止这些行为。②

《色佛尔条约》纳入了 1919 年委员会的建议。③ 根据第 230 条,土耳其有义务承认并配合同盟国任命的任何三方,起诉战争期间在"1914 年 8 月 1 日土耳其帝国领土一部分"上所发生的对大屠杀负有责任的肇事者。后来的《洛桑条约》没有这样的规定。相反,它纳入了一项"大赦宣言",该宣言称"期望那些困扰东方和平的事件被遗忘"。④

虽然《色佛尔条约》反映了其他巴黎和平条约中所载的少数群体保护方式,但它们之间明显不同。⑤《色佛尔条约》加强了盟国为追究个人责任和"尽可能修复战争期间在土耳其大屠杀过程中对个人造成的错误"的努力。⑥因此,《色佛尔条约》批准归还被没收财产。它规定,由于自 1914 年 11 月 1 日土耳其政权性质的变化,非穆斯林向伊斯兰教的转变不被承认,除非这些人在"重新获得自由"后自愿加入伊斯兰教信仰。土耳其将协助搜寻和归还任何种族或宗教已经失踪、被带走、被拘禁或被关押的个体。⑦ 它设立了一个由土耳其、原告社区和联盟理事会提名的代表组成的仲裁委员会,委员会有权拘留任何参与或煽动屠杀或驱逐的人,并就其财产作出命令。⑧ 它需要促进联盟委员会任命的混合委员会的工作,以接收和调查受害者或其家属的投诉,并下令释放和恢复这些人"充分享受"的权利。

《色佛尔条约》还规定,将财产归还给战争期间在土耳其境内遭遇如屠杀、驱逐等大规模犯罪活动的受害者。⑨ 由土耳其、原告社区和联盟理事会提名的代表组成的仲裁委员会有权拘留参与或煽动屠杀或驱逐出境的人员并对其财产进行调查。土耳其被要求承认"1915 年有关遗弃财产法律的不公正",

----

① 1919 Commission, see earlier note 43, at pp. 114-115.

② Arts. 42-46, Section III, 1907 Hague IV Convention; 1919 Commission, see earlier note 43, at p. 19.

③ See Art. 228, Treaty of Sèvres. As a consequence of the United States' dissenting report, no provision for the prosecution of crimes against 'the laws of humanity' was included in the peace treaties with Germany, Austria, Hungary, or Bulgaria. 1919 Commission, see earlier note 43, at p. 14; Memorandum of Reservations Presented by the U. S. Representatives, Annex II, 4 Apr. 1919, 14 *Am. J. Int'l L.* (1920) 127, at p. 134.

④ Arts. II, IV, and V, Declaration of Amnesty, 24 July 1923, annexed to Treaty of Lausanne.

⑤ C. A. Macartney, National States and National Minorities (Oxford: Oxford University Press, 1934), at 255; H. W. V. Temperley, History of the Peace Conference of Paris (1920-24), reprint, 6 vols. (New York: Oxford University Press, 1969), at p. 102.

⑥ Art. 142, Treaty of Sèvres (emphasis added).

⑦ Art. 142, Treaty of Sèvres.

⑧ Art. 144, Treaty of Sèvres.

⑨ Art. 144, Treaty of Sèvres.

宣布它和相关的立法"在过去和未来都是无效的"。财产将在没有任何产权负担的情况下予以恢复。如果所有人在没有继承人的情况下死亡或失踪，委员会可以将个人成员的财产处置给社区。针对不动产的权益无效，政府对现任所有人进行赔偿。土耳其必须为任何必要的重建或修复工作提供劳动力。

根据这一规定提起的现有诉讼裁决均未涉及文化财产。[①] 后来的《洛桑条约》也没有加入类似的规定。尽管如此，《色佛尔条约》所载的基本原则成为第二次世界大战后盟国政府处理归还被轴心国部队迫害群体的文化财产的重要先例。

第四节　新国家的建立

近期，和平协议促进了新国家的建立。早先国际社会放松了对殖民地以外新兴国家的坚决抵抗，这一发展历程可以与两次世界大战期间的国际立法模式进行比较。和平进程下的例子包括 2008 年的科索沃独立宣言和南苏丹公民投票以及随后在 2011 年的分裂。虽然现在评估这些事件及进程对国际社会和国际法的全面影响还为时过早，但似乎从理论上讲，这些进程和事件可能会拓宽关于和平协议的讨论范围。

在新兴国家的和平协议有关文化遗产的条款中，可以看到转变。国际社会对科索沃种族和宗教冲突及其遗产的反应是当代的一个重要例子。由于塞尔维亚和科索沃之间达成协议是不可能的，联合国特使在科索沃接受各种义务的情况下赞同其独立。这些义务涉及各群体的文化权利和文化遗产，由国际监督员监督，同时塞尔维亚负责归还从科索沃领土上带走的文物。[②] 这些条款的实质和制定理由与第一次世界大战后建立新兴国家的和平协定内容极为相似。[③] 联合国的全面提案也表明，提倡"宽容、对话和支持不同群体之间和解的精神"。[④]

在新国家出现的背景下，当下国际社会的许多要求原则都源于 1919 年

① Hollander, see earlier note 22, at pp. 32-34.

② Hollander, see earlier note 22, at pp. 32-34.

③ Vrdoljak, see earlier note 8, at p. 73.

④ United Nations, Comprehensive Proposal for the Kosovo Status Settlement, UN Doc. S/2007/168/Add. 1(2007), Annex II, 2.6.

后的和平条约和新国家加入国际联盟的要求。

一、奥地利与继承国家的和平条约

在奥匈帝国解体和哈布斯堡王朝解体后,和平条约规范了前任国和继承国之间的关系。新国家的目标是重建或创造一种民族文化,以加强国家的合法性以及被割让领土的一体化。[①] 条约规定似乎标志着国家文化遗产观念和继承国主张的优势,即强调国家文化遗产和继承国的意见。然而,在两次世界大战期间的实践中,这些主张因科学和艺术的"更高"利益而被忽略。这些博物馆及其藏品的特权化,早在涉及战争规则和文化财产保护的国际法早期编纂中就已有所体现。

(一)前任国和继承国相互竞争的论点

作为事实上的前任国,奥地利反对拆除维也纳收藏品,认为奥地利的主张不应仅限源于奥地利的文物。此外,奥地利坚持认为,这些文物是构成其国家文化遗产一部分,即历史(帝国)收藏品的组成部分。[②] 它认为现有收藏品的完整性不应因其巨大的科学和艺术价值而受到破坏。它坚持认为,"对文化有诉求的所有无数人所拥有……的精神财产,……超越了所有国界"。[③]

这些奥地利收藏品上所体现出的(人类文化遗产的)普遍性和(艺术和科学)客观性也不断显示出在所属国家遗产中的非政治化地位。前任国坚持认为收藏品必须留在帝国首都有两个原因:第一,更"先进"的前任国的所有人民是这一遗产的自然守护者;第二,拥有优越的经济和技术实力意味着能够更好地保护这些文化遗产。

前奥匈帝国的继承国认为,同样的文化财产也构成了自身国家文化遗产的重要组成部分。对于他们来说,和平条约的规定有助于在帝国解体后重建受地域变化影响的群体的民族文化遗产。[④] 继承国反对将普遍

① "原籍国"作为恢复原状请求依据的不明确的性质困扰了一些法学家。Visscher, see earlier note 1, at 836-837. These principles, and their contestation, were reiterated in subsequent treaties including the Vienna Convention on Succession of States in Respect of State Property, Archives and Debts, Vienna, 7 Apr. 1983, not in force, UN Doc. A./CONF. 117/4, and (1983) 22 ILM 306; Agreement on Succession Issues between the Former Yugoslav States and Annexes A to G, 29 June 2001, (2002) 41 ILM 3.

② Treue, see earlier note 28, at pp. 223-224.

③ E. Leisching, cited in Treue, see earlier note 28, at pp. 223-224; see Burnett, see earlier note 14, vol. 1, at p. 332, doc. 705.

④ De Visscher, see earlier note 1, at 830; W. W. Kowalski, 'Repatriation of Cultural Property Following a Cession of Territory or Dissolution of Multinational States', 6 Art Antiquity & L. (2001) 139, at p. 143.

收藏品拆除的建议,并指出他们管理割让领土的要求是适度和必要的。① 这些国家坚持认为,这些措施是纠正历史错误的一小步;也就是说,扭转了过去把他们的文化财产运送到维也纳帝国的集权政策。

(二)执法框架和指导原则

1919 年同盟国和联合国与奥地利之间的和平条约(《圣日耳曼条约》)规定了奥匈帝国解体后各种继承国之间文化财产和档案的重新分配问题。② 就像《凡尔赛和约》的赔偿规定,它也设立了赔偿委员会。它的结构以《凡尔赛和约》为蓝本。③ 哈布斯堡王朝一直奉行一项激进的政策,将王国各个角落的文化宝藏和档案集中在帝国首都维也纳的机构中。在帝国瓦解后,战后"和平"的努力公平地将文化财产和档案归还给其他国家,这是通过分裂实现和平的协定中归还文化遗产的重要早期先例。随着对立的持续,在相同文化财产和档案上,前任国与继承国之间不可避免地发生了争执。该条约规定,争端将由仲裁委员会解决。

根据《圣日耳曼条约》,在前任国和继承国之间重新分配档案和历史资料的计划遵循属地原则(第 192 条和第 193 条)。在赔偿委员会的监督下,奥地利要归还自 1914 年以来"从被侵略领土上夺走的所有记录、文件、文物和艺术品,以及所有科学文献和书目资料,无论它们属于国家还是属于省、社区、慈善或教会行政部门或其他公众"。④ 从原君主制国家获得领土的现有国家或新国家被要求在其领土上相互归还不超过 20 年的"与奥地利历史或管理有直接关系"的材料。因领土联系而产生的归还可能与继承国的一部分人或一个群体有关,然而,归还文化财产的权利属于相关国家而不是该群体。第 196 条对构成皇家收藏品一部分的文物作出了类似和更具体的规定,第 35 条对此进行了讨论。

这些拥有这两种民族身份象征意义的文化物品使得它们从帝国回归到

---

① Burnett,see earlier note 14,vol. 1,at 336,doc. 716;Temperley,see earlier note 49,vol. 5,at pp. 10-11.

② Arts. 191-196 and Annex I-VI,Treaty of Peace between the Allied and Associated Powers and Austria Together with Protocol and Declarations,St Germain-en-Laye,10 Sept. 1919,in force 8 Nov. 1921,UKTS No. 11(1919);Cmd 400(1919); British and Foreign State Papers,vol. 112,at p. 317,14(supp.) Am. J. Int'l L. (1920)1,at p. 77.

③ Pt. VIII:Reparation,Section I:General Provisions,Article 179 and Annex II,Treaty of Saint-Germain. Th e provision also permitted delegates from Greece,Poland,Romania,and Czechoslovakia.

④ 《圣日耳曼条约》第 192 条规定:"位于各自领土内的任何建筑物或其他财产转移到第一段所述国家,其主要价值在于其相关历史意义和联系,而且以前属于[某些领土],经赔偿委员会批准,可以不经付款转移给有资格的政府。"

新建割让领土上时尤成问题。《圣日耳曼条约》处理了文物的归还问题,涉及具体物品(第 195 条)和一般谈判权(第 196 条)。

第 195 条(及附件 II-IV)提供了裁决和执行程序,以解决各个继承国对具体手稿和物品的主张。在《圣日耳曼条约》生效后的一年内,赔偿委员会将任命一个由 3 名法学家组成的委员会,审查意大利、比利时、波兰或捷克斯洛伐克的相关管理者如何处理奥地利占有的物品。如果委员会发现物品具有的归还给领土所属地权被撤销,赔偿委员会将下令返还,各方须遵守委员会的决定。目前只有比利时和捷克斯洛伐克使用这一实际上相当于国际仲裁的程序。

根据第 195 条,提交给法学家委员会的主要索赔问题是,由哈布斯堡王朝购买的文物是否成为他们的绝对个人财产,进而是否可以永久地从其原籍地移走。原告认为,这些物品是其公有领域的一部分,应在帝国解体时归还它们。奥地利则认为,放弃权利的国家没有权利要求归还物品,因为这些物品构成了哈布斯堡王朝个人财产的一部分。

委员会在奥地利的所有 3 起案件中都拒绝通过哈布斯堡当局的"历史判决"。尽管争议发生在两个国家之间,但委员会通过恢复主权国家的内部宪法来解决这些权利要求。[①] 相应的,作为指定前任国的奥地利,获得了帝国的各种物品,包括没有对应接任国家的帝国收藏。[②] 委员会无条件地拒绝捷克斯洛伐克关于通过反对哈布斯堡王朝的集权政策来"纠正历史性错误"的论点,该王朝几个世纪以来已经转移了其各个角落的文化遗产。[③] 委员会也拒绝了"以正义、公平和诚信为指导",保持委员会无权偏离既定司法的思

[①]　Allied Powers(1919-), Reparation Commission, 1921, 'Belgian Claims to the Triptych of Saint Il- dephonse and the Treasure of the Order of the Golden Fleece, Report of the Committee of Three Jurists', 25 Oct. 1921, Annex no. 1141 at 14, 19-21, 51; De Visscher, see earlier note 1, at 834; Kowalski, see earlier note 9, at 30; Kowalski, see earlier note 61, at 144; O., 'International Arbitrations under the Treaty of St Germa- in', 4 *British Y. B. Int' l L.* (1923-24)124, at p. 129.

[②]　*Cf. Art.* 11, *Peace Treaty between Poland, Russia and the Ukraine,* 18 Mar. 1921, *in force upon sig- nature,* 6 *LNTS* 123; *see De Visscher, see earlier note 1, at 836; J. Chrzaszczewska*, '*Un exemple de restitution. Le traité de Riga de 1921 et la patrimoine artistique de la Pologne*', 17-18 *Mouseion*(1932)205; *Kowalski, see earlier note 9, at 32-33; Kowalski, see earlier note 61, at 151; L. V. Prott and P. J. O' Keefe, Law and the Cul- tural Heritage, Volume 3: Movement(London: Professional Books, 1989)*829.

[③]　据发现,"一个县是一个国家不可分割的一部分,如果国家应该被分割,县有权根据该县收入要求获得相应的文化财产"的原则未在国际法中得到承认,也无法从和平条约中找到线索。De Visscher, *see earlier note 1, at 832; O. , see earlier* note 67, at p. 127.

想。① 通过采用这一战略，委员会就完全忽视了使得交易发生的各方之间的不平等关系。这种不平等因先前国家的法律特权而得以加强。

《圣日耳曼条约》还赋予继承国一项一般性权利，即可以以地域性和互惠原则为指导从帝国收藏品中协商文物归还，他们声称这些文物是国家文化遗产的一部分。第196条规定，构成（帝国）收藏品一部分的具有艺术、考古、科学或历史性质的"物品"可以"成为割让地区的知识产权的一部分"，并且"可以归还给来源地区"。在帝国解体后的20年里，它还冻结了前任国家对帝国收藏品的处置权利以确保继承国的国民可以获得并保存这些文物和档案。

尽管第196条对档案和文化财产的重新分配可能会产生深远影响，但人们普遍同意该条款对维也纳收藏品的完整性几乎没有实际影响。② 例如，1920年《意大利-奥地利条约》通过承认"这些物品具有法律和历史上的特殊性质"且与其他国家的要求不同，和平应对了在第196条下意大利的文物分配要求。③ 此外，意大利"认识到为了文明的更高普遍利益，防止奥地利历史、艺术和考古收藏品的分散是明智的，这些收藏品整体上构成了一个不可分割且著名的美学和历史实体"。④ 然而，奥地利获得了一个没有约束力的头衔，无法按照自己的意愿阻止收藏品的分散。

1920年《协约及参战各国对匈牙利和约》（《特里亚农条约》）面临着两个（或多个）继承国对前帝国提出收藏品归还要求的问题。⑤ 第177条重申匈牙利有权根据《圣日耳曼条约》第196条，以与其他继承国相同的条件谈判分割这些藏品。⑥ 匈牙利一直对领土联系的概念提出质疑，认为领土联系是挑选公共记录和文物并将其归还割让领土的导火线。它主张适用民族原则，以便归还与匈牙利人民有关的物品和档案，而不论战后匈牙利的领土如

---

① De Visscher, *see earlier note* 1, at 832；O. , *see earlier note* 67, at p. 126.

② De Visscher, *see earlier note* 1, at 834；Treue, *see earlier note* 28, at p. 231.

③ Art. 4, Italo-Austrian Treaty, in Visscher, *see earlier note* 1, at pp. 834-835. 该条约最终确定了意大利根据《圣日耳曼条约》第191-196条提出的主张，但没有诉诸裁决。

④ 意大利还同意"积极反对"其他国家的主张，如果被接受，将"损害奥地利收藏品的完整性，而这完整性必须为了科学利益而保留"（第9条）。

⑤ Burnett, *see earlier note* 14, vol. 1, at p. 333；Kowalski, *see earlier note* 9, at p. 146.

⑥ 《圣日耳曼条约》第193条反映了《特里亚农条约》第177条和第178条。见 See Burnett, see earlier note 14, vol. 1, at pp. 346-347, docs. pp. 740-744；De Visscher, see earlier note 1, at pp. 835-836；Kowalski, see earlier note 61, at p. 146；Treue, see earlier note 28, at pp. 228-229.

何。① 最后，匈牙利长期讨论的领土原则得以保留。② 它还把接受维也纳收藏不可侵犯性的要求拱手让给了奥地利。③

二、土耳其与继承国家的和平条约

如前所述，1920 年与土耳其签订的第一部和平条约规定了保护少数民族并归还其财产。该条约还重新定义了土耳其、继承国与奥斯曼帝国解体后授权国之间的关系。④ 这项和平条约中差异的产生是因为条约安排并不严格涉及国家继承，而是"殖民"分裂，即从一个殖民占领者向另一个殖民占领者的权力转移。⑤ 例如，《色佛尔条约》第 420 条处理了归还档案和文化财产的问题，这些财产和文化财产不仅属于盟国及其国民，而且包括"由该国民控制的各种形式的公司和协会"。⑥ 赔偿委员会不解决这些返回条件，而是由政府制定相关归还的原则。⑦ 根据第 422 条，土耳其政府被要求将相关物品归还给割让领土方，"如果物品已为私人所有，将采取必要的措施，通过征用或其他方式使其得以实现"。

《色佛尔条约》与其他巴黎和平条约截然不同，它要求授权领土通过控制考古遗址和出口考古材料的国内立法（第 421 条和附件）。⑧ 授权国家的作用及其与他国的关系权力在提议的机制中脱颖而出，该机制规定了对文物挖掘地点的获取和控制，以及考古发现的"公平"划分。⑨ 第 421 条和附

---

① Burnett，see earlier note 14，vol. 1，at pp. 345-346，doc. p. 739.

② 除了特属匈牙利来源或独具匈牙利特色的物品外，奥地利同意放弃有限数量的艺术品，以改善现有的匈牙利历史或艺术收藏品。Agreement between Austria and Hungary，Venice，27 Nov. 1932，162 LNTS 396；see H. Tietze，'L'accord Austro-Hongrois sur la réparatition des collections de la maison des Habsbourg'，p. 23-24 Mouseion（1933）pp. 92-97.

③ De Visscher，see earlier note 1，at p. 836-837. Hungary was granted 'privileged rights' of access to collections of 'common cultural interest'（art. 4）. Kowalski，see earlier note 9，at p. 148.

④ Arts. p. 420-425，Treaty of Sèvres.

⑤ 《色佛尔条约》第 424 条至第 425 条规定，根据属地原则转移档案和记录，互惠仅适用于涵盖从土耳其割让地区的当地宗教团体的规定。这一财产权利在穆斯林国家早已认识到。C. Phillipson，Termination of War and Treaties of Peace（London：E. P. Dutton & Co.，1916）.

⑥ 《色佛尔条约》第 420 条。

⑦ 参见 Art. 184，Treaty of St Germain；Art. 168，Treaty of Trianon.

⑧ 试图规范奥斯曼帝国领土上的考古发现的出口是一个漫长的法律历史。E. R. Chamberlin，Preserving the Past（London：Dent，1979），at 109-112；P. J. O'Keefe and L. V. Prott，Law and the Cultural Heritage，Vol. 1：Discovery and Excavation（London：Professional Books，1983）43，pp. 228-237.

⑨ 《色佛尔条约》第 421 条的附件第 6 点至第 8 点。第 1 点至第 5 点为古物部门管理古物交易提供了框架。

件揭露了有关在法定领土上保护文物和遗址的竞争利益。一方面,授权国家负责任地确保国际社会自由平等地获取考古"资源",成为大都市资本的普遍收藏来源。另一方面,它也有义务为其领土上的人民保护其文物和遗址。虽然《色佛尔条约》从未得到批准,但其提议中涵盖的考古遗址和发现的立法模式已被纳入中东若干国家的国内法,包括巴勒斯坦等国。①

第五节 结语

和平条约的持久影响在于其制定并实施了当代国际法中保护文化财产的原则。这些义务及其违约行为所带来的补救措施,包括武装冲突法和国际人道法、人权和少数民族以及对新国家文化遗产的继承和承认。此外,这些和平条约通过阐明执法机制和包括赔偿委员会、仲裁委员会和司法法庭在内的解决争端机构营造了一种环境,促进了为制定专门的多边文书以恢复被非法从其原籍国移走的文物的新努力,这些文书在半个世纪后被实现,也促进了武装冲突和交战占领期间的文化财产保护的新努力。② 然而,与后期的公约不同,两次世界大战期间早期由国际联盟撰写的有关文化财产的归还文书草案包含了有关仲裁和移交给国际法院常设法院(国际法院的前身)的规定。③

同样重要的是,这些"二战"期间的倡议包含在和平协定中。在国际社

① Section 7,Palestine Antiquities Ordinance 1921. See Art. 21 of the British Mandate for Palestine, LNOJ(Aug. 1922)3rd Year,No. 8,Pt. II,at 1007ff;O'Keefe and Prott,see earlier note 83,at p. 49.

② Convention on the Means of Prohibiting and Preventing the Illicit Import,Export and Transfer of Ownership of Cultural Property,14 Nov. 1970,in force 24 Apr. 1972,823 UNTS 231;1954 Hague Convention;1954 Hague Protocol;1999 Hague Protocol.

③ 《关于追回已丢失、被盗或非法移交或出口的艺术、历史或科学利益物体的国际公约(草案)》(1933 年初稿)第 7 条规定:如果缔约国之间就本公约的解释或适用发生任何争议,并且无法通过外交达成令人满意的解决方案,则应参考国际争端解决方式并根据缔约方之间的现行规定予以解决。如果争端各方之间不存在此类规定,后者应提交仲裁或司法程序。如果未能就某一其他法庭的选择达成协议,如果他们是议定书的所有缔约方,当事国应根据其中任何一方的请求,将争端提交常设国际法院……如果他们不是议定书的所有缔约方,他们应将争端提交根据 1907 年《和平解决国际争端公约》组成的仲裁法院,仲裁依据来自 1936 年草案第 18 条和 1939 年草案第 14 条,但 1939 年草案由于战争的爆发而未被采纳。草案转载于 De Visscher,see earlier note 1,Annexes.

会通过联合国等组织以及欧洲联盟、美洲国家组织等这样的区域组织投入更多资源来确保冲突地区实现可持续和持久和平的时候,适当审查文化和文化遗产对实现这一目标的作用是及时的。重新评估第一次世界大战后和平协定和其广泛网络中所载的文化遗产(和文化权利)条款,是在这条道路上的重要一步。

第三章
国际混合刑事法院在实施
保护文化遗产国际规范中的作用

费德里克·莱兹里尼(Federico Lenzerini)[①]

第一节　引言

一个习惯于自由的人在成为一个城市的主人时,并不会毁灭这个城市,而可能会被它摧毁,因为在反叛中,城市始终以自由的口号和古老的特权作为集结点,时间和利益都不会使它忘记这一点。[②]

几个世纪以来,城市的毁灭和文化遗产的破坏一直被认为是武装冲突带来的必然副作用,是一种通过消除有形记忆和文化、身份自豪感来打败敌人并最终消灭其所有抵抗的方式。从罗马皇帝狄奥多西大帝(Theodosius)在公元391年下令拆除非基督徒最后的避难所——亚历山大的塞拉皮斯神庙(the Temple of Serapis),到2001年3月塔利班政权公然破坏在阿富汗巴米扬(Bamiyan)山谷中的两座古代巨型佛像以消除所有非穆斯林文化记忆,[③]诸如此类的案件频发,展现出人类在特定时间消除被视为敌对群体痕迹的强烈决心。

为了应对这种不幸的倾向,到20世纪初,国际社会开始制定法律规范,旨在防止破坏文化财产的交战行为并执行惩罚,其具体目的是保护领土国在维

---

① 意大利锡耶纳大学国际法与欧洲联盟法教授。本章作者偶尔会向联合国教科文组织提供咨询服务。

② N. Machiavelli, De Principatibus(The Prince)(1532), p.51.

③ F. Francioni and F. Lenzerini, 'The Destruction of the Buddhas of Bamiyan in International Law', in 14 *Eur. J. of Int' l L.* (2003).

护本国文化物项方面的利益。从 1907 年《陆战法规和惯例公约》(海牙第四公约)所附的第 27 条、①1954 年在海牙通过的《关于发生武装冲突时保护文化财产的公约》、②1949 年《日内瓦公约》的两份 1977 年附加议定书、③前南斯拉夫问题国际刑事法庭(ICTY)和国际刑事法院(ICC)④的条款、1954 年《海牙公约第二议定书》,⑤到联合国教科文组织 2003 年《关于蓄意破坏文化遗产问题的宣言》,⑥该领域的国际法已经发生了重大变化,文化遗产概念

---

① Convention(IV) Respecting the Laws and Customs of War on Land and Its Annex:Regulations Concerning the Laws and Customs of War on Land,The Hague,18 Oct. 1907,available at < http://www. icrc. org/ihl. nsf >(last accessed 25 July 2012). 第 27 条规定:"在围困和轰炸中,必须采取一切必要步骤,尽可能地使用专用于宗教、艺术、科学或慈善目的的建筑物、历史古迹、医院以及收集病人和伤员的地方,前提是这些地方在当时没有用于军事目的。"海牙第九公约第 5 条在关于战时海军的轰炸上也表述了同样的原则,可见 < http://www. icrc. org/ihl. nsf >(最后访问于 2013 年 2 月 4 日)。

② 249 UNTS 240.

③ Protocol Additional to the Geneva Conventions of 12 August 1949,and Relating to the Protection of Victims of International Armed Conflicts(Protocol I),1125 UNTS 5. 根据第 53 条规定:在不影响 1954 年 5 月 14 日《关于发生武装冲突时保护文化财产的公约》和其他有关国际文件规定的情况下,禁止:(1)任何对构成人民文化或精神遗产的历史纪念碑、艺术作品或宗教场所的敌对行为;(2)使用上述实体支持军事行动;(3)使上述实体成为报复的对象。此外,第 85 条规定,"建造被明确承认的构成人民文化或精神遗产的历史遗迹、艺术品或宗教场所,并给予特殊保护的行为,例如,在强有力的国际组织的框架下,如果没有证据表明对方违反了第 53 条第(2)项,并且这些历史遗迹、艺术作品和礼拜场所不在军事目标附近",这是严重违反议定书的行为,相当于战争罪。1949 年 8 月 12 日《日内瓦四公约关于保护国际性武装冲突受难者的附加议定书(第一议定书)》第 16 条指出,"在不与 1954 年 5 月 14 日《关于发生武装冲突时保护文化财产的公约》的规定有冲突的情况下,禁止对构成人民文化或精神遗产的历史古迹、艺术品或宗教场所采取任何敌对行动或使用它们支持军事行动"。

④ Rome Statute of the International Criminal Court(1998),available at < http://untreaty. un. org/cod/icc/statute/romefra. htm >(last accessed 16 January 2013). 第 8 条第(2)款第(a)项第(iv)目在战争类别中包括"不得以军事必要性为理由非法和肆意地严重破坏和侵占财产"。同样,第 8 条第(2)款第(b)项第(ix)目和第 8 条第(2)款第(e)项第(iv)目将"故意指挥袭击宗教、教育、艺术、科学或有慈善目的的建筑物、历史古迹、医院和收集伤病员的地方的行为归类为战争罪",但前提是它们不分别涉及国际和非国际武装冲突的军事目标。

⑤ Second Protocol to the Hague Convention of 1954 for the Protection of Cultural Property in the Event of Armed Conflict,1999,2253 UNTS 172. 议定书第 4 章涉及刑事责任和管辖权问题。第 15 条特别列出了被认为严重违反议定书的行为,并指出:1. 如果任何人故意且违反公约或本议定书,则该人犯下本议定书所指的如下罪行:a. 使加强保护下的文化财产成为攻击的对象;b. 使用受加强保护的文化财产或其周围环境以支持军事行动;c. 大规模破坏或侵占受公约和本议定书保护的文化财产;d. 使受公约和本议定书保护的文化财产成为攻击目标;e. 盗窃、掠夺、挪用或破坏受公约保护的文化财产。2. 各缔约方应采取必要措施,根据本国法律将本条规定的行为定为犯罪行为,并对此类犯罪判处适当刑罚。同时,缔约方应遵守一般法律原则和国际法。

⑥ < http://portal. unesco. org/en/ev. php-URL_ID = 17718&URL_DO = DO_TOPIC&URL_SECTION = 201. html >(last accessed 25 July 2012). 在宣布对文化遗产破坏行为的个人刑事责任原则时,第 7 条规定:无论该遗产是否列入联合国教科文组织或其他国际组织维护的清单,各国应根据国际法采取一切适当措施,对那些实施蓄意破坏对人类具有重要意义的文化遗产的行为的人确立管辖权,并对其进行有效的刑事制裁。

被纳入整个人类的共同利益。① 在这一过程中,文化遗产犯罪被定性为战争罪,这意味着犯罪者的个体刑事责任可能直接来自国际法的相关规则。

对文化遗产国际法的新定性,为执行侵犯文化遗产罪开辟了新的视角,使其超出通常仅限于国家间关系的国际责任范围。特别是,原则上不仅可以在国内司法层面,还可以在国际机构面前起诉和惩罚危害文化遗产的个体。当然,对一般国际罪行以及具体的文化遗产犯罪的国际司法执行存在固有限制,只有在特定法庭存在并在一定程度上有权对有关罪行作出裁决时,才是切实可行的。目前已经存在几个被赋予这种权力的法庭。

首先,我们设立了特设国际刑事法庭,以便在预定的时间跨度内审判在特定领土内犯下的国际罪行,如前南斯拉夫问题国际刑事法庭等,这些法庭在包括行政管理和法官资格以及适用法律在内的所有方面均具有国际独有的性质。

其次,还存在"混合法庭",这些法庭是国家层级法庭,在行政、成员资格、适用法律或支持方面具有一定程度的"内部化"。混合法庭可以被定义为"国家和国际要素体现在法院系统的组织、结构和功能中,也体现在所采用的刑事程序以及法律的适用中"的安排。② 因此,这类法庭通常拥有国内和国际法官,适用国内法和国际法。在混合法庭中,就本章而言,俗称"红色高棉审判法庭"的柬埔寨法院特别法庭具有特殊意义。它是基于 2003 年 6 月 6 日通过柬埔寨王国政府与联合国之间的协议而建立的,包括国内和国际法官的国家法庭。该法庭有权起诉 1975 年 4 月 17 日至 1979 年 1 月 6 日期间严重违反柬埔寨刑法和国际法(包括柬埔寨批准的国际条约)的红色高棉成员。事实上,根据 2004 年修订的《设立起诉民主柬埔寨时期所实施的罪行的柬埔寨法院特别法庭法》第 6 条规定,③特别法庭有权将所有在上述期间犯下或命令委员会犯下"在没有军事必要性的情况下,非法和肆意地破坏和严重破坏财产"的嫌疑人送交审判。此外,根据该法律第 7 条,各分庭有权根据 1954 年《关于发生武装冲突时保护文化财产的公约》审判所有在对武装冲突期间(同一时期)文化财产破坏负有最大责任的嫌疑人。

最后,作为具有永久性质和可能拥有无限制领土管辖权的国际刑事法

---

① 1954 年《海牙公约》序言中已经提出了这一观点,其中第 2 段和第 3 段分别表达了这样的观点,即"对属于任何人的文化财产的损害都意味着对全人类文化遗产的破坏,因为每个人都在为世界文化作出贡献",并认为"保护文化遗产对世界各国人民都至关重要,这些遗产得到应有的国际保护也同样重要"。

② K. Ambos and M. Othman, 'Introduction', in K. Ambos and M. Othman(eds), *New Approaches in International Criminal Justice: Kosovo, East Timor, Sierra Leone and Cambodia* (Freiburg 2003), p. 2.

③ < http://www. eccc. gov. kh/sites/default/files/legal-documents/KR_Law_as_amended_27_Oct_2004_Eng. pdf > (last accessed 25 July 2012).

庭,有权起诉战争犯罪的责任人。

第二节　国际文化遗产执法实践:前南斯拉夫问题国际刑事法庭判例法

一、巴尔干战争期间对文化遗产的破坏

1991 年至 1995 年,在前南斯拉夫境内发生的巴尔干战争时期,发生了令人印象深刻、可怕且系统性地违反最基本人道的行为,导致这一冲突成为20 世纪世界上最可怕的悲剧之一。为了消除敌对种族群体,参与冲突的交战派别(参与程度不同,因此责任不同)犯下了最严重的侵犯人类尊严的行为,包括大规模杀害(即处决、挨饿、有系统地进行强奸、强迫怀孕)以及强加旨在产生种族灭绝影响的生活条件。此外,还采取了一些额外措施,通过侮辱敌人的文化和信仰以及羞辱敌人的自豪感和自尊来削弱其抵抗力。

在上述这些战略中,采取了破坏具有特殊精神意义的宗教和文化遗产的系统性计划。例如,1991 年 12 月,在克罗地亚独立战争期间(1991—1995 年),杜布罗夫尼克(Dubrovnik)古城被黑山部队严重炮击,导致老城区一半以上的建筑物遭到破坏(包括被完全摧毁的节日宫殿的档案馆、圣布莱斯教堂、方济会大教堂和修道院、多米尼加修道院、圣克莱尔修道院以及欧诺佛喷泉)。[①] 然而,对文化财产(特别是针对宗教)的敌对行为在波斯尼亚战争期间为最甚,即 1992 年 3 月至 1995 年 11 月期间在波斯尼亚和黑塞哥维那的战争。对冲突地区 277 座清真寺进行的一项研究表明,92%(255 座)的清真寺由于塞族部队炮击被摧毁(136 座)或严重受损(119 座)。在此研究中,57 座天主教教堂中有 75% 受到严重伤害(30 座)或被摧毁(13 座)。[②] 在莫斯塔尔市,14 座大贾米亚清真寺中的 12 座被击中,所有 12 座都高度受损……5 座宣礼塔在某一层被击落,另有 4 座被击中。[③] 塞族部队还摧毁了

---

① Final Report of the Commission of Experts Established Pursuant to Security Council Resolution 780 (1992), UN Doc. S/1994/674 of 27 May 1994, at Ⅳ. J.

② A. J. Riedlmayer, 'Destruction of Cultural Heritage in Bosnia-Herzegovina, 1992-1996: A Post-War Survey of Selected Municipalities', (2002) 10, available at < http://hague. bard. edu/reports/ BosHeritageReport-AR. pdf > (last accessed 25 July 2012).

③ Council of Europe, Parliamentary Assembly, 'The Destruction by War of the Cultural Heritage in Croatia and Bosnia-Herzegovina Presented by the Committee on Culture and Education', Information Report, Doc. 6756 of 2 Feb. 1993, Appendix C, 'War Damage to the Cultural Heritage in Croatia and Bosnia-Herzegovina', Report by Dr. Colin Kaiser, Consultant Expert, para. 155(原文中斜体).

位于福卡镇(Foča)的 14 座历史清真寺以及巴尼亚卢卡(Banja Luka)的所有 16 座清真寺,包括该市最重要的 2 座(建于 1578 年的费尔哈迪亚清真寺和建于 1587 年的阿诺迪加清真寺)。在波斯尼亚和黑塞哥维那冲突期间,特别是在萨拉热窝(Sarajevo),①档案馆和图书馆也遭到袭击。著名的莫斯塔尔大桥于 1993 年 11 月 9 日(柏林墙倒塌四周年)被拆除,但没有提及斯塔里的公然破坏。这座桥被视为居住在城镇的克罗地亚人和穆斯林社区团结在一起的纽带,"尽管他们之间存在宗教差异目前正在进行战争"。②

正如前文所述,这些事件之所以具有特殊的严重性,并不是为了追求不同结果而进行的战争活动的"副作用",而是为了打击与遗产有特殊精神和文化联系的群体身份和自我价值而进行的精心和有选择性的计划。

正如上述研究报告所强调的,这些针对历史遗迹的破坏显然是他们故意袭击的结果,而不是偶然战斗所造成的。这方面的证据还包括爆炸损坏迹象,放置在清真寺内或尖塔楼梯间内的爆炸物导致许多清真寺被烧毁了。在一些……处于塞族部队控制之下的城镇中,清真寺遭到破坏,即使在附近并没有军事行动……在主要人口中心,或在乡村里,清真寺不仅被焚烧或被爆炸物摧毁,其废墟还被重型设备夷为平地,所有建筑材料都被现场拆除。

联合国安理会特别报告员也证实了这一点,他强调了这一事实:

据称,在普里耶多尔镇(Prijedor)破坏的神圣建筑物并未因任何军事目的而被亵渎、破坏和摧毁,也不是军事行动的意外连带后果。相反,大部分破坏是由于后来单独进行的爆破……(另外)据称,在不出于任何军事目的、也不涉及任何军事活动的情况下,普里耶多尔镇的天主教堂和宗教建筑被亵渎、摧毁和破坏。③

此外,1993 年欧洲委员会议专家指出,对于莫斯塔尔地区的塞族部队摧毁的清真寺一事,"军事'前线'区的清真寺被摧毁可能是不可避免的。但值得怀疑的

---

① Int'l Court of Justice, Application of the Convention on the Prevention and Punishment of the Crime of Genocide(Bosnia & Herzegovina v Serbia & Montenegro), Judgment of 26 Feb. 2007, para. 341 f, < http://www. icj-cij. org > (last accessed 25 July 2012). 此外,前南斯拉夫问题国际刑事法庭在一些案件中报告了巴尔干战争期间文化遗产遭受侵略行为的证据。见 Prosecutor v Karadžić & Mladić, Cases IT-95-5-R61 and IT-95-18-R61, Trial Chamber, Review of the Indictment Pursuant to Rule 61 of the Rules of Procedure and Evidence, 11 July 1996, para. 15.

② Final Report of the Commission of Experts Established Pursuant to Security Council Resolution 780, earlier note 16, at IV. J.

③ Final Report of the United Nations Commission of Experts Established Pursuant to Security Council Resolution 780(1992), Annex V, 'The Prijedor Report', UN Doc. S/1994/674/Add. 2(Vol. I) of 28 Dec. 1994, at XI. A, < http://www. ess. uwe. ac. uk/comexpert/ANX/V. htm# II-XI > (last accessed 25 July 2012).

是,一个宣礼塔被一个大口径的炮弹击落,这意味着部队故意瞄准这些建筑"。①

二、前南斯拉夫问题国际法庭关于文化遗产的判例法

联合国安理会于 1993 年②设立的前南斯拉夫问题国际法庭,根据其法令第 3 条第(d)款,前南斯拉夫问题国际法庭有权处理巴尔干战争中对文化遗产的敌对行为。③ 在法庭可能行使管辖权的违反战争法和惯例的行为清单中,这项规定包括"没收、毁坏或故意损坏宗教、慈善和教育、艺术和科学、历史古迹、艺术和科学作品"。④ 第 3 条第(d)款的措辞和结构明显受到 1907 年《陆战法规和惯例公约》(海牙第四公约)所附条例第 27 条的影响。这就是该条款在某种程度上,并未明确提及"文化财产"或"文化遗产"的概念的原因。尽管如此,它实际上包含了文化遗产的主要表现形式,事实证明,在前南斯拉夫问题国际法庭的实践中,第 3 条第(d)款在解决巴尔干战争期间对文化遗产的敌对行为方面是有效的。

为了核实其故意损坏或破坏文化遗产的行为,前南斯拉夫问题国际法庭首先处理了有关这种遗产的国际刑法范围和扩展问题。事实上,自从第一个(也是主要的)案件检察官诉 Tadić 案以来,法院确认了"已经被惯常国际法定罪"的罪行,后来在 Kordić&Cerkez、⑤Brđanin⑥ 和 Strugar⑦ 案中都重申了这一点。法庭还必须确定,禁止故意损坏或破坏文化遗产的习惯地位延伸至非国际性武装冲突。在这方面,在 Tadić 案中,上诉分庭断言,"治理内部冲突的国际规则已经发生,在习惯法的层面一些条约规则已经逐渐成为习惯法的一部分。这适用于 1954 年 5 月 14 日《关于发生武装冲突时保护文化财产的公约》第 19 条"。⑧

---

① Council of Europe, Parliamentary Assembly, 'The Destruction by War of the Cultural Heritage in Croatia and Bosnia-Herzegovina Presented by the Committee on Culture and Education', 见注释 18, Appendix C, 'War Damage to the Cultural Heritage in Croatia and Bosnia-Herzegovina', para. 155.

② Resolution 827 of 25 May 1993.

③ M. Frulli, 'Advancing the Protection of Cultural Property through the Implementation of Individual Criminal Responsibility: Th e Case-Law of the International Criminal Tribunal for the Former Yugoslavia', in XV *Italian Y. B. Int' l L.* (2005), 195 ff.

④ 《前南斯拉夫问题国际刑事法庭规约》,可见 < http://www. icty. org/x/file/Legal% 20Library/Statute/statute_sept09_En. pdf > (最后访问于 2012 年 7 月 25 日)。

⑤ Prosecutor v Kordić & Cerkez, Case IT-95-14/2-T, Trial Chamber, Judgment of 26 Feb. 2001, para. 206.

⑥ Prosecutor v Brđanin, Case IT-99-36-T, Trial Chamber II, Judgment of 1 Sept. 2004, para. 595.

⑦ Prosecutor v Strugar, Case IT-01-42-T, Trial Chamber II, Judgment of 31 Jan. 2005, para. 229.

⑧ Prosecutor v Tadić, Decision on the Defence Motion for Interlocutory Appeal on Jurisdiction, Appeals Chamber, Decision of 2 Oct. 1995, para. 98.

分庭还补充说,"习惯性规则已经发展到可以控制内部冲突,涵盖诸如民用物品保护等领域,尤其是文化财产保护"。① Strugar 案第二审判分庭确认了这一立场。②

前南斯拉夫问题国际刑事法庭有机会在若干情况下审查属于第 3 条第(d)款范围内的案件,指控若干肇事者对文化财产进行的故意破坏行为,这些行为严重违反战争相关的法律和习俗。按时间顺序,前南斯拉夫问题国际刑事法庭第一次广泛处理针对文化和宗教财产的好战行为是在 Blaskić 案件之际,根据《前南斯拉夫问题国际刑事法庭规约》第 3 条第(d)款的规定,审判分庭认定被告因命令对属于波斯尼亚穆斯林人口的专门从事宗教或教育的机构进行破坏或损坏行为而犯有违反战争法规和惯例的罪行。分庭认为,认定该行为是非法行为的客观条件已完全得到满足,③并拒绝了被告的论点。被告认为,由于相关的宗教或教育机构已经成为交战中的一个地点,破坏行为变得不可避免。实际上,"士兵们不会因无法自卫而躲避在清真寺里,因为这几乎不可能,因此这条理由非常勉强",④但清真寺"还是被其宣礼塔底部的炸药摧毁了……该行为十分'专业',只能由那些确切知道在何处放置爆炸物的人来执行"。⑤ 因此,有关机构的破坏"是……有预谋的,但没有任何军事目的来证明这一点。解释这种行为的唯一理由就是歧视"。⑥ 因此,根据《前南斯拉夫问题国际刑事法庭规约》第 5 条第(h)款,审判分庭还认定掠夺和故意破坏宗教或教育机构是实施危害人类罪的一种方式,因为这种罪行"可能采取人身伤害以外的其他形式,特别是一些严重行为,并不是因为他们明显残忍,而是因为他们试图在人类内部进行歧视…… 因此,迫害的形式包括没收或摧毁私人住宅或企业、象征性建筑或生存手段……"⑦

---

① Prosecutor v Tadić, Decision on the Defence Motion for Interlocutory Appeal on Jurisdiction, Appeals Chamber, Decision of 2 Oct. 1995, para. 27.

② Prosecutor v Strugar, Case IT-01-42-T, Trial Chamber II, Judgment of 31 Jan. 2005, para. 230.

③ 审判分庭认为,在这方面必须满足的条件如下:"这些破坏必须是故意对那些可以明确确定是专门从事宗教或教育的机构实施的,而且在这些行为发生时,这些机构没有用于军事目的。此外,这些机构不应作为军事目标。"见 Prosecutor v Blaskić, Case IT-95-14-T, Trial Chamber, Judgment of 3 Mar. 2000, para. 185. 这一立场后来被审判庭进行了(部分)纠正。在 Naletilić 案中,审判分庭"否决了受保护的机构'不得在军事目标附近'的观点。分庭不同意这样一种观点,即存在一个机构处于'紧邻军事目标'的这一事实可证明其遭到破坏是正当的"。

④ Prosecutor v Blaskić, Case IT-95-14-T, Trial Chamber, Judgment of 3 Mar. 2000, para. 421.

⑤ Prosecutor v Blaskić, para. 421.

⑥ Prosecutor v Blaskić, para. 421.

⑦ Prosecutor v Blaskić, para. 227.

在这种情况下,针对宗教和教育机构的破坏行为显然旨在使当地人民丧失穆斯林群体的归属感,事实上,"当地人民筹集到了建造清真寺的资金,并为它的建成感到无比自豪"。①

一年后,在 Kordić & Cerkez 案件中,审判分庭进一步阐述了这一推理。特别是,根据纽伦堡国际军事法庭和国际法委员会的做法,②分庭发现该行为如果是出于必要的歧视意图而犯下的,就相当于对一个民族的宗教特性的攻击。因此,它表现出对"危害人类罪"这一概念近乎纯粹的表达,因为对一种独特的宗教文化及其伴随而来的文化对象的破坏确实伤害了全人类。因此,审判分庭认为,致力于穆斯林宗教或教育机构的破坏和故意损害,再加上必要的歧视意图,可能构成迫害行为。③

上诉分庭根据以下假设基本确认了这一发现,破坏宗教或文化财产

① Prosecutor v Blaskić, para. 422.

② Report of the International Law Commission on the Work of Its 43rd Session, 29 Apr. -19 July 1991, Supp. No. 10(Doc. A/46/10), at p. 268(据此,"有系统地销毁代表特定社会、宗教、文化或其他群体的遗迹或建筑物"构成迫害)。

③ Prosecutor v Kordić & Cerkez, Case IT-95-14/2-T, Trial Chamber, Judgment of 26 Feb. 2001, para. 207; Prosecutor v Brđanin, Case IT-99-36-T, Trial Chamber II, Judgment of 1 Sept. 2004, para. 1050. (审判分庭认为,针对波斯尼亚穆斯林和波斯尼亚克罗地亚人的迫害活动,具体包括杀戮、酷刑、身体暴力、强奸和性侵、不断羞辱和诋毁、破坏财产、破坏宗教和文化建筑、驱逐出境和强行迁移,以及剥夺基本权利。这些行为实际上是歧视性的,是犯罪者在种族、宗教和政治方面体现出的必要歧视性意图); Prosecutor v Krajišnik, Case IT-00-39-T, Trial Chamber, Judgment of 27 Sept. 2006, paras. 180-183; Prosecutor v Martić, Case IT-95-11-T, Judgment of 12 June 2007, para. 399. (审判分庭回顾说,圣母升天教堂被摧毁,并且在破坏时并非出于军事目的。审判分庭回顾教堂被毁的方式并得出结论,这种破坏是以……歧视性意图进行的……因此,审判分庭认为,迫害罪的要素……已得到满足。) Prosecutor v Milutinović, Šainović, Ojdanić, Pavković, Lazarević, Lukić, Case IT-05-87-T, Judgment of 26 Feb. 2009, para. 205; Prosecutor v Đorđević, Case IT-05-87/1-T, Trial Chamber II, Judgment of 23 Feb. 2011, para. 1771. 在检察官诉Đorđević案中,还界定了将摧毁宗教场所定为"基本迫害行为"的必要要素,即"在行为人的行为意图是破坏或损害该财产或罔顾破坏或损害实质可能性的情况下,摧毁或破坏宗教机构":除了危害人类罪的一般要素和具体迫害要素之外,检方还必须证明以下摧毁宗教场所的要素是一项基本罪行:(a)宗教场所必须被广泛破坏或损坏;(b)必须属于针对文化财产的破坏或损害;(c)破坏或损坏不得以军事必要性为理由,即宗教机构不得用于军事目的或位于军事目标附近;(d)直接犯罪人、中间人犯罪人或被告人具有行为意图,意图破坏或广泛损害财产,或不顾破坏或损害的可能性。Prosecutor v Đorđević, para. 1773. 声明符合如下案件的立场,见 Prosecutor v Milutinović, Šainović, Ojdanić, Pavković, Lazarević, Lukić, Case IT-05-87-T, Judgment of 26 Feb. 2009, para. 207,特别是所列出的第一个要求,为了达到……[危害人类]罪行的同等程度以及构成迫害,审判分庭认为,剥夺被毁财产的影响一定是严肃的,例如财产是必不可少的地点,所有者的重要资产,或特定人口的存在方式。出于同样的原因,审判分庭得出结论,如果有关财产没有被摧毁,那么对它的损害必须是广泛的,以满足同等的要求。在这种情况下,"破坏"和"损害"这两个术语具有普通和共同的含义,前者表示拆除或达到无用的形式,而后者指的是对一个物体的物理伤害,损害了它的用途或价值。

基本上可归入"破坏财产"这一更广泛的类别,①而这可被视为犯罪。因为这种破坏性质及其对受害者的影响,符合犯罪的所有要件。② 然而,一些审判分庭将宗教或文化财产的破坏视为更广泛地破坏平民财产的迫害类别。③特别是在 Kordić & Cerkez 案中,审判分庭指出,虽然对宗教或教育机构的破坏或故意损害的罪行在一定程度上与非法攻击民用物品的罪行重叠,④这种特殊性在于宗教或教育机构遭到破坏或故意破坏的罪行目标更具体,这些机构是"某一人群的文化遗产"。⑤ 因此,"就危害文化遗产的行为而言",这项对犯罪的禁止是"特别法"。⑥ 也就是说,当一项针对财产的侵略行为目标是一个社区文化遗产的一部分时,这种行为具有一种特别限定的严重程度,它超越了有关财产的物质和经济价值的要素,并获得了精神内涵。正是这种财产的精神象征意义使得针对它的破坏行为或故意伤害带来的后果特别严重,因为它相当于破坏了在该财产中体现的群体文化和精神认同。

审判庭对杜布罗夫尼克古城被炮击的案件适用了这一方式,杜布罗夫尼克古城是 1972 年联合国教科文组织《保护世界文化和自然遗产公约》所设立的世界遗产名录中的一项。⑦ 在 Jokić 案中,第一审判分庭发现古城区被炮击,导致致力于宗教、慈善、教育、艺术和科学的机构、历史遗迹以及艺术和科学作品遭到破坏或故意破坏,这"是对受国际社会特别保护价值观的侵犯",⑧起诉书所载的事件发生时,"整个杜布罗夫尼克古城被认为是世界文化遗产特别重要的组成部分……人口的存在与其古老的遗产密切相

---

① Prosecutor v Milutinović, Šainović, Ojdanić, Pavković, Lazarević, Lukić, Case IT-05-87-T, Judgment of 26 Feb. 2009, para. 204.

② Prosecutor v Blaskić, Case IT-95-14-A, Appeals Chamber, Judgment of 29 July 2004, para. 144-149. 破坏财产被视为迫害罪的必要条件是"以歧视为由进行,并且危害人类罪的一般要素也存在";当这两个条件得到满足时,即使是"财产破坏行为本身对受害者没有严重影响,也可能……构成迫害罪"。最后,见 Prosecutor v Gotovina, Čermak, Markač, Case IT-06-90-T, Trial Chamber I, Judgment of 15 Apr. 2011, para. 1830.

③ Prosecutor v Milutinović, Šainović, Ojdanić, Pavković, Lazarević, Lukić, Case IT-05-87-T, Judgment of 26 Feb. 2009, para. 204.

④ Prosecutor v Kordić & Cerkez, Case IT-95-14/2-T, Trial Chamber, Judgment of 26 Feb. 2001, para. 361.

⑤ Prosecutor v Kordić & Cerkez, para. 361; Prosecutor v Brđanin, Case IT-99-36-T, Trial Chamber II, Judgment of 1 Sept. 2004, para. 596 ("对宗教机构进行破坏或故意损害的罪行在一定程度上与非法攻击民用物体的罪行重叠,但对宗教机构的破坏或故意损害的目的更为具体")。

⑥ Prosecutor v Kordić & Cerkez, Case IT-95-14/2-T, Trial Chamber, Judgment of 26 Feb. 2001, para. 361.

⑦ 1037 UNTS 151.

⑧ Prosecutor v Jokić, Case IT-01-42/1-S, Trial Chamber I, Judgment of 18 Mar. 2004, para. 46.

关"。^① 因此，"对旧城区的炮击不仅仅是对该地区的历史和遗产的破坏，更是对人类文化遗产的打击"。^② 该审判分庭还补充道，"因为攻击民用建筑是严重违反国际人道法的行为，所以攻击特别受保护的遗迹是一种比此更大的罪行，如该古城"。^③

前南斯拉夫问题国际刑事法庭在另一起关于炮击杜布罗夫尼克古城的案件中证实了这一推理，即检察官诉 Strugar 案。在该案件中，基于"整个杜布罗夫尼克古城于 1979 年被列入世界遗产名录"^④这一事实，第二审判分庭发现，根据定义，文化……财产"对每个人都非常重要"……因此……所涉罪行的受害人应被广泛地理解为"人民"，而不是任何特定的个人，该罪行对受害者会造成严重后果……（因此）《前南斯拉夫问题国际刑事法庭规约》第 3 条第（b）款和第 3 条第（d）款规定的罪行也严重违反了国际人道主义法。^⑤

这一发现的一个非常重要的特征就是承认受害者的集体性质。因此，只有当他们的违法行为特别影响到一个或多个群体时，分庭才能超越传统的人权愿景，强制审理和执行。任何属于受犯罪侵害的社区的个人都是某种错误的受害者，这种错误仅在有关个人被包括在他们所属的群体之内的情况下才得以实现。因此，有关社区的某个成员不会因此受到特别影响，而是所有这些成员都会受到影响。换句话说，保护和享受自己的文化权利在某种程度上通常是与其他成员一起在群体中行使的。因此，集体权利得到了具体的保障。通过这种方式，前南斯拉夫问题国际刑事法庭将以前在人权法方面为国际惯例所接受的一项原则转化为国际人道主义法的范围。^⑥

前南斯拉夫问题国际刑事法庭还进行了进一步的调查，即这一罪行是否可被视为灭绝种族罪的一种方式。在这方面，审判庭否认发生的实际可能。

---

① Prosecutor v Jokić, para. 51.

② Prosecutor v Jokić, para. 51.

③ Prosecutor v Jokić, para. 53.

④ Prosecutor v Strugar, Case IT-01-42-T, Trial Chamber II, Judgment of 31 Jan. 2005, para. 327.

⑤ Prosecutor v Strugar, para. 232.

⑥ Human Rights Comm., General Comment No. 23 of 6 April 1994, 'Th e Rights of Minorities(Art. 27）', paras. 6. 2, 9, < http://www. unhchr. ch/tbs/doc. nsf/（Iconrt）/fb7fb12c2fb8bb21c12563ed004df111? Opendocument >（last accessed 25 July 2012）.虽然（属于少数族裔、宗教或语言少数群体的人享受自己的文化，信仰和实践自己的宗教或使用自己的语言的权利）是个人权利，少数群体也依赖群体维持其文化、语言或宗教的能力。因此，可能还需要国家采取积极措施，与该群体的其他成员共同保护少数群体的身份认同以及成员共同享受和发展其文化和语言以及信奉其宗教的权利……对这些权利的保护旨在确保有关少数民族的文化、宗教和社会特性得以生存和持续发展。

国际习惯法将种族灭绝的定义限制为谋求对整个或部分群体进行物理或生物破坏的行为。因此,只攻击人类群体的文化或社会特征,不属于种族灭绝的范畴。①

尽管从发展的角度来看存在争议,②但审判分庭所采取的立场是正确的,它符合关于具体种族灭绝罪的定性,③其中第 2 条审议了适用于符合种族灭绝罪的行为,这在《前南斯拉夫问题国际刑事法庭规约》第 4 条第 2 段中再次强调。④ 在准备相关工作文件期间,以二十五票对六票、四票弃权的表决结果,谈判者明确否决了"文化灭绝种族"概念(旨在消除一个社区或一个群体的文化认同,没有伴随对人的物理破坏)被视为属于种族灭绝概念范畴的提议。⑤ 因此,正如国际法委员会在《危害人类和平及安全治罪法(草案)》的评注中所指出的那样,种族灭绝概念中所包括的"破坏"要素仅指:通过物理或生物手段对一个群体的实质性破坏,而不是对特定群体的民族、语言、宗教、文化或其他身份的破坏。在"破坏"一词的定义中,没有考虑到国家或宗教因素以及种族或民族因素,只能从其物理意义或生理意义上来看。⑥

尽管如此,前南斯拉夫问题国际刑事法庭还是将销毁文化遗产视为种族灭绝犯罪分子的可能证据。在 Krstić 案中,审判分庭指出,受到物理或生物破坏的地方,通常目标群体的文化和宗教财产以及象征会同时被攻击,这些攻击可能被合理地视为有意破坏群体的证据。因此,审判分庭将故意销

---

① Prosecutor v Krstić, Case IT-98-33-T, Trial Chamber, Judgment of 2 Aug. 2001, para. 580.

② 关于这一点,请参阅本文作者在"碎梦的踪迹:土著人民的国际法中的地位"中的讨论,见 F. Lenzerini(ed.), Reparations for Indigenous Peoples: International and Comparative Perspectives(Oxford: Oxford University Press, 2008), 73, at p. 103.

③ United Nations Convention on the Prevention and Punishment of the Crime of Genocide, 9 Dec. 1948, 78 UNTS 277.

④ 《防止及惩治灭绝种族罪公约》第 2 条指出:种族灭绝是指为了全部或部分摧毁一个民族、族裔、种族或宗教团体而实施的下列任何行为:(1)杀害该团体的成员;(2)对团体成员造成严重的身体或精神伤害;(3)故意施加某种集体生活条件,使生活全部或部分受到物理破坏;(4)实施旨在防止集体内生育的措施;(5)强行将该团体儿童转移到另一团体。《前南斯拉夫问题国际刑事法庭规约》第 4 条第(2)款的文本与上述条款相同。

⑤ Prosecutor v Krstić, Case IT-98-33-T, Trial Chamber, Judgment of 2 Aug. 2001, at 202 note 1284.

⑥ 'Commentary on the International Law Commission Draft Code of Crimes against the Peace and Security of Mankind', Report of the International Law Commission on the Work of Its 48th Session, 6 May-26 July 1996, Official Documents of the United Nations General Assembly's 51st Session, Supp. No. 10(Doc. A/51/10), at 90 f.

毁属于该团体成员的清真寺和房屋的行为作为破坏该团体的证据。①

值得注意的是,这一立场随后得到了国际法院的认可。特别是,在2007年关于适用《防止及惩治灭绝种族罪公约》的判决中(波斯尼亚和黑塞哥维那诉塞尔维亚和黑山),国际法院虽然强调"破坏历史、文化和宗教遗产不能被视为……种族灭绝行为的范畴",②但要认识到"这种破坏可能非常重要,因为它旨在消除一个群体的文化或宗教存在的所有痕迹……"③因此,国际法庭确认了"(前南斯拉夫问题国际刑事法庭)在Krstić案中所作的观察,即'在有物理或生物破坏的地方,往往文化和宗教目标群体的财产和象征同时会遭到攻击,这些攻击行为可以合法地被视为物理摧毁群体意图的证据'"。④

第三节 文化遗产当代意义:超越国家财产和外部价值

前一部分研究的前南斯拉夫问题国际刑事法庭判例集中表明,最近一段时间,国际社会对文化遗产重要性的看法已朝着明显的整体观点发展。这一视角超越了传统的文化遗产观念,认为文化遗产是一种值得维护的价值,符合其所在国家的主权利益,这一点特别是在1907年关于战争法律和习惯的《海牙公约》中得到体现。它甚至超越了《保护世界文化和自然遗产公约》的处理方式。虽然《保护世界文化和自然遗产公约》通过从"文化财产"的观念转向序言第二句所强调的更加全面的"人类文化遗产"观念极大地改变了国际上对文化重要性的认识,⑤但是,鉴

---

① Prosecutor v Krstić, Case IT-98-33-T, Trial Chamber, Judgment of 2 Aug. 2001, para. 580. Shahabuddeen法官对上诉分庭关于该案件判决的部分反对意见进一步阐述了立场(Prosecutor v Krstić, Case IT-98-33-A, Appeals Chamber, Judgment of 19 Apr. 2004),他认为:出于谨慎的考虑,他要明确两件事。首先,问题在于是否存在所需的意图,而不是意图是否得到了实现。其次,上述内容不是承认文化种族灭绝的论据。仅仅破坏一个群体的文化不是种族灭绝:不需要采用《前南斯拉夫问题国际刑事法庭规约》第4条第(2)款所列的任何方法,但是也需要考虑。对文化的破坏可能在很大程度上可以作为证据来确认在其他情况下摧毁这个群体的意图。在本案中,主要清真寺被夷为平地就证实了摧毁波斯尼亚穆斯林群体中斯雷布雷尼察(Srebrenica)的意图。

② Para. 344 of the judgment.

③ Para. 344 of the judgment.

④ Para. 344 of the judgment.

⑤ 《保护世界文化和自然遗产公约》序言的第二句指出,"任何文化或自然遗产项目的恶化或消失都构成了对世界各国遗产的有害削减"。

于"文化"一词含义的复杂性,《保护世界文化和自然遗产公约》的适用范围仍然有限。但对文化遗产新的整体感知则将其注意力扩展到文化财产的精神意义上,将文化遗产作为反映人类群体身份的基本要素。

更具体地说,上述判例表明,对文化遗产的破坏和故意损坏行为本身已构成犯罪,违反战争法规和惯例。在说明这一点时,《前南斯拉夫问题国际刑事法庭规约》第 3 条第(d)款是在重申在国际法律秩序的背景下已长期确立的规则。我们在这一条款中显然没有看到任何进步点,因为它源于只与国家利益相关的传统文化财产视野。然而,进一步观察,人们可能会注意到,将《前南斯拉夫问题国际刑事法庭规约》第 3 条第(d)款所设想的罪行包括在内的事实意味着,在设立法庭时,联合国安理会成员意识到,这种传统愿景不再足以表达国际社会关注保护文化遗产的原因。因此,保护对象已朝着更无形的价值发展,即文化遗产对特定人群、群体或社区的精神意义。正是根据这种方法,特别是自前南斯拉夫问题国际法庭对 Kordić & Cerkez 一案的裁决以来,前南斯拉夫问题国际刑事法庭强调指出,在存在"必要的歧视意图"时,破坏或故意损坏文化财产的行为可能构成迫害,即危害人类罪,从本质上讲,它比"简单"违反战争法和习惯的严重性更高。

实际上,正如人类历史所反映的那样,这种解释似乎最有效地考虑到大多数文化遗产破坏案件的性质和理由。自古以来,对文化财产的最具侵略性的行为实际上是为了消灭对这些财产特别感兴趣的人类社区的宗教或文化认同。本章开篇所引用的亚历山大的塞拉皮斯神庙案例就是这一事实的例证,罗马皇帝狄奥多西大帝在公元 391 年下令破坏神庙的目的是打败异教徒神信徒的最后避难所(他们更愿意在寺庙中丧生,而不是向敌人投降)。[①]超过 16 个世纪以来,故意破坏文化遗产的特征并未发生实质性变化,这些遗产被夷为平地,是旨在消除所有"异教徒的神—偶像"的艰苦计划的一部分。

对文化遗产的破坏或故意损坏被认定为危害人类罪,与前南斯拉夫问题国际刑事法庭(受国际法院认可)认定这种罪行适合作证证明种族灭绝罪的精神要素有着同样理由。该解释当然是有待探讨的,因为任何旨在导致社区或团体遭受物理破坏的行动都可以在采取措施的同时最大化其有效性,这些措施包括了破坏对社会群体具有特殊意义的文化遗产,该行为可能会导致群体的道德和心理上蒙羞。事实上,当一个群体被剥夺投射其文化

---

① 参见 < http://penelope. uchicago. edu/ ~ grout/encyclopaedia_romana/greece/paganism/serape-um. html > (最后访问于 2012 年 7 月 25 日)。

或宗教认同的精神参照时,群体的防御力量和抵抗敌人攻击的意愿就受到损害。

前南斯拉夫问题国际刑事法庭关于文化遗产的判例法中浮现的另一个因素是,对这种遗产的破坏或故意损坏可能导致对整个国际社会的犯罪。虽然审判庭仅对列入“联合国教科文组织世界遗产名录”的财产提出这一论点,但应将其扩大到所有为了摧毁特定文化而实施犯罪的案件。在所有这些情况下,“为了所有人的利益而被珍惜和保存的人类共同遗产”①的文化多样性的价值实际上已经受到损害,导致整个人类都会受到有关破坏行为的负面影响。

第四节　结语

前南斯拉夫问题国际刑事法庭中不断进化的判例打开了国际社会的视野,使其意识到文化遗产的重要性极大地超越了领土国家的主权利益以及该遗产的艺术、视觉或经济价值。在有关破坏或故意损坏文化财产的各种情况下,前南斯拉夫问题国际刑事法庭仔细审查了导致犯罪者犯下此类罪行的所有理由,以及行为所产生的影响。虽然没有任何司法行动或法律解释能够弥补像巴尔干战争这样的悲惨冲突所造成的巨大痛苦,但了解有关交战派系是如何进行这些行动的,可以提供一些宝贵的经验教训,有助于减少某些悲剧在未来再次发生的风险。

在文化遗产保护领域,巴尔干战争的主要教训完全在于意识到文化财产不仅仅是石头或其他建筑材料的组合,甚至远远超过了人类的美丽视觉体验。正如第二部分所述,巴尔干战争期间文化财产遭到系统性破坏的原因在于,这些遗产反映了群体成员最具独特性的一部分,提供了价值感和归属感。这些行为的最终目标不是破坏财产本身,而是破坏他们的群体身份认同,因为更重要的是,这些社区的物理完整性部分来自其自身文化遗产的精神价值。

---

① UNESCO Convention on the Protection and Promotion of the Diversity of Cultural Expressions (2005) pmbl., second sentence, available at < http://portal. unesco. org/en/ev. php-URL＿ID = 31038&URL_DO = DO_TOPIC&URL_SECTION = 201. html > (last accessed 25 July 2012).

总之,巴尔干武装冲突已经证明,文化遗产最重要的特征在于人们(作为个人)和人民(作为集体)将其视为其身份的重要组成部分,作为一个存在实体,其中一些最重要的生活价值观和他们的存在方式即使不是最重要的,也是根深蒂固的。有鉴于此,更重要的是要意识到,正是由于文化遗产的特殊意义使其成为非国际性武装冲突中交战的首选目标之一,这种特殊性也可能成为引发新的内部冲突的一个原因,特别是在存在有关其所有权、管理权或基于种族问题的争议时。

前南斯拉夫问题国际刑事法庭让有能力判断危害文化遗产罪行的其他国际和混合刑事法院有迹可循。这已应用于柬埔寨法院的特别法庭以及国际刑事法院,法院可以使用法律文件中包含的明确规定,以定义适用于他们的法律。在这方面,柬埔寨特别法庭的态度似乎很积极。在案例中,民主柬埔寨的四名高级官员被指控犯有危害人类罪,严重违反1949年《日内瓦公约》和触犯种族灭绝罪,①被告人还对佛教徒和占族人施以迫害,对这些人的虐待转化为多种行为,包括广泛摧毁宝塔、修道院、清真寺和佛像、焚烧古兰经,以及将所述宗教建筑改建为会议厅、拘留中心、食堂、养猪场和仓库。② 在起诉书中有关适用法律的部分中,这些行为属于严重违反1949年8月12日《日内瓦公约》的范畴。最值得注意的是,在危害人类罪的范围内,特定的宗教迫害由"全国范围对占族文化的镇压"③和对佛教徒的迫害④所决定。⑤ 令人鼓舞的是,红色高棉法庭准备遵循前南斯拉夫问题国际刑事法庭制定的进化后的解释,当攻击方带有歧视性意图时,对文化遗产的破坏或故意损坏被视为危害人类犯罪。尽管有关司法机构适用的法律文书不包括任何与《前南斯拉夫问题国际刑事法庭规约》第3条第(d)条、《国际刑事法院罗马规约》第8条类似的规定,但这种

---

① 参见 Case 002, < http://www.eccc.gov.kh/en/case/topic/2 >(最后访问于 2012 年 7 月 25 日)。其中一名被告是波尔·布特(Pol Pot)的嫂子、民主柬埔寨前社会行动部部长伊恩·蒂里丝(Ieng Thirith),2011 年因健康原因被认定不适合受审;2012 年下半年,她接受治疗,并且必须在 2012 年底前重新评估她是否适合受审。2012 年 12 月 14 日,她被置于监管之下。'Supreme Court Chamber Places Ieng Thirith under Supervision', available at < http://www.eccc.gov.kh/en/articles/supreme-court-chamber-places-ieng-thirith-under-supervision >(last accessed 20 December 2012).

② Indictment of Case 002, paras. 210, 321, 740, 743, 756, available at < http://www.eccc.gov.kh/sites/default/fi les/documents/courtdoc/D427Eng.pdf >(last accessed 25 July 2012).

③ Indictment of Case 002, para. 1317.

④ Indictment of Case 002, para. 1420.

⑤ Indictment of Case 002, para. 1421.

做法的普遍适用将最终使其他国际法院或混合法院起诉对文化遗产犯罪负有责任的人,可以扩大针对国际法可适用的上述罪行的保护范围。

第五节　后记

继 2012 年 6 月 26 日至 27 日的马里加奥战役之后,与基地组织有关的伊斯兰组织 Ansar Dine 及其盟友阿扎瓦德民族解放运动(MNLA)的伊斯兰组织控制了马里北部阿扎瓦德分离主义地区的三个主要城市:加奥(Gao)、廷巴克图(Timbuktu)和基达尔(Kidal)。神话般的廷巴克图在 15 世纪和 16世纪是非洲伊斯兰教的精神之都,无疑是这三座城市中最为人所知的。它于 1988 年被列入联合国教科文组织世界遗产名录;① 它的三座主要清真寺是津家里贝尔大清真寺(Djingareyber)、桑科尔清真寺(Sankore)和西迪·牙亚希清真寺(Sidi Yahia),它们代表了人类遗产中部分最杰出的遗迹。2012年 6 月 28 日,世界遗产委员会在圣彼得堡(Saint Petersburg)举行的第 36 届会议上决定接受马里政府的要求,将廷巴克图与位于马里北部的另一个世界遗址阿斯基亚陵(the Tomb of Askia)② 一起列入濒危世界遗产名录,以"为受该地区武装冲突威胁的地点提供合作和支持"。③ 这一决定引起了伊斯兰组织 Ansar Dine 反对传统信仰领导人的愤怒。6 月 29 日,他开始蓄意破坏廷巴克图的文化遗产。由于推测廷巴克图的陵墓被奉献给圣人(尽管是穆斯林圣人),极端主义者认为这座城市的古迹是偶像崇拜。因此,他们断言这些古迹与伊斯兰教相悖,因为真主是独一无二的,只有真主是崇拜的对象。毁灭这些陵墓被认为是一种"神圣的秩序",以避免"后代……迷茫,开始把这些圣徒当作真主"。④

---

①　< http://whc. unesco. org/en/list/119 >(最后访问于 2012 年 7 月 25 日)。

②　阿斯基亚陵于 2004 年被列入世界遗产名录。见 < http://whc. unesco. org/en/list/1139 >(最后访问于 2012 年 7 月 25 日)。

③　'Heritage Sites in Northern Mali Placed on List of World Heritage in Danger', available at < http://whc. unesco. org/en/news/893 >(last accessed 25 July 2012).

④　Callimachi,'Islamist Fighters in Timbuktu Continue Destruction of City's Mausoleums, Heritage', The Republic,3 July 2012, available at < http://www. therepublic. com/view/story/56d3cae1af864453b70c97849bb10a9a/AF-Travel-Mali-Timbuktu >(last accessed 25 July 2012).

　　许多具有 700 年历史的不可替代的遗迹被系统和精准地摧毁。① 根据传说,西迪·牙亚希清真寺的大门直到"时间尽头"才可以被打开,而西迪·牙亚希清真寺的大门于 7 月 2 日被拆除,打破了这座古老建筑的神秘感。其他被摧毁的古迹包括西迪·马哈茂德(Sidi Mahmoud)、西迪·莫塔尔(Sidi Moctar)和阿尔法·莫亚(Alpha Moya)的陵墓,谢赫·埃尔·凯比尔(Cheikh el-Kebir)、阿尔瓦利吉·巴贝尔·巴别杰(Alwalidji Baber Babeidje)和阿尔瓦利吉·阿哈马多恩·福莱恩(Alwalidji Ahamadoun Foulane)的陵墓,以及津家里贝尔墓地,包括位于墓葬周围的罐子和其他文物。拆除后,犯罪者将从城外遗迹中获得的黏土用拖拉机运走,以防止将来用同样的黏土重建建筑。据居住在廷巴克图的证人说,Ansar Dine 的成员还威胁说,如果清真寺里面有圣人,他们就会毁掉这些清真寺,而几个圣徒实际上被埋葬在这个城市的三个主要清真寺里。②

　　在廷巴克图建筑物被毁的几天后,Ansar Dine 的活动分子驻扎在该市的一个图书馆,有理由怀疑,不可替代的中世纪手稿(用各种非洲语言和阿拉伯语书写)可能与陵墓遭受了同样对待。③

---

　　① 撰写本文时,关于廷巴克图遗迹建设的信息仍然是零碎的,可能是不精确的,因为不允许记者抵达这座城市。

　　② 文本中提供的信息源自多个新闻媒体。请参阅 A. Nossiter, 'Mali Islamists Exert Control, Attacking Door to a Mosque', NY Times, 2 July 2012, available at < http://www. nytimes. com/2012/07/03/world/africa/mali-islamists-exert-control-with-attacks-on-mosques. html >; 'Timbuktu Shrine Destruction a "War Crime": International Criminal Court', Dilemma X, 2 July 2012, available at < http://dilemma-x. net/2012/07/02/timbuktu-shrine-destruction-a-war-crime-international-criminal-court/ >; ' Timbuktu ' s Sidi Yahia Mosque "Attacked by Mali Militants"', BBC News, 2 July 2012, available at < http://www. bbc. co. uk/news/world-africa-18675539 >; 'Ansar Dine Breaks the Doors of Sidi Yahia Mosque in Timbuktu', North Africa United, 3 July 2012, available at < http://www. northafricaunited. com/Ansar-Dine-breaks-the-doors-of-Sidi-Yahia-mosque-in-Timbuktu_a1836. html >; ' U. N. Defers Decision on Military Intervention in Mali ', CNN, 6 July 2012, available at < http://edition. cnn. com/2012/07/06/world/africa/mali-un-warning/index. html >; 'Mali: Islamists Continue Destruction of Religious Sites in Timbuktu', AfriqueJet—Afrique Actualit é Information, 12 July 2012, available at < http://www. afriquejet. com/mali-islamists-continue-destruction-of-religious-sites-in-timbuktu-2012071241732. html >; Froelich, 'Mali: Islamists Destroy Historic City of Timbuktu', Daily Beast, 15 July 2012, available at < http://www. thedailybeast. com/articles/2012/07/15/mali-islamists-destroyhistoric-city-of-timbuktu. html > (all sources quoted in this footnote were last accessed 25 July 2012).

　　③ 'After Tombs, Arabs Now Destroying Timbuktu's Manuscripts', African Globe, 11 July 2012, available at < http://www. africanglobe. net/africa/tombs-arabs-destroying-timbuktus-manuscripts/ >; Hoebink, 'Mali Manuscripts at Risk', Radio Netherlands Worldwide, 20 July 2012, available at < http://www. rnw. nl/africa/article/mali-manuscripts-risk > (both sources were last accessed 25 July 2012).

　　整个国际社会对廷巴克图的文化遗产遭到破坏感到愤怒。6月30日，联合国教科文组织总干事伊琳娜·博科娃（Irina Bokova）呼吁谴责这种破坏，呼吁此事负责人"停止这些可怕且不可逆转的行为，履行其责任，并为子孙后代保护这一宝贵的文化遗产"。① 几天后，世界遗产委员会坚决谴责并要求终止这一"令人厌恶的破坏行为"。② 联合国安理会威胁将对伊斯兰组织 Ansar Dine 实施制裁，尽管它并未立即批准西非国家经济共同体提出的建立一支特种部队（包括军事人员）以立即干预廷巴克图的提议。③ 7月10日，非洲人权和人民权利委员会表示，对穆斯林圣人陵墓和神秘城市廷巴克图的其他古代遗址遭到破坏和亵渎……这一事实极为关切，因为这些被联合国教科文组织列为世界遗产的神圣纪念碑是非洲伟大的象征……同国际社会一道，对这种可耻和不光彩的行为表示震惊和关注……并最强烈地谴责这种野蛮行为是战争罪和危害人类罪，不符合《非洲人权和人民权利宪章》和关于人权和国际人道主义法的其他非洲和国际法律文件。④

　　伊斯兰会议组织发表声明，宣布受摧毁的廷巴克图古迹是"马里丰富的伊斯兰遗产的一部分，不应该被顽固的极端主义分子摧毁"。⑤ 国际刑事法院首席检察官法图·本苏达（Fatou Bensouda）将廷巴克图宗教建筑物的破坏行为定为战争罪，并且国际刑事法院有权根据马里发生的事实进行全面调查。⑥ 7月18日，首席检察官宣布收到马里政府代表团的请求，要求调查自2012年1月以来该国的情况，"以确定一人或多人是否应该对犯下的罪行负责"；同时，政府宣布马里法院不能起诉或审判应对所指控罪行负责的人。

---

① 'UNESCO Director-General of UNESCO Calls for a Halt to Destruction of Cultural Heritage Site in Timbuktu',30 June 2012,available at < http://whc. unesco. org/en/news/901 > (last accessed 25 July 2012).

② 'World Heritage Committee Calls for End to Destruction of Mali's Heritage and Adopts Decision for Its Support',3 July 2012,available at < http://whc. unesco. org/en/news/907 > (last accessed 25 July 2012).

③ 'UN Threatens Sanctions on Mali's Shrine Vandals',Arab News,6 July 2012,available at < http://www. arabnews. com/? q = world/un-threatens-sanctions-malis-shrine-vandals > (last accessed 25 July 2012).

④ African Comm'n on Human and People's Rights, 'Press Release on the Destruction of Cultural and Ancient Monuments in the Malian City of Timbuktu',10 July 2012,available at < http://www. achpr. org/press/2012/07/d115/ > (last accessed 25 July 2012).

⑤ 'Timbuktu's Sidi Yahia Mosque "Attacked by Mali Militants"'.

⑥ 'Timbuktu Shrine Destruction a "War Crime":International Criminal Court',earlier note 86; 'ICC Threatens Mali Islamists with War Crimes',Aljazeera,2 July 2012,available at < http://www. aljazeera. com/news/africa/2012/07/20127119538255768. html > (last accessed 25 July 2012).

首席检察官指出，"自 2012 年 1 月 17 日暴力事件爆发以来，她一直非常密切关注马里局势"，她曾强调，"根据《国际刑事法院罗马规约》第 8 条，故意破坏在廷巴克图市穆斯林圣徒的圣地可能构成战争罪"。她已下令其办公室"立即对该情况进行初步审查，以评估根据《国际刑事法院罗马规约》开始调查的标准是否得到满足"，她将会"在适当的时候"公开调查结果。①

这似乎为国际刑事法院就破坏文化遗产问题作出一项非常重要的决定铺平了道路。在法律方面，Ansar Dine 的成员在廷巴克图犯下的破坏行为构成了违反国际法的事实毋庸置疑。根据《国际刑事法院罗马规约》第 53.1 条，此类行为提供了"合理依据，认为已经或正在实施法院管辖范围内的犯罪"，这一点上不存在任何合理的怀疑；实际上，上述行为已经或正在《国际刑事法院罗马规约》②当事国的领土上实施，因此属于法院根据第 12.2 条行使其管辖权的一种情况。另一个无法否定的情况是，马里阿扎瓦德（Aza-ward）地区目前正在经历一场武装冲突，该情况于 2012 年 3 月开始，由图阿雷格人（Tuareg）发动叛乱，随之而来的是对马里政府的独立战争。事实上，根据马里政府的情况，加奥之战导致 Ansar Dine 控制了阿扎瓦德地区的主要城市，但这并不意味着持续的武装冲突就此结束，马里政府尚未屈服于该地区的丢失（最近向国际刑事法院首席检察官提出的调查 2012 年 1 月以来该国局势的请求表明了这一点）。因此，指控战争罪负责人一事没有障碍。2013 年 1 月 16 日，国际刑事法院检察官正式开始调查自 2012 年 7 月以来在马里境内犯下的指控罪行，包括"故意攻击受保护物品"。③

在这一点上，一旦同类案件出现在法院面前，法官将遵循前南斯拉夫国际刑事法庭的案例，除了战争罪外，考虑将城市中对古代文化遗产的破坏作为危害人类罪，这样的做法是恰当的。事实上，"全人类……被独特……文

---

① 'ICC Prosecutor Fatou Bensouda on the Malian State Referral of the Situation in Mali Since January 2012', ICC Press Release, 18 July 2012, available at < http://www. icc-cpi. int/NR/exeres/B8DAF5A7-DD53-43D2-A3A8-0BC30E6D00B9. htm > (last accessed 25 July 2012).

② 马里于 2000 年 8 月 16 日交存了《国际刑事法院罗马规约》的批准书，见 < http://www. icc-cpi. int/Menus/ASP/states + parties/ > （最后访问于 2012 年 7 月 25 日）。

③ 'ICC Prosecutor opens investigation into war crimes in Mali："The legal requirements have been met. We will investigate"', 16 January 2013, available at < http://www. icc-cpi. int/en_menus/icc/press% 20and% 20media/press% 20releases/news% 20and% 20highlights/Pages/pr869. aspx > (last accessed 16 January 2013).

化及伴随的文物破坏所伤害",①而这些文物和文化是使得廷巴克图在世界上独一无二的原因。为了识别将对文化遗产的攻击视为迫害行为所必需的歧视性意图,②法院甚至不应过于标新立异。这种意图确实是犯罪者所固有的,犯罪者打算消灭与他们的狂热信念不符的每一种文化产品。迫害实际上体现为所有不认同 Ansar Dine 成员的极端伊斯兰思想的人的偏见,对于生活在廷巴克图的人来说,尤其明显。正如联合国特别报告员所强调的文化权利和宗教或信仰自由,破坏其文化遗产"意味着剥夺其身份、信仰、历史和尊严"。③

---

①　参见附注 42 的相关内容。

②　参见附注 42 的相关内容。

③　Office of the UN High Comm'r for Human Rights, '"A Very Dark Future for the Local Populations in Northern Mali," Warn UN Experts',10 July 2012,available at < http:∥ohchr. org/en/NewsEvents/Pages/DisplayNews. aspx? NewsID = 12337&LangID = E > (last accessed 25 July 2012).

第四章
从"地面视角"看古物非法贸易

劳丽·拉什(Laurie W. Rush)①

第一节 引言

从最小的乡村社区到全球政治的世界舞台,非法古物市场扰乱了人类社会。购买出处有问题物品的个人和机构故意为非法行为作出贡献,不仅包括盗窃和走私,还包括危害生命和鼓励犯罪分子铤而走险的行为。换句话说,为非法古物提供市场的收藏家和爱好者在鼓励暴力和冲突的过程中扮演的不仅仅是被动的角色。从原本和平的社区到世界上一些最具暴力的冲突地区,古物市场的存在,或者在某些情况下,甚至是对市场的感知,都是破坏性极强的力量,影响着本地和国际社区的多个要素。

---

① 劳丽·拉什(Laurie Rush)博士是一名人类学家和考古学家,曾在纽约州德拉姆堡担任了14年美国陆军文职人员,管理文化资源。她从印第安纳大学伯明顿分校获得学士学位,从西北大学获得硕士和博士学位,是国家科学基金会院士、美国科学院院士。在她的领导下,德拉姆堡文化资源计划赢得了陆军和国防部的众多奖项,包括2007年陆军和国防部的最佳项目以及2009年的最佳团队奖。应奥茨(Oates)少将和美国国务院的要求,拉什博士是2009年春季美索不达米亚乌尔市归还伊拉克人民的军事联络员。她还于2010年2月代表美国中央司令部参加阿富汗喀布尔的环境立法会议。拉什博士在美国和海外的军事和公民读者都认识到在战场上识别和尊重文化财产的重要性,包括在土耳其多所大学举办的一系列由国务院赞助的讲座。她的团队与科罗拉多州立大学合作开发的教育材料已供超过12.5万名美国军事人员阅读学习,并且该材料还被联合国教科文组织、蓝盾联盟全国委员会和奥地利国防学院使用。拉什博士获得了同行们的认可,获得了专业考古学家特别成就奖、历史保护咨询委员会的历史保护联邦成就主席奖以及布思家族罗马历史保护奖。她是最近出版的《考古、文化财产和军事》一书的编辑,并且著有大量关于军事教育和规划在危机地区保护文化财产的重要性的文章和书籍。

┃ 第二节 通往木乃伊之路

在斯旺西(Swansea)博物馆的楼梯顶端矗立着一个带箭头标志的牌子，上面写着："这是通往木乃伊的路……"，箭头指向一扇需要让孩子打开的小门。里面是一个小房间，里面有一具令人印象最深刻的木乃伊，这具木乃伊是1888年由陆军元帅弗朗西斯·格伦费尔勋爵(Lord Francis Grenfell)赠送给南威尔士皇家学会的，他是当地一个重要家族的儿子，选择了军队职业生涯。同样，只要此类物品在1970年联合国教科文组织《关于禁止和防止非法进出口文化财产和非法转让其所有权的方法的公约》①之前取得，保存和展示此类物品是完全合法的。毫无疑问，拥有异国藏品的博物馆在关于其他文化的教育、过去教育和文物保护方面发挥着极其重要的作用。然而，无论潜在的好处是什么，收藏和展览的收购都需要遵循法律程序。违反法律和参与非法古物市场会对全世界产生严重的负面影响。

┃ 第三节 对美国本土的影响

2011年6月中旬，美国考古研究所的考古新闻报道了关于一所大学的暑期野外学校被破坏者袭击的故事。② 这个暑期野外学校在伊利诺斯州(Illinois)南部一个小镇举行，位置几乎毗邻大学校园。在初夏，伊利诺斯州南部的这个小镇十分宁静。只有一个人在炎热的太阳下度过了几个小时，辛苦地参加挖掘工作，一厘米一厘米地筛选了所有的土壤，并努力保持墙壁完全平直、地板完美平整，可以想象得到，第二天早上这个人在发现场所在夜间被摧毁时所经历的愤怒。具有讽刺意味的是，进行这种性质的挖掘以产生可出售物品的概率非常低。南伊利诺伊大学爱德华兹维尔(Edwardsville)校区

---

① UNESCO 1970 Convention on the Means of Prohibiting and Preventing the Illicit Import, Export and Transfer of Ownership of Cultural Property, International Treaty, available at < http://portal. unesco. org/en/ev. php-URL_ID = 13039&URL_DO = DO_TOPIC&URL_SECTION = 201. html > (last accessed on 18 January 2013).

② Pawlaczyk, ' "So Much Work and It Was Gone"; Vandals Hit SIUE Archaeology Dig', News Democrat, 16 June 2011, available at < http://www. bnd. com/2011/06/14/1748370/so-much-work-and-it-was-gone-vandals. html > (last accessed on 16 June 2011).

暑期野外学校发生的掠夺和破坏行为完全因为一种看法：认为土壤中可能存在有价值的物品，而这些物品可能可以在非法古物市场上出售以获取现金。因此，即使在这个和平的地方，社区的社会结构已被市场中的某种信念撕裂，而不是被市场上的非法古物。爱德华兹维尔小镇的事件为思考在全球危机和冲突地区所发生的更大范围、更具戏剧性的案例提供了一个可管理的实例和一个有用的基准。

在美国西部的公共土地上掠夺考古财产和破坏美洲原住民圣地是一种类似的盗窃形式。自欧洲人后来在该地区定居以来，这个问题一直长期存在。要注意的是，像意大利这样的国家，所有埋藏的物品和具有考古意义的物品都归国家所有，而在美国，从私人土地上挖掘的物品应成为土地所有者的财产。这种区别对执法来说是挑战，因为一旦挖掘出来，就很难确定一个物体是来自公共场所还是私人场地。更加困惑的是，当《考古资源保护法》①获得通过时，为其利益提供了一项条款，条款规定，从公共土地收集且完整地保存文物是合法的。在美国西部，财产权的不同意见进一步加剧了执行考古遗址保护工作所面临挑战的复杂性，也加剧了执法部门对公共土地上的抢劫问题作出回应时要面对的极端情绪反应。要知道，许多抢劫案都会破坏并摧毁美洲原住民的人类遗骸。因此，美国原住民社区成员对抢劫作出的愤怒回应是完全可以理解的。

最近犹他州（Utah）的森林服务案例说明了抢劫案可能对农村社区造成的影响。2009 年，联邦特工逮捕并指控了一系列在公共土地上掠夺美洲西南原住民考古遗址的知名公民，他们利用美国一系列经销商出售这些物品以谋取利润。2011 年，随着案件在法庭上的裁决，出现了对执法官员的威胁。这名线人和两名被告都自杀了，其中一名被告是社区的著名医生，该医生此前曾因同样的活动而被捕。美国国家新闻报道了这些事件。② 当公民开始偏袒和辩论这个问题时，不难想象在这样的小城镇中，被告以及执法人

---

① Archaeological Resources Protection Act. Legislation of the United States Congress, 16 U. S. C. § 470aa-470mm; Public Law 96-95 and amendments, available at < http://www. nps. gov/archeology/tools/Laws/arpa. htm > (last accessed on 18 January 2013).

② Yardley, 'Utah Town Unsettled by Doctor's Suicide and an Inquiry on Indian Artifact Looting', N. Y. Times, 20 June 2009, available at < http://www. nytimes. com/2009/06/21/us/21blanding. html > (last accessed on 18 January 2013); Associated Press, 'Utah: Third Apparent Suicide in Indian Looting Investigation', N. Y. Times, 2 March 2010, available at < http://www. nytimes. com/2010/03/03/us/03brfs-THIRDAPPAREN_BRF. html > (last accessed on 18 January 2013).

员在生活和工作上要面对的压力。在其中一些社区,公民不认为从公共土地上取物是错误的。事实上,一些公民认为这正是公共土地的目的之一,他们为教育孩子这些行为感到自豪。2008 年,美国司法部的文化财产官员向联邦文化资源管理人员提供了金属探测器团队的 YouTube 视频链接,这些视频展示的内容是在公有内战战场上举行的活动,探测团队团员们在挖掘和收集内战纪念品后进行了野餐。显然,视频所涉及的个人和团体对他们自己发布的视频会触犯法律一无所知,该视频后被用作反对他们的证据。

在使用甲基苯丙胺和从美国公共土地上盗窃考古文物之间似乎也出现了一些联系。这两项活动都在偏远的农村地区风行,这些文物可以用来购买药物成分和建立实验室。同样,这些联合活动对当地社区的影响将变得复杂。

第四节 冲突地区的掠夺

从考古遗址偷窃是一项可追溯到数千年前的活动。埃及金字塔里建设进入墓室的迷宫道路的原因之一是建筑师不得不考虑到坟墓袭击者的存在,他们热衷于偷走与这些古迹一起被埋葬的重要人物的财富。最近,出现了冲突地区考古遗址大规模被抢劫的问题,媒体不断关注伊拉克各地一系列美索不达米亚乌尔市(Mesopotamian)主要考古遗址的抢劫和破坏。在对萨达姆政府实施制裁期间,大规模抢劫开始发生,并在 2003 年入侵期间急剧升级。2003 年抢劫伊拉克国家博物馆也引起了全球媒体的注意,有人对这一事件进行了抨击,认为美国未能保护伊拉克的文化遗产,甚至出现了专门解决这一问题的非营利组织。[①]

就伊拉克而言,显然当地人们的动机是经济上的绝望无助。意大利宪兵队成员是唯一成功完成对掠夺者的拦截任务的外国力量,他们意识到这些人的绝望,其中一些当地人知道自己的行为是有害且错误的,感到屈辱和羞愧。其中一个因素是由于萨达姆政府实施多年的经济制裁,后期的冲突摧垮了脆弱的经济,这脆弱经济是部分建立在外国大学和研究所对伊拉克进行挖掘而提供的支持。当外国代表团(其中一些人给予了慷慨资助)在场

① ＜http://www. savingantiquities. org/ ＞（last accessed on 18 January 2013）.

时,当地劳工的名字就在工资单上,代表团也支付食品、住宿和其他供给,为当地经济作出了贡献。正如芝加哥大学的杰夫·恩伯林(Geoff Emberling)博士在 2007 年美国考古学会会议上发表的论文中所指出的那样,①外国考古学家实际上培训了许多劳动者,他们在合法挖掘工作结束后都成了掠夺者。

其中一个需要考虑的问题是,当抢劫确实发生在冲突区域时,它可能会造成非常大规模的破坏。对古代美索不达米亚遗址的掠夺,如乌玛(Umma)和拉萨(Larsa)的墓地,使得遗址区域呈现出凹凸不平且充满破碎物体的像月球表面一样荒凉的地区。当抢夺者对发现的内容感到失望或者这些物体看起来没有价值时,他们会丢弃并且有时会故意粉碎像陶器这样的物体。掠夺者更不会尊重人类遗骸,骨头散落的场景在被抢劫地中并不罕见。抢劫者可能会在考古遗址中挖掘隧道,以寻找墓葬或楔形石碑库,而这会使得遗址容易崩塌,对未来进行系统地考古发掘造成威胁和危险。对冲突地区的掠夺也可以波及文化机构。抢劫巴格达(Baghdad)伊拉克国家博物馆的臭名昭著的例子表明,在没有受到保护的情况下,一个国家的整个文化遗产是何等脆弱。在巴格达案例之后,开罗(Cairo)和利比亚的博物馆藏品因政府的革命性变化而面临风险。在开罗,有一个著名的例子,埃及人民建立了一条人链来保护自己的博物馆,②而在利比亚的黎波里博物馆,精心的馆藏以及战士和普通民众在敌对状态下的管制措施保护了藏品。③ 同样重要的是要认识到,阿富汗国家博物馆的工作人员多次不惜用自己的生命来保护最重要的珍藏。他们成功地将这些文物藏匿并保存在喀布尔(Kabul)地区及其周围,以防止俄罗斯人和塔利班人的盗窃和破坏。④

一些新组织的拥护者和广大公众对掠夺文物的关切是重要的,当然也是善意的。然而,在社区对遗址保护没有达成共识的情况下,外界人士主张

---

① Emberling,'Archaeologists and the Military in Iraq,2003-2008:Compromise or Contribution', Archaeologies:J. World Archaeological Congress(2008),pp. 445-459.

② Agence France-Presse,'Egyptians Form Human Chain Around Cairo Museum', AFP,29 January 2011,available at < http://www. zawya. com/story. cfm/sidANA20110129T131758ZPCI54 > (last accessed on 30 January 2011).

③ Lawler,'Claims of Mass Libyan Looting Rejected by Archaeologists', Science Insider,1 September 2011,available at < http://news. sciencemag. org/scienceinsider/2011/09/claims-ofmass-libyan-looting. html > (last accessed on 18 January 2013).

④ Hebert and Cambon,'Afghanistan:Hidden Treasures from the National Museum, Kabul', Nat'l Geographic Society(2008).

在偏远的考古遗址安置武装的遗址守卫,这不是最好的解决办法,从最坏的情况来看,这是不负责任的。在不认可抢劫是社会要面对的更大的挑战下,武装一部分群体来保护群体另一部分的财产,这样很容易导致暴力和死亡。意大利宪兵队为世界上任何组织的考古遗址守卫提供最好的培训。他们用系统的方法来教授绘制和记录场地,建造围栏和瞭望塔,实施空中监视,建立警卫通信和运输系统,并在必要时考虑武装警卫。然而,当武装警卫队员要独自面对一个没有共同保护遗址意识的当地群体时,即便这些措施也不够。

第五节 冲突地区遗址保护的积极方法

然而,有些例子表明,即使在冲突和社会秩序几乎完全崩溃的情况下,保护考古遗址的积极方法也会起作用。当外交使团努力确保在这些地点生活和工作的当地家庭作为保护者而不是挖掘者的角色继续获得报酬时,这些遗址就可以免受损害,这里提供两个案例。[①] 2003 年,乔里斯·基拉(Joris Kila)博士曾在荷兰国防部担任文化财产官员,随同美国护卫队前往沃拉(Warka),这是古老的美索不达米亚乌鲁克市(Uruk)的所在地。在那里,基拉博士与谢赫·阿图比(Sheik Altubi)及其家人取得联系。谢赫·阿图比家族几代人一直与德国考古研究所合作,该遗址也是他们的家。基拉博士保证,研究所会继续向谢赫·阿图比家族支付保护该遗址的费用。因此,当美国国务院、美国考古研究所和美国陆军在 2009 年春季对该地点进行检查时,发现它在各方面处于良好状态,未遭抢劫。第二个例子是尼普尔城址(Site of Nippur)的成功保护,芝加哥大学东方学院在政治动荡和冲突中找到了支持遗址守卫的方法。[②]

在极少数情况下,当发生大规模抢劫时,围栏和阻截可以保护考古遗址。古美索不达米亚的乌尔市就是一个很好的例子。萨达姆·侯赛因

---

① Kila,'Cultural Property Protection',Paper Presented at the Sustaining Military Readiness Conference,US Department of Defense,Phoenix,AZ(2009);Kathryn Hanson,Comments at the Association for Research into Crimes against Art(ARCA)Amelia,Italy(2011).

② Hanson,Comments at the Association for Research into Crimes against Art,Annual Conference,Amelia,Italy(July 2011).

(Saddam Hussein)特别将他的空军基地设置在毗邻考古遗址乌尔的塔利,希望遗址的存在可以保护空军基地免受西方军队的空中轰炸。当美军占领这个基地时,他们意识到乌尔的考古遗址很容易受到整个伊拉克南部考古遗址发生大规模抢劫的影响。作为回应,他们扩大了基地周边,包括古老的城市及其世界文明的齐格拉特神塔。围栏的使用保护了该地点免于抢劫和任何形式的重大损害。然而,由于该地点在美国防御范围内,都城以外的考古遗址检查员很难进入。① 此外,当地社区的成员可以透过围栏看到美军进入这些遗址。当地人开始通过国务院表达他们的沮丧和担忧,直到 2008 年底重建周边围栏以将遗址与军事基地分开,把遗址管理权归还给伊拉克人。经过 2009 年 4 月联合军队、国务院和学术团队的仔细检查,②2009 年 5 月 13日举行了遗址正式返回仪式,有 300 多名伊拉克当地社区成员参加。重要的是,基于直接压倒性力量,美国的存在对保护这个遗址是有效的。而乌尔的情况很少适用其他地区。

遗址保护的另一个成功的积极做法的例子是利用指挥官的应急响应基金重建阿克尔库夫(Aqar Quf)遗址的旅游设施。③ 当地社区的成员确实抢劫并破坏了该地点的游客咖啡馆。然而,阿克尔库夫可以作为一个原则的示例,当社区内部的整体社会秩序得到改善时,考古遗址的保护问题就可以变得更加现实。在这种情况下,具有相关旅游潜力的遗址保护也有助于增强社区未来的稳定性。一旦咖啡馆得到修复,游客就可以返回,游客的消费、食宿可以支持当地人的工作。

2011 年利比亚的局势说明了与保护冲突地区遗址有关的一系列问题。2011 年春天,在宣布北约计划对利比亚进行干预的 36 小时内,国防部考古学家、国务院官员、学术主题专家等非政府机构代表组成了一个网络,他们联合起来为利比亚"不打击"清单制定考古坐标,并将这些坐标分发给美国国防情报局空战司令部、美国非洲司令部和北约计划人员。在宣布后的 36

① Hamdani,'The Damage Sustained to the Ancient City of Ur',in P. Stone and J. Farchack Bajjaly(eds),In the Destruction of Cultural Heritage in Iraq(Boydell,Woodbridge,UK,2008),pp.151-156.

② 戴安娜·西布兰特(Diane Siebrandt),美国国务院驻巴格达遗产联络员,组织并资助了乌尔遗址的现场检查。检查团队包括美国陆军考古学家劳丽·拉什(Laurie Rush)博士、时任美国考古研究所所长布莱恩·罗斯(Brian Rose)博士和西布兰特(Siebrandt)女士。检查团队认为该遗址的状况良好。

③ Roberts and Roberts,'Cultural Heritage Preservation and Micro-Business:A Case Study in Successful Intervention by the United States Army in Iraq',Southern J. of Entrepreneurship(2009),pp.197-213.

小时内,信息就掌握在相应的军事机构手中了。在北约行动期间,利比亚考古学家努力发布有关利比亚考古遗址状况的信息,包括美国国防部考古学家在内的西方考古同事也努力将这些信息传递给军事机构。2011年7月,联合国教科文组织和那不勒斯第二大学在意大利举行了一次关于利比亚考古遗址未来的会议。随着冲突的展开,全球媒体出现了对利比亚文物状况的各种报道,这说明建立一个负责任的学术人员和军事人员网络对评估和保护冲突地区文化财产的重要性。这场由联合国教科文组织和那不勒斯第二大学举办的会议加强了最初的"不打击"名单网络,使利比亚考古学家可以在2011年9月进行的文化财产实况调查中取得联系成为可能。

该结果进一步说明了积极保护措施对面临风险的文化财产的重要性。然而,一旦反叛部队开始承担责任,卡扎菲政府所支持的对遗产和古物的消极态度就有利于遗产保护。正如 IMCuRWG/ANCBS 任务报道的那样,①萨布拉塔(Sabratha)的反叛部队拒绝回应卡扎菲部队的挑衅行为,因为这会使罗马古布匿(Punic)城处于危险之中。在大莱波蒂斯(Leptis Magna)国家博物馆,工作人员将最珍贵的物品放在安全和隐蔽的存储区域,在某些情况下甚至将通道门关闭。在这里,遗址管理人员允许牧羊人将他们的动物带到现场,牧羊人和动物的存在有效地防止了诸如诱捕或挖掘遗址等行为。此外,利比亚人向检查组成员解释说,希望加入叛乱的军队得到在大莱波蒂斯守卫的机会。被故意损坏或毁坏的文物与卡扎菲直接相关,比如在国家博物馆展出的卡扎菲汽车。②

▎第六节 非法古物市场

一、考古遗址劫掠与艺术品盗窃

不幸的是,非法挖掘文物市场的存在鼓励在稳定但偏远地区和考古遗

---

① Blue Shield and IMCuRWG, Mission Report: Civil-Military Assessment Mission for Libyan Heritage (2011), available at < http://www.blueshield.at/libya_2011/11-2011/mission_report_libya_11-2011.pdf > (last accessed on 18 January 2013).

② Smith, 'In Tripoli's Museum of Antiquity, Only Gaddafi Is Lost in Revolution', Guardian, 11 September 2011, available at < http://www.guardian.co.uk/culture/2011/sep/11/tripoli-museum-antiquity-shattered-gaddafi-image > (last accessed on 18 January 2013).

址中的抢劫活动。与无法无天的冲突地区会发生的大规模破坏相比,虽然这些地区的抢劫规模很小,但仍然存在重大破坏和文化财产的损失。这些地区的抢劫者也没有表现出对考古遗址的任何尊重,在完成抢劫的时候,他们损坏该遗址,并且完全无视人类遗骸。掠夺考古遗址是一个全球性问题,抢劫活动根据特定类型古物的市场而改变。艺术博物馆等文化机构是这一过程的直接或间接共谋者。直接共谋案例已被记者和法律程序广泛记录,例如盖蒂博物馆和大都会艺术博物馆购买又最终遣返被盗物品。

佩尔格(Perge)是土耳其南部的古希腊和罗马城市遗址,已经变成了劫掠的受害之地。在一个特别令人震惊的例子中,赫拉克勒斯雕像的上半部分从佩尔格被抢走并卖给了波士顿美术博物馆,下半部分由考古学家收回,在安塔利亚考古博物馆展出。激光扫描分析结果明确地证明了这上、下部分属于一体,并且不存在可能的合法路径使得雕像的上半部分在波士顿出现。在2011年夏天,土耳其终于成功说服美国波士顿美术博物馆归还赫拉克勒斯雕像的上半身,并在2011年10月庆祝了雕像的两部分的合体。[1] 一位美国人在返回该物品的协议签订之前访问安塔利亚博物馆,看到赫拉克勒斯展览的相关背景信息后,感到羞愧。发生在佩尔格的第二个例子是赫拉克勒斯石棺被洗劫。盖蒂于1983年把赫拉克勒斯石棺归还给土耳其。好消息是佩尔格现在是安塔利亚附近的一个重要旅游目的地。人们认识到,状况良好的遗址对当地社区的价值大于从该遗址出售掠夺物品的潜在利润,尽管这是一种被动保护。佩尔格也是当地重要的自豪感来源,因为佩尔格遗址的挖掘和保护计划是由土耳其的考古学家和大学负责的。

可以通过假设举例的方式来说明间接共谋者的概念。想象一下,有一场轰动一时的玛雅陶瓷展览在美国一系列主要城市和欧洲首都展开巡展,展出的艺术品在最近可能以数百万美元的价格被购买。收藏者的兴趣和注意力集中在此的结果会导致文物的市场价格进一步推高,这会鼓励个人甚至有组织的犯罪团伙在玛雅遗址发起或加强非法挖掘,以找到更多的类似物品进行走私、出售,以获得巨额利润。非法出土的物品还具有从未被记录的优点,这使得指控所有者或购买者盗窃变得更加困难。如果非法获得的物品出现在博物馆展览中,或者专业人员识别出它们、翻译该文物上面的文

---

① Dogan News Agency, 'Halves of Herakles Reunite in Southern Turkey', Hurriyet Daily News, 9 October 2011, available at < http://www. hurriyetdailynews. com/n. php? n = halves-of-herakles-reunite-2011-10-09 > (last accessed on 18 January 2013).

本或以其他任何可能的方式解释它们,文物还可以获得额外的价值。

二、文化财产保护的执法和宪兵队指挥部

自 1969 年以来,意大利文化财产保护宪兵队指挥部已成为世界领先的保护文化财产的军事与警务组织。该指挥部现在有 200 多名军官构成核心部分,他们分布在总部和 12 个区域办事处,他们在艺术犯罪的各个方面接受了额外的专门培训,同时还具有部署能力。意大利人持续面临文化遗产盗窃的挑战,不仅包括非法挖掘、从考古遗址和墓葬中窃取物品,还涉及艺术欺诈、艺术偷盗以及相关的洗钱活动。宪兵队追查到了一个主要的走私网络,该网络负责处理从意大利运往美国各大博物馆出售的考古物品,随后该案件的起诉和文物归还成为全世界的头条新闻。这些案例改变了许多美国博物馆的采购惯例,并为归还在全球范围内具有涟漪效应的重要物品提供了先例。除了具有行政领导职能的行政领导部门之外,宪兵队总部的职能部门还包括一个设在罗马的考古部门、一个被盗艺术品的交互式库存数据库、一个针对艺术品和考古物品所有者的文献记录项目以及对全国教育计划的支持部门。区域办事处的重点是区域一级的艺术品和考古物品的执法和保护。例如,在西西里岛(Sicily),非法挖掘仍然是一个挑战,追捕和起诉"tombaroli"(汉语意为盗墓贼)也是一个挑战,"tombaroli"是意大利语,是指在考古遗址中非法挖掘并在黑市上出售物品的人。

宪兵队也是世界上唯一一支能够在全方位军事任务期间为保护文化财产而动员和部署训练的部队。2003 年,作为联合国教科文组织维持和平行动的一部分,一支多学科的宪兵队官员被部署到伊拉克纳西里耶省(Nasirigah)。一些官员是意大利文化财产保护宪兵队指挥部的成员,因此他们有应对非法挖掘和考古遗址保护的经验。成员们组织整个团队绘制和记录该地区的考古遗址,开展空中监视,并与伊拉克人合作,培训和装备文化遗址警卫。他们成功完成了任务,意外地拦截了抢劫者,当时抢劫者正从遗址中移走物品,他们抓住了抢劫者并找回了物品。① 经历了这一过程的官员提到了掠夺者的绝望,这些抢劫者在很多情况下都不是职业罪犯。其中一

---

① Banerjee and Garen, 'Saving Iraq's Archaeological Past from Thieves Remains an Uphill Battle', N. Y. Times, 4 April 2004, available at < http://www. nytimes. com/2004/04/04/world/saving-iraq-s-archaeological-past-from-thieves-remains-an-uphill-battle. html? pagewanted = all&src = pm > (last accessed on 18 January 2013).

位抢劫者曾是一名教师,甚至表示了自己对伊拉克遗产造成严重破坏的认识和悔恨。在宪兵队官员回忆这些经历时,他们对伊拉克人民的巨大同情是显而易见的。毫无疑问,伊拉克的极端情况与完全缺乏道德准则的艺术市场相交织,这不仅造成伊拉克遗产的巨大损失,而且还给社区和个人诚信带来巨大代价。在这起劫掠后,宪兵队还在巴格达的伊拉克国家博物馆安排了一名非常有经验的官员。这位官员提供了大量援助,不仅协助恢复丢失文物,而且还建立了丢失物品的数据库,该文件仍然可供执法人员和公众使用,该数据库名为"Reperti archeologici trafugatidall'Iraq"(汉语意为从伊拉克被盗的考古文物记录),可以通过意大利宪兵队数据库网站找到,即 http://tpcweb. carabinieri. it/tpc_sito_pub/simplecerca. jsp(最后访问于 2013 年 1 月 18 日)。

▎第七节　结语

　　无论是在伊利诺伊州南部发现一个被毁坏的试验挖掘单元,还是整个美索不达米亚城市被掠夺得看起来像月球表面一样坑坑注注,致使价值数百万美元的文物流向全球文物市场,"地面视角"揭示了对个人和社会在痛苦和损失方面所带来的巨大代价。如果这个问题的所有参与者(尤其是客户)不能确认、理解并对这些罪行的真正影响负责,我们将无法找到解决办法。

第二部分

国内法院的执法

第五章
主权豁免与国际文化财产法的执行

里卡尔多·帕沃尼(Riccardo Pavoni)[①]

第一节　引言

在国家豁免法与国际文化财产法的执行之间存在着矛盾关系。一方面,当艺术品位于其他国家的领土上时,尤其是当他们被借给外国博物馆和教育机构时,执行豁免通常通过保护艺术品免遭扣押、附着和类似的其他限制措施,从而培育与所属国文化遗产艺术作品有关的特殊价值。另一方面,管辖豁免(严格意义上认为是诉讼豁免)可能会禁止非法剥夺文物个人所提出的归还现在他国文物的主张。当法院确定针对外国恢复文化财产的诉讼会涉及主权活动并因此免除相关国家的管辖权时,就有可能发生这种情况。通过适用该国家法律可以得出类似的结果,驳回基于案情的归还诉讼,理由是对案件的裁决需要对外国立法、政府或司法行为的有效性进行审查。从这个角度来看,豁免规则可能会妨碍而不是促进文化财产法的有效执行,因为它涉及归还通过不正当手段拿走的艺术品。

幸运的是,关于艺术与豁免纠纷的大量实践已经发展起来,尤其是在美国,它提供了一些危急情况的例子,并证明了对该法律领域的系统评估是合理的。迄今为止,该领域尚不发达,而且很大程度上停留在理论层面。当下的一项重要进展来自国际法院关于国家管辖豁免的判决。[②] 该判决虽并未直接涉及本文的问题,但它有重要发现,例如,关于在犯下严重罪行的情况

[①]　意大利锡耶纳大学国际和欧洲法律协会副教授。

[②]　*Jurisdictional Immunities of the State*(*Germany v Italy*﹔*Greece intervening*)(3 Feb. 2012).

下保持豁免权的问题,以及在国家豁免领域任何平衡做法都不适用的问题,这些问题将在以下各部分讨论。

虽然与艺术和豁免案件有关的司法实践正在增加,但似乎有必要对由此产生的违反有效执行国际文化遗产义务的迹象进行检验。很明显,在处理此类争端时,司法机构通常会回避任何关于其调查结果与旨在保护文化财产的国际准则之间一致性的讨论。通常的做法是只专注于相关的豁免规则,而不考虑区分这些情况的特殊性。

因此,有必要回顾一下,在现有艺术和管辖豁免的实践中,最重要的是禁止通过直接或间接胁迫(如武装冲突)的方式盗用艺术品,以及确定了相应将这些艺术品归还给他们的合法所有者的义务。这是当代国际文化遗产法的根深蒂固的规范,也体现在习惯和条约规则中。① 然而,在实际情况中仍然存在问题,例如,因为它们指的是未涉及最初非法征收的国家,或因为它们涉及非强制性的和平时期交易,其中适用的法律框架仅由以 1970 年《联合国教科文组织公约》②和 1995 年《国际统一私法协会公约》③为主的条约组成,因此反映了后者的弱点和固有的局限性。

关于艺术和执行豁免的案例,相关的规范或者说是一种习惯性的规范,④是在国家豁免法中发展而来,并规定了国家文化财产不受任何形式和程度的其他国家执法程序的影响。这一规范通过承认文物的内在价值,确保尊重国家文化遗产的完整性,通过跨国交易和贷款促进人类文化财产的教育功能,有利于有效执行文化遗产法。但是,也应区分文化财产不受扣押豁免原则可能受到质疑的各种情况。换句话说,似乎有必要根据对文化财产强制执行判决的主张进行区分。在承认对文化物体的强制执行豁免时,可能存在抵消性因素,例如存在合法的归还主张或拥有该文物的外国侵犯了人权。

---

① 禁止盗用和抢劫无疑是一种习惯规定,而归还义务至少还是需要论证的。Francioni, 'Au del à des trait é s:l' émergence d' un nouveau droit coutumier pour la protection du patrimoine culturel', 111 *Revue g é n é rale de droit international public*(2007)19, at pp. 27-30.

② Convention on the Means of Prohibiting and Preventing the Illicit Import, Export and Transfer of Ownership of Cultural Property, Paris, 14 Nov. 1970, in force 24 Apr. 1972.

③ UNIDROIT Convention on Stolen or Illegally Exported Cultural Objects, Rome, 24 June 1995, in force 1 July 1998.

④ Gattini, 'The International Customary Law Nature of Immunity from Measures of Constraint for State Cultural Property on Loan', in I. Buff ard, J. Crawford, A. Pellet, and S. Wittich (eds), *International Law between Universalism and Fragmentation. Festschrift in Honour of Gerhard Hafner*(Leiden/Boston:Martinus Nijhoff, 2008), pp. 421-439.

本文第二部分讨论了在涉及文物的诉讼中国家主权豁免的法律和实践，第三部分侧重于对国家文化财产的执行豁免权，第四部分提供了结论性意见。

第二节 在艺术品追回诉讼中，是否应该给予主权豁免？

在针对外国追回文化财产的诉讼中，有几种方法可以克服基于主权豁免的抗辩。原告可以援引规定归还义务的条约，据称这一方法胜过援引不一致的习惯豁免规则，或者也可以援引国家豁免法内部的规范。对于前者，最相关的条约当然是 1995 年《国际统一私法协会公约》，与 1970 年《联合国教科文组织公约》①不同的是，该公约预见了无条件归还被盗文化财产的义务②可以通过被剥夺文化财产的个人来提起诉讼。但是，由于缺乏将国家豁免规则置于其义务之下的条约条款，③以及缔约国数量稀少，④同时考虑到缺乏相关实践，使《国际统一私法协会公约》成为决定这一领域法律状况的不确定手段。

以国家豁免法律内部规则为中心的话语更有趣。原则上追回艺术品的诉讼可以在某些公认的国家豁免例外情况下适用。

一、财产和商业活动征收例外情况

首先，与"拥有、占有或使用财产"有关的例外情况似乎与本小节的目的最为相关。根据《联合国国家及其财产管辖豁免公约》，⑤其涵盖的诉讼包括：第一，各国对位于法院地国的不动产的权利或利益，或其占有或使用；第二，各国以继承、赠予或无主物政府接管的方式取得的动产或不动产的权

---

① 众所周知，1970 年《联合国教科文组织公约》所规定的返还义务仅包括从博物馆和宗教或公共古迹和机构窃取的财产。至关重要的是，这种义务应根据国与国之间/外交的要求进行（第 7 条）。缔约国也有义务"接受追回由合法所有人提出或代表合法拥有人提出的丢失或被盗文化财产的诉讼"（第 13 条第（c）款），但仅限于"与每个国家的法律相一致"的范围（第 13 条第（c）款第一句）。这些法律很可能包括豁免法规或关于将豁免习惯规则纳入国内法律体系的规定。

② Art. 3（1）.

③ 相反，《国际统一私法协会公约》第 13 条第（1）款载有一项保留条款，优先于任何其他具有法律约束力的国际文书，"其中载有关于公约所管辖事项的规定""除非受该文书约束的国家作出相反的声明"。这些文书很可能包括 1972 年《欧洲国家豁免公约》，但该公约仅得到 8 个国家的批准，更重要的是也包括 2004 年《联合国国家及其财产管辖豁免公约》。截至 2012 年 10 月 1 日，只有 13 个国家批准了《联合国国家及其财产管辖豁免公约》，尚未生效。在 30 个国家批准后，《联合国国家及其财产管辖豁免公约》方可生效。

④ 截至 2012 年 10 月 1 日，《国际统一私法协会公约》共有 33 个缔约国。

⑤ Art. 13；cf. Arts. 9-10 ECSI.

利或利益；第三，各国在财产管理方面的权利或利益。

毫无疑问，根据这一特例，"财产"一词包括了"文化财产"，从而使许多与艺术相关的争议涵盖在这一广泛的表述之中。应该指出的是，法院地国领土上存在争议财产的限制仅适用于上一段所述的第一种情况，即通常涉及不动产的权利或利益的诉讼，不能包含在上述特例所规定的其他两个更具体的情况中。例如，奥地利声称，在 Altmann 案中，克里姆特（Klimt）的绘画作品①遗赠给了奥地利画廊（在争议发生时绘画作品仍然存在的地方），要么是凭借原主人的意愿，要么是出于第二次世界大战后继承人的捐赠，奥地利的说法可能被这种例外涵盖。② 虽然这种艺术品返还争议的分类可能看似狭窄，但《联合国国家及其财产管辖豁免公约》第 13 条第（c）款中的第三个全面条款，即关于相关各国对财产管理的主张，③最大限度地减少了这种担忧。

不幸的是，目前没有任何法院判决表明在将财产例外适用于文化物品时是否以及为何应该加以区分。相反，实践中出现了与国家豁免的最经典例外有关的有趣迹象，即商业活动例外。每当艺术品归还诉讼是由外国签订的商业交易产生时，例如出售、购买、保释、保险或国家文化财产贷款的合同，都可能会争辩说该例外适用。这似乎是正确的，特别是考虑到交易的性质，而不是对交易背后的目的或动机。④ 外国在艺术追回诉讼中的豁免权主张要取得成功，在从事与艺术有关的商业活动时，仅仅依靠非营利、科学、文化、教育或其他公共/主权活动上的目的是不够的。

美国某些法院已经进行了一系列论证，尽管基本上⑤是在 1976 年《外国

---

① Altmann v Republic of Austria，317 F. 3d 954（9th Cir. 2002，per Wardlaw CJ），541 U. S. 677，43 I. L. M. 1425（S. Ct. 2004，per Stevens J）.

② 然而，在美国，这个例外比《联合国国家及其财产管辖豁免公约》中更窄，因为财产在美国领土上的位置条件是由任何适用于其条款的争议而规定的。Section 1605（a）（4）of the Foreign Sovereign Immunities Act（FSIA），28 U. S. C. § 1330，pp. 1602-1611.

③ 例如，第 13 条第（c）款规定了有关信托财产、破产财产或公司财产清算的要求。

④ Section 1603（d）FSIA. 相反，《联合国国家及其财产管辖豁免公约》第 2 条第（2）款在这一点上具有决定性。

⑤ 在一个鲜为人知但具有开创性的案件中，以商业活动例外为由，美国一家地方法院毫不犹豫地对俄罗斯在 1994 年没收包括文化财产在内的财产所造成损害的主张行使管辖权。见 Magness v Russian Fed'n，54 F. Supp. 2d 700（S. D. Tex. 1999，per Hittner DJ）。俄罗斯当局没收了有争议的财产，这是一座历史悠久的钢琴厂，里面存有大量的古物，并将其改名为"红十月钢琴厂"，理由是它是国宝。他们随后从事了一系列涉及该财产的商业活动，其中最引人注目的是其商业租赁或相关古物的销售，以及邀请美国游客到俄罗斯文化遗址旅游，或在美国举办针对被征用物品的"同类和特征"文物展览。参见本案第 703—705 页。

主权豁免法》规定的征收例外所要求的"商业活动"关系的背景下进行的讨论。俄罗斯抽象艺术家马列维奇(Malewicz)的继承人提出要求阿姆斯特丹市的斯特德利克博物馆(Amsterdam's Stedelijk Museum)归还马列维奇的84幅绘画作品,[①]哥伦比亚地方法院裁定,主权国家对于外国机构出于展览目的的艺术品出借,须被视为商业交易。科利尔(Collyer)法官明确表示,"尽管这些作品本身可能属于一个主权国家,但对艺术作品的出借行为并没有任何主权。[②] 美国法院在区分主权行为和私有权利行为时采取的做法极大地强化了这一结论,根据这种做法,前者是一个国家可以采取的行动。因此,只要艺术出借由私人博物馆和类似实体执行,它们就构成了商业活动,明显的结果就是它们原则上不在主权豁免的范围内。阿姆斯特丹市认为,这次出借主要用于教育和文化目的,然而阿姆斯特丹市的论点很容易被驳回,因为根据《外国主权豁免法》,活动的性质与建立商业性有关。[③]

科利尔法官对涉及文化财产的交易的看法在马列维奇案的进一步裁决中得到了证实,在该案中,她拒绝将国家行为原则适用于阿姆斯特丹市据称在1956年欺诈和恶意收购有争议的画作这一行为上。她发现没有完成任何官方/国家主权行为:"(任何)私人或实体可以在公共或私人博物馆购买这些画作……"换句话说,除了它是由一个主权实体执行的以外,关于阿姆斯特丹市收购马列维奇画作不存在任何主权。[④] de Csepel 案[⑤]是另一个美国判例。它涉及要求返还至少40件艺术品的行动,这些艺术作品是赫尔佐格(Herzog)收藏品的一部分,在第二次世界大战期间被匈牙利和纳粹德国占领,目前由匈牙利的多家机构收藏,如布达佩斯的美术博物馆、匈牙利国家美术馆和布达佩斯技术与经济大学。赫尔佐格继承人提出的索赔是一项典型的商业索赔:他们声称被告违反了第二次世界大战结束后一系列有争议财产的保释合同,因此适用于《外国主权豁免法》的商业活动

---

① Malewicz v City of Amsterdam,362 F. Supp. 2d 298(D. D. C. 2005,per Collyer DJ).

② Malewicz v City of Amsterdam,at p. 314.

③ Malewicz v City of Amsterdam,at p. 314(还讨论了由于转让比预期少的艺术品而可能导致的违反出借协议的情况,这种情况不会引起豁免权);另见 Cassirer v Kingdom of Spain,616 F. 3d 1019,49 I. L. M. 1492(9th Cir. 2010,per Rymer CJ),"很明显,根据《外国主权豁免法》,活动不一定是以利润为动机的……活动的商业性质取决于其性质,而不是其目的。因此,基金会的活动是代表一个非营利性博物馆来推动其文化使命这一点并不重要",见第1498页。

④ Malewicz v City of Amsterdam,517 F. Supp. 2d 322,at p. 339(D. D. C. 2007,per Collyer DJ).

⑤ De Csepel v Republic of Hungary,808 F. Supp. 2d 113(D. D. C. 2011,per Huvelle DJ).

例外情况。① 虽然在案件的第一次裁决中,没有以司法经济为由处理这些委托合同,②但他们声称的内容确实对赫维尔(Huvelle)法官对该法案的分析产生了影响:原告声称他们与被告签订了一系列委托协议……被告拒绝退还这些财产,从而违反了委托协议。因此,原告质疑的行为不是"主权行为",而是任何私立大学或博物馆都可以实施的商业行为。根据国家行为原则,这种"纯商业"行为不需要听从。③

从文化遗产法的角度来看,可能会有很多人反对将涉及艺术珍品的国家交易视为另一种"纯商业"问题。

这也并不意味着,如果国家目前拥有的财产在某个时候曾是私人交易的对象,无论是合法的还是非法的,都可以证明艺术品追回主张可以继续进行并克服主权豁免请求。原则上,仅当商业交易构成要求赔偿和救济的主体时,豁免不禁止基于商业活动例外而提起的艺术赔偿诉讼。这种交易仅存在于争端的来源是不够的。少数几个已知的(非美国)司法裁决之中的例子充分说明了这一点,该裁决直接涉及文化财产归还程序中的管辖豁免。

在意大利诉 X 案中,④根据 1959 年《欧洲刑事司法协助公约》的要求,瑞士联邦法庭就个人声称拥有一套历史石碑提出的归还主张给予了意大利豁免权,该石碑已移交意大利当局作为刑事诉讼的证据。根据《欧洲刑事司法协助公约》第 6 条第(2)款的规定,意大利没有履行其"尽快"将此类证据返还瑞士的义务。然而,从裁决可以看出,有争议的考古作品首先被非法出口到瑞士,最终被原告收购,这违背了《意大利民法典》第 826 条第(2)款,该条款中赋予了意大利对出土文物的专门所有权。因此,原告可以说意大利带来了一项"精明动作",⑤以便重新获得对石碑的占有和所有权,而不会给在

---

① For background information, see de Csepel v Republic of Hungary, at 135-137; for details on the plaintiff's claim in question, see Plaintiff s' Memorandum of Points and Authorities in Opposition to Defendants' Motion to Dismiss the Complaint, at pp. 38-42, available at < www. commartrecovery. org/sites/default/files/MemoLawOpp. pdf > .

② De Csepel v Republic of Hungary, at 133 note 4. 法院已根据《外国主权豁免法》的征收例外主张管辖权,见案件文书的第二部分第二节。

③ De Csepel v Republic of Hungary, at pp. 142-143.

④ Italian State v X & Court of Appeal of the Canton of the City of Basle, 82 ILR 24 (English translation), 42 Annuaire suisse de droit international 60 (1986) (French translation) (Swiss Federal Tribunal, 6 Feb. 1985).

⑤ Italian State v X, at 28, para. 5b.

瑞士提起诉讼带来不便。

瑞士联邦法庭提供豁免权是因为意大利并非依赖于私人所有活动提出财产权，而是依赖于"保护历史和考古价值物品的公法立法"，①因此，案件涉及"意大利在行使其主权时提出的"主张。② 瑞士联邦法庭进一步强调，这意味着不允许适用外国公法。③ 它最终排除了意大利违反《欧洲刑事司法协助公约》的推断，也排除了应当据此撤回豁免权的推断。④

尽管瑞士联邦法庭的推断值得怀疑，但是其达成的实质性结论可以分享。在这个案件中，豁免权似乎是有根据的，因为后者的直接主体是一个国家未能归还文化财产，该国在刑事诉讼中使用了该财产作为证据，而不是在商业活动中作出了不法行为。根据定义，意大利政府在司法活动中采取的有争议的决定是主权权威的表达。所涉财产以前曾是合同安排和所有权转让⑤的标的，可能被认为是无关紧要的。随后的意大利行为也证明了这一意图，即表明有意根据意大利法律（再）使用该财产。但瑞士联邦法庭认为豁免权取决于国家文化遗产法的自动结果这一立场有些过头。这意味着，在任何情况下，如果一个外国主权国以所谓遵守这些法律的必要性为理由而寻求保留艺术品，则给予豁免，而不论这些艺术品是在何种情况下获得或进入本国领土的。⑥

---

① Italian State v X, at 26, para. 4a.

② Italian State v X, at 26, para. 4a.

③ '（T）he distinction between acts jure imperii and jure gestionis ⋯ cannot be applied without taking account of foreign public law', Italian State v X, at 27, para. 4b.

④ 据瑞士联邦法庭称，违反《欧洲刑事司法协助公约》只可能是因为意大利拒绝根据瑞士当局的具体要求归还财产，见 Italian State v X, at 29, para. 5c。虽然这一部分决定尚不清楚，但可以将其视为对附注 6-9 所附文本中提出观点的进一步确认，即在违反条约（如《欧洲刑事司法协助公约》）时可能不会给予（习惯）豁免。

⑤ 意大利当局未参与，并且实际上违反了意大利法律。

⑥ 虽然涉及的情况与此处讨论的情况有些相反，即外国要求追回私人艺术美术馆所拥有的古物的主张，英国上诉法院在其巴拉卡特美术馆（Barakat Galleries）的裁决中提出的几项意见对本章节的讨论也是最有意义的。法院排除了一国根据其文化遗产法主张财产所有权必须被视为行使主权权力的推论，参见 Government of the Islamic Republic of Iran v The Barakat Galleries,（2007）EWCA Civ 1374（per Lord Phillips of Worth Matravers CJ）, para. 149.（"（伊朗）根据构成伊朗国家遗产一部分的古物的所有权提出主张⋯⋯这是一种文化财产的主张，而不是要求强制执行公法或提出主权的主张"）；另见 Government of the Islamic Republic of Iran v The Barakat Galleries, paras. 114 and 126。基于案件的事实，这一发现为接受伊朗追回古物的权利奠定了基础，但在豁免纠纷中，它很可能成为驳回豁免权主张的理由，这种豁免权主张一直依赖于国家文化财产立法。

二、美国《外国主权豁免法》的征收例外情况

在美国,由于采用了美国法律体系特有的规范,即对主权豁免的没收或例外,在艺术品追回诉讼中,国家豁免领域出现了最有趣的实践。根据《外国主权豁免法》第 1605 条第(a)款第(3)项,在任何情况下,违反国际法取得的财产上的权利存在争议,并且该财产或以这种财产交换的任何财产存在于美国,与外国在美国进行的商业活动有关;或者该财产或与该财产交换的任何财产由外国机构拥有或经营,且该机构在美国从事商业活动⋯⋯外国均不得免于美国法院或美国各州法院的管辖。

我们正在目睹越来越多的判例,将这一例外适用于艺术品归还主张,要求纠正国家对文化财产的侵占行为,这些国家侵占行为都或多或少明显地违反国际法的概念。最重要的是,判例涉及一些未解决的案件,可追溯到臭名昭著的系统、大规模和公然歧视性剥夺艺术品的历史实例,例如纳粹德国和俄国布尔什维克的掠夺和财产国有化时期。这是 2004 年美国最高法院在 Altmann 案上作出的裁决,具有里程碑意义,[1]确定了《外国主权豁免法》溯及既往原则,涵盖 1976 年之前的国家行为,包括美国在 1952 年泰特信函中采用主权豁免限制性原则之前的行为。[2]

到目前为止,纳粹时期的 Altmann 案一直是以下案件的重要先例:Chabad 案[3](俄罗斯在十月革命开始后的不同时期征用和掠夺历史宗教书籍和手稿);Cassirer 案[4](纳粹没收毕沙罗(Pissarro)的绘画);de Csepe 案[5](匈牙利纳粹征用赫尔佐格收藏品中的大量艺术品);以及 Malewicz 案[6](20 世纪 50 年代荷兰收购了作者/所有者在逃离纳粹时期迫害时留下的抽象艺术绘画)。相关司法判决被广泛评论,特别是美国学者,他们试图寻找其为纠正过去的错误所作的努力,与在适用于文化遗产问题时尊重豁免规则的功能和固

---

① Altmann, see earlier note 11.

② Letter of Jack B. Tate, Acting Legal Advisor, Dep't of State, to Acting Attorney General Philip B. Perlman, 19 May 1952, reprinted in 26 Dep't State Bull. 984(1952) and in Alfred Dunhill of London, Inc. v Republic of Cuba, 425 U. S. 682, at 711-715 app. 2(S. Ct. 1976).

③ Agudas Chasidei Chabad v Russian Fed'n, 466 F. Supp. 2d 6(D. D. C. 2006, per Lamberth CJ), 528 F. 3d 934(D. C. Cir. 2008, per Williams SCJ). For detailed information on this complex dispute and its background, see Bazyler and Gerber, 'Chabad v Russian Federation: A Case Study in the Use of American Courts to Recover Looted Cultural Property', 17 IJCP(2010)361.

④ Cassirer, see earlier note 19.

⑤ De Csepel, see earlier note 21.

⑥ Malewicz, see earlier notes 17, 20.

有价值的需要之间的平衡。① 在这里概括这些决定的显著特征就足够了。

第一,应该指出的是,对于美国法院而言,违反国际法征收是一个广泛的概念,涵盖任何国家对产权的直接或间接地出于公共或非公共目的但没有及时支付赔偿的剥夺。一个重要的条件是,目标个人在征用时不得为征用国的国民。通过强调纳粹法律和被纳粹占领国家的法律已经剥夺了犹太人的公民权利,在纳粹统治下犹太人拥有的文物很容易被剥夺。②

第二,由于只有在第1605条第(a)款第(3)项第一句中才要求争议财产在美国存在,因此,在案件中,对豁免权的抗辩最主要的原因是依赖该条第二句,该条款只是假定财产"由外国机构拥有或经营",例如博物馆或文化机构。因此,只要满足下一段中讨论的"商业性"条件,征用例外就能够涵盖国外的艺术品。然而,Malewicz案诉讼表明,在这个案件中,也可以成功地引用第一句。当有争议的物品在美国被外国博物馆出于文化目的而临时借出的情况下被提起诉讼,即使美国政府根据1965年《扣押豁免法》作出决定保护它们免受扣押,也可能会发生引用第一句的情况。③ 换句话说,在这种情况下,文物出借可能成为伏击"被污染"文化财产的宝贵机会。尽管所有论据都在反对这一程序的适当性,④科利尔法官在2005年Malewicz案的决定中有力说明,扣押豁免并不会构成寻求归还财产诉讼的障碍;豁免权只禁止对有争议的艺

---

① Redman,'The Foreign Sovereign Immunities Act:Using a "Shield" Statute as a "Sword" for Obtaining Federal Jurisdiction in Art and Antiquities Cases',31 Fordham Int'l L. J. (2008)781(depicting art and antiquities claims as the 'hottest new investment opportunity' (at 781) and a likely 'tobacco litigation of this decade' (at 781));Caprio,'Artwork,Cultural Heritage Property,and the Foreign Sovereign Immunities Act',13 IJCP(2006)285(one of the first pieces seeking to systematically appraise both the US cases now at issue and those concerning immunity of cultural property from execution examined at Part III. B);DeFrancia, 'Sovereign Immunity and Restitution:The American Experience', (Fall/Winter 2010)Cultural Heritage & Arts Rev. 32. As for non-American scholars,a comprehensive survey and appraisal of(inter alia)the US case law in question is included in the recent monograph by van Woudenberg,State Immunity and Cultural Objects on Loan(Leiden/Boston:Martinus Nijhoff,2012),pp. 107-200.

② Cassirer v Kingdom of Spain,461 F. Supp. 2d 1157,at 1165-1166(C. D. Cal. 2006);de Csepel, see earlier note 21,at 130.另一个例子展示了美国法院淡化国籍要求的态度,见 Chabad,see earlier note 35,at p. 943.

③ 22 U. S. C. § 2459;see also Parts III. A and III. B. 3.

④ Caprio,'Artwork',at pp. 293-294,p. 303.虽然已讨论了很多,目前提交给美国国会的《外国主权豁免法》修正案特别狭义,因为它似乎只排除了类似于 Malewicz 案件情况(即在美国出现的与美国商业活动有关的艺术品)。修正案确实只会禁止将《扣押豁免法》受保护的艺术品的征用例外出借视为"商业活动"。它不会像 Altmann 案和 Cassirer 案的裁决那样终止诉讼,其中不需要在有争议的财产和美国的商业活动之间建立联系,而《扣押豁免法》是不相关的,因为艺术品位于国外。该法案于2012年3月20日在美国国会提出,Bill S. 2212,Foreign Cultural Exchange Jurisdictional Immunity Clarification Act,available at < www. govtrack. us/congress/bills/112/s2212/text >;另见 'Dispute over Bill on Borrowed Art',NY Times,22 May 2012(New York edn).

术采取强制措施,因此在美国领土不受阻碍,但不能解除对归还的诉讼。①

第三,由征收例外所规定的商业活动关系也不是扩大现行判例法的主要障碍。这是"自然测试"应用于"商业性"概念的结果,这意味着文化和教育活动不能被排除在其概念范围之外。此外,第 1605 条第(a)款第(3)项并未规定有争议财产与外国机构或外国机构在美国的商业活动之间的任何特定联系。例如,下列活动已被视为触发有关要求的相关活动:一是博物馆指南的出版,包括在美国的博物馆倡议广告和有争议的绘画(Altmann 案);二是外国实体与美国公司之间的合同,用于联合出版和销售,以及复制和销售前者的展览材料(Chabad 案);三是向美国购买者运送礼品,或在西班牙和美国之间的伊比利亚航班上展示在博物馆拍摄的内容,或维护博物馆网站以便美国公民购买入场券和查看收藏品(Cassirer 案);四是向美国博物馆提供艺术品出借,促进美国旅游业,通过互联网销售包含有争议画作的书籍,以及外国大学参与美国的学生交流计划,包括富布赖特计划(De Csepel 案)。相比之下,第 1605 条第(a)款第(3)项规定的"商业性"条件与美国"实质性接触"②以及有争议的财产之间存在一定程度的联系。但是在 2007 年的 Malewicz 案裁决中,即使是这种要求更高的活动也被认为是由艺术出借协议来实现的,这类协议已经向外国博物馆收取了不少的费用,并要求博物馆的官员出现在美国以保证安全监督。③

第四,请求豁免的国家(或负责采取豁免的国家)事先用尽国内补救办法,并不被视为根据征收例外行使管辖权的条件。在 Malewicz 案和 Chabad 案中,虽然这一要求因外国补救措施不足而被驳回,④但在 Cassirer 案第九

---

① Malewicz, see earlier note 17, at pp. 309-312.

② Section 1603(e)FSIA(外国"在美国进行的商业活动"是指由该国进行并与美国有实质性接触的商业活动)。

③ Malewicz, see earlier note 20, at pp. 332-333.

④ Malewicz, see earlier note 17, at pp. 306-308; Malewicz, see earlier note 20, at 333-335(inadequacy due to applicability of statutes of limitations under Dutch law); Chabad, see earlier note 35, at pp. 948-950 [inadequacy for the recovery of part of the Chabad Collection of the potential remedy set out in the Russian Law on Cultural Valuables Displaced to the USSR as a Result of the Second World War and Located on the Territory of the Russian Federation, Federal Law No. 64-FZ of 15 April 1998 as subsequently amended, English translation in 17 IJCP 413(2010), see particularly Art. 19(2) which authorizes transfer of cultural property constituting family heirlooms to representatives of the family upon the latter's payment of its value as well as reimbursement of the costs of its identification, expert appraisal, storage, and so on; the latter requirement is in line with the core provision of the Law pursuant to which title to artworks confiscated by the Soviet Red Army at the end of the Second World War is, with a few exceptions, vested in the Russian Federation, Art. 6(1); 'obviously Russia's mere willingness to sell the plaintiff's property back to it could not remedy the alleged wrong', Chabad, see earlier note 35, at pp. 949-950(emphasis in the original)].

巡回上诉中,上诉法院概括地裁定,《外国主权豁免法》没有强制要求用尽补救办法,尽管可以在审慎或酌情的基础上考虑其所处阶段所拥有的好处。① 被告国坚持认为穷尽国际法作为因收取财产所引起的个人主张的先决条件这一点没有说服力,因为首先,这只涉及国际争端解决程序,而不涉及私人在国内法院的诉讼;其次,《外国主权豁免法》尚未纳入该先决条件。②

尽管国际法院的司法管辖豁免判决直接驳回了替代补救论点或国家豁免方面的平衡,③但作者仍然认为,在寻求调解涉及个人权利受到侵犯的豁免案件中的对立价值观时,应将可能提供司法和救济途径的其他法院的可及性(包括在要求豁免的国家中)视为关键因素。④ 但是,这种观点在美国法律体系中似乎不可行。事实上,美国在主权豁免领域实践的一个重要特征是,美国法院认为《外国主权豁免法》是一个独立的立法,基本上不受外部命令和压力的影响。在涉及判例法的后续发展中也可以明确看出这一点。

正如第九巡回上诉法院在 Cassirer 案中首次宣布美国最高法院拒绝审查的决定,⑤征用例外适用于目前拥有争议财产的任何被告国,不论这些艺术品是否最初是由另一国与前国家没有任何共谋的情况下获取。⑥ 简而言

① Cassirer,see earlier note 19,at pp. 1499-1501.

② Chabad,see earlier note 35,at p. 949;Cassirer,see earlier note 19,at p. 1504 note 26.

③ Jurisdictional Immunities of the State,see earlier note 1,paras. pp. 101-102(no state practice about, and inappropriateness of,purported limitation of State immunity grounded on the non-availability of effective alternative means of redress),and p. 106('Immunity cannot … be made dependent upon the outcome of a balancing exercise of the specific circumstances of each case to be conducted by the national court before which immunity is claimed. '). Contra,Jurisdictional Immunities of the State,see earlier note 1,dissenting opinion of Judge Yusuf,paras. pp. 4-11,p. 20,p. 29,p. 42,pp. 51-59,and Conforti, 'The Judgment of the International Court of Justice on the Immunity of Foreign States:A Missed Opportunity',21 *Italian Y. B. Int' l L.* (2011) 135,at pp. 138-141.

④ Pavoni, 'Human Rights and the Immunities of Foreign States and International Organizations', in E. de Wet and J. Vidmar(eds) ,*Hierarchy in International Law:The Place of Human Rights*(Oxford:Oxford University Press,2012)71.

⑤ On 27 June 2011,the Supreme Court denied certiorari in the Cassirer case,131 S. Ct. 3057 (2011). For a first follow-up application of the Cassirer principle,see de Csepel,see earlier note 21,at 130 (alternatively dismissing Hungary's reliance on the Hungarian nationality of the victims of the Herzog Collection's seizure on the grounds that Nazi Germany took part in the latter). By contrast,the Cassirer ruling was unhelpful to the plaintiff in Orkin v Swiss Confederation,2011 U. S. app. LEXIS 20639(2nd Cir. 12 Oct. 2011). 本案涉及一项要求归还 1933 年原告的曾祖母在胁迫下卖给一名瑞士收藏家的梵高画作,该画目前由瑞士一家博物馆收藏。上诉法院以征用例外为由拒绝行使管辖权。它将 Cassirer 案视为一项判决,该判决仍然要求原始的文物掠夺由外国或与其共谋进行,而不是像本案那样以私人身份的个人进行。这不应视为 Altmann/Cassirer 案的阻碍,而应视为违反国际法的征用概念的明显适用(原则上,国家对私人当事方的不法行为不负国际责任)。

⑥ Cassirer,see earlier note 19,at pp. 1497-1498.

之,被告人和获取者在第 1605 条第(a)款第(3)项中的艺术品归还诉讼中不一定需要相同。这显然是涉及外国的艺术品归还案例法中得出的最深远结论,即极大地扩大了追回非法扣押艺术品的可能性,在最终落入了初步判断的清白主权国手中之前,这些艺术品可能已经遍及各种交易通道。在对 Cassirer 案上诉裁决所附的一个非同寻常的反对意见中,古尔德(Gould)法官强烈地表达了这一信念,即特别是基于"历史、理性和礼让",①只有对实际征用行为负责的国家才能予以豁免。这也与国际法根据国家责任法行为标准相符合,即外国财产的征收只有在其未采取预防或惩罚措施来避免或者压制时才被视为国家行为,这显然不是西班牙案件中的情况。② 相反,法院的大多数人认为上述论点仅仅是在案情上的辩护,西班牙的潜在善意应被彻底调查。③ 支持这一结论的主要因素还是《外国主权豁免法》的简明语言和立法历史。无论国际法是怎样的,法院发现了对普通法拒绝非多米诺骨牌规则的额外支持,即"熟悉概念:如果财产在某一环节被盗,则购买者无法获得良好的所有权"。④

古尔德法官在他的反对意见中具有讽刺意味地问道:"问题是,在颁布第 1605 条第(a)款第(3)项时,国会是否意图违反国际法的条款,并发现违反国际法可作为放弃主权豁免的基础?"⑤除了异议者的意见与国际法一致之外,这个问题的答案必须为"是":美国国会在引入征收例外时可能完全有意地忽视国际法。相反,它反而成为学者们⑥寻求确认法律演变为一种制度的关键因素,在这种制度中,人权和禁止国际犯罪优先于国家行为人的财产占有等法律上的行为。⑦ 令人遗憾的是,在国家的司法管辖豁免方面,⑧国际法院完全没有考虑美国 Altmann 案的判例,尽管(或因为)它会明确支持意大利关于人权优先于国家豁免和在武装冲突中犯下的领土侵权行为受到威

---

① Cassirer, see earlier note 19, per Gould CJ dissenting joined by Kozinski Chief Judge, at p. 1507.

② Cassirer, see earlier note 19, at p. 1507.

③ Cassirer, see earlier note 19, at p. 1498.

④ Cassirer, see earlier note 19, at p. 1502 note 14.

⑤ Cassirer, see earlier note 19, per Gould CJ dissenting joined by Kozinski Chief Judge, at p. 1507.

⑥ Bianchi, 'L'immunité des États et les violations graves des droits de l'homme:la function de l'interprète dans la détermination du droit international', 50 *Revue générale de droit international public* (2004)63, at p. 68.

⑦ 对于解释例外这一重要方面,美国法院通常保持沉默或含混不清的态度。参见 *Garb v Republic of Poland*(2nd Cir. 2006, per Cabranes CJ)(《征用绝对是一种主权行为,而不是商业活动》,第 586 页)。

⑧ *Jurisdictional Immunities of the State*, see earlier note 1.

胁时丧失豁免权的论点。[①]

第三节　文化财产的执行豁免：是绝对规则吗？

人们越来越多地认识到存在一种国际习惯规则，即当一个国家文化遗产的一部分位于另一个国家的领土上时，可以免除扣押和对艺术品的其他类似限制措施。以下各个小节将在规范和司法层面研究该领域实践中最重要的表现形式。在此过程中，必须将基本假设与指导分析艺术品追回诉讼中的管辖豁免问题的假设区别开来。众所周知，与取消国家管辖豁免相比，剥夺主权财产执行豁免被认为是对国家尊严和主权平等的更大侮辱。当法院允许对外国主权财产实施强制措施时，外交和政治的紧张局势就会达到最为紧张的地步。尽管放弃了绝对豁免权的一般规则，但上述概念仍反映在法律和法律实践中，这清楚地表明，解除管辖豁免绝不意味着可以无条件地执行判决，侵犯被告国的财产。[②] 同样，执行豁免考虑了一些必要的例外情况，这些例外包含很多条件，这些条件使成功完成对外国的执行程序成为罕见且不太可能的结果。基本原则是，出于政府/国家主权目的使正在使用中或打算使用的财产免予法律执行程序。

因此，文化财产的执行豁免可被视为一项明显而不可或缺的规则。根据定义，财产似乎与实现主权目的密不可分。此外，豁免不仅涵盖艺术品本身，而且更广泛地涵盖了国家文化和教育活动的任何财产，例如博物馆和文化机构。国际法院对国家管辖豁免的判决大力支持这一观点。法院发现，意大利违反了国际法，允许对位于科莫湖（Lake Corno）附近的德国财产维戈尼别墅（Villa Vigoni）采取一定限制措施（即司法抵押），并将其免费提供给

---

① Pavoni, 'An American Anomaly? On the ICJ's Selective Reading of United States Practice in *Jurisdictional Immunities of the State*', 21 *Italian Y. B. Int'l L.* (2011) 143; DeFrancia, 'Introductory Note to U. S. Ninth Circuit Court of Appeals: *Cassirer v Kingdom of Spain*', 49 ILM (2010) 1487, at p. 1488. In the Italian case law, see *Federal Republic of Germany v Autonomous Prefecture of Vojotia*, International Law in Domestic Courts (ILDC) 1815 (IT 2011) (Court of Cassation, 20 May 2011 No. 11163), paras. pp. 37-40.

② For a restatement of the implications of these principles, *Jurisdictional Immunities of the State*, see earlier note 1, para. pp. 113-114.

一个私人协会,使其成为科学、文化和教育领域的研究中心。①

以下段落会回顾相关案例的做法,以及研究文化财产遭受攻击的情况。首先,必须指出,使文化财产免于限制措施的规定很可能被允许采取这种措施的条约而减损。例如,在奥德赛海洋(Odyssey)勘探案中,在认定一艘符合水下文化遗产概念的西班牙沉船可免于扣留之前,美国法院会询问某些条约是否另有规定。② 在国际层面,这个问题关注的是国家豁免规则与旨在归还非法出口或被盗文化财产的条约之间的协调,特别是《国际统一私法协会公约》。与管辖豁免相比,它们的标准更高。这与法院的权力有关,法院下令扣押或没收位于其管辖区内的艺术品,并随后将其转让给合法所有人。这不是权益的问题,而是对所谓的豁免财产的扣留。从技术上讲,根据国际法的一般原则,所谓的艺术品执行豁免的习惯规则与文化财产条约之间的关系不宜采用此类解决办法。③ 我倾向于认为,一国有权(除特殊抵消因素外)享有其条约归还义务的优先权。④

---

① Jurisdictional Immunities of the State, see earlier note 1, para. 118-120. The jurisprudence of the European Court of Human Rights supports this approach: see especially Kalogeropoulou & Others v Greece & Germany, Appl. No. 59021/00 (Eur. Ct. Human Rts. 12 Dec. 2002).法院裁定,希腊政府拒绝授权执行一项判决,判决对位于希腊的德国财产给予赔偿,包括雅典的歌德研究所,这符合国际法和《欧洲人权公约》。

② Odyssey Marine Exploration v The Unidentified Shipwrecked Vessel, 657 F. 3d 1159, at p. 1176-1178(11th Cir. 2011, per Black CJ).主张人援引了 1958 年《日内瓦公海公约》第 9 条(只有在政府非商业性服务上使用时,才对公海上的战舰提供豁免权)和 1926 年在布鲁塞尔签订的《统一国有船舶豁免若干规则的公约》。另见 Arts. 32 and p. 95-96 of the UN Convention on the Law of the Sea.该问题是《外国主权豁免法》与国际协议之间的协调之一。(参见《外国主权豁免法》第 1609 条:"遵守现有国际协议……"),而不是国际规范之间的协调。此外,它涉及具体关于豁免问题的条约规则,而不涉及没有豁免条款的文化财产条约。最有趣的是看美国法院是否准备将第 1609 条中的保留条款应用于美国作为缔约方的艺术品归还条约。

③ Gattini, see earlier note 5, at pp. 437-439(指出有可能将禁止扣押文化遗产的规则视为"习惯法特别法",见第 438 页)。

④ 这似乎是英国保留的选择,作为 2007 年《法庭、法院和执行法》颁布的反羁押艺术作品规则的一部分。该法第 135 条第(1)款规定:"当某一艺术品受本条款保护时,不得……被扣押,除非(a)该物体……根据英国法院的命令被扣押,以及(b)法院必须根据……任何国际条约作出该命令"。不过,这些条约暂时不包括英国尚未批准的《国际统一私法协会公约》。

一、反羁押立法和《联合国国家及其财产管辖豁免公约》的文化财产剥离

国家执行豁免领域的基本规则规定,位于另一国领土内的外国财产不得受到附属、羁押和类似措施,①除非该财产正在被使用或由前国家用于商业目的。②根据定义,受国家财产立法保护的文物似乎与商业财产例外无关,因此可以假定,无论是在长期还是短期内,将这些文物送往国外进行科学或教育时,都不应成为执法措施的目标。但是,必须根据国家法律在现代的扩展来检验这一假设,该法律规定了对根据出借协议进入国家领土的艺术品免予扣押的程序。这些法律证明,以其主权性质不同为由,不能说服各国其文化财产将无条件被其他国法院赋予豁免权。因此,一种日益增长的趋势是,除非有关文物被特别和官方地授予豁免权,否则艺术出借国可以拒绝向外国机构提供艺术出借。

美国的 1965 年《扣押豁免法》一直是这一领域的先行者。《扣押豁免法》规定,每当艺术品以非盈利方式进口到美国以供任何美国文化或教育机构临时展览或展示时,政府事先作出的决定都可以让这些文物豁免"具有剥夺……其保管或控制权的……任何司法程序"。③ 授予豁免权的要求是艺术作品的文化意义和在美国展出的国家利益。美国的例子日益受到关注,至少有十多个国家颁布了羁押豁免的立法。④ 不出所料,这些国家是跨国艺术

---

① 在管辖豁免领域,外国总有可能放弃其执行豁免,例如通过仲裁协议或在法院所在地国家法院的书面声明。参见 Arts. 18(a) and 19(a) UNCSI and section 1610(a)(1) FSI. 根据《联合国国家及其财产管辖豁免公约》第 18 条第(b)款和第 19 条第(b)款的规定,为外国满足特定要求而指定的财产专用或分配方式也可视为(隐性)豁免的一种形式。

② 见 Art. 19(c) UNCSI and section 1610(a) FSIA. 重要的是,在《联合国国家及其财产管辖豁免公约》中,对于"商业财产"的国家豁免的一般性例外规定仅适用于判决后的限制条件,而不适用于临时或保护性措施,例如在判决开始前的扣押(所谓的限制前判决措施)。在后一种情况下,只有在外国放弃后才能取消豁免权,参见《联合国国家及其财产管辖豁免公约》第 18 条。可以说,这种排除非自愿的判决前强制措施并不反映习惯国际法。例如,《外国主权豁免法》第 1610 条第(d)款第(2)项允许对国有商业财产进行判决前扣押,前提是"扣押的目的是确保已经或可能最终对外国作出的判决得到满足,而不是为了获得管辖权"。

③ 22 U.S.C. § 2459(a).

④ 按照相关立法颁布年份的时间顺序,这些国家是:加拿大(从 1976 年曼尼托巴省《扣押豁免法》开始的各种省级法规)、澳大利亚(1986 年)、法国(1994 年)、爱尔兰(1994 年)、德国(1999 年)、奥地利(2003 年)、比利时(2004 年)、瑞士(2005 年)、以色列(2007 年)和英国(2007 年)。For an overview, see Gattini, see earlier note 5, at 425-430. For a detailed account of Canadian laws, see Getz, 'The History of Canadian Immunity from Seizure Legislation', 18 IJCP(2011) 201.

交流中的高风险发达国家。①

在这种背景下,《联合国国家及其财产管辖豁免公约》是一个突破。与现有的国际文书②以及与国家豁免权有关的国家法规③不同,《联合国国家及其财产管辖豁免公约》将艺术品单独列为可用于非商业用途的一类财产,从而免予被执行。根据《联合国国家及其财产管辖豁免公约》第 21 条第(1)款规定,这种绝对的豁免推定适用于:"(4)构成国家文化遗产或者国家档案的一部分,但不出售或者不打算出售的财产"和"(5)构成科学、文化或历史利益物品展览的一部分而非闲置或拟出售的财产。"

所引用的两个条款之间存在一定程度的重叠,④但重要的一点是,将文化遗产包含在此规定中旨在排除对它的"任何推定或暗示同意采取限制措施",⑤以及作为对它是商业财产的"任何解释",⑥但有重大限制:在受到执法措施威胁时,不得出售(或打算出售)文化财产,例如,当它借给外国用于展览目的时,或者当它已经或将要借给其他国家时。然而,这种限制与 Malewicz 案中所采取的方法之间存在重大差异,根据 Malewicz 案,不论其文

① 在上一条注释所列的国家中,明显不存在的是意大利,意大利在与外国博物馆借出的艺术品有关的尴尬事件中暴露了出来。最突出的是,2000 年 6 月,马克·德洛克·福考德(Marc Delocque Fourcaud)向罗马法庭提出了一项动议,要求没收马蒂斯的名作 La Danse,而这幅画是从俄罗斯借来的,用于举办各种冬宫博物馆的艺术品展览。马克·德洛克·福考德是著名艺术委托人谢尔盖·什楚金(Sergei Shchukin)的继承人,1918 年俄国十月革命后,布尔什维克将其珍贵的艺术收藏收归国有。在冬宫当局的坚持下,他要求没收 La Danse 的动议促使该画作立即"遣返",不顾这幅杰作必须被送往米兰在布雷拉美术馆举行另一次展览协议。鉴于这幅画已经离开意大利领土,罗马法庭于 2000 年 7 月 21 日驳回了该动议,见 'Matisse, la "Danse" contesa torna all' Ermitage', *Il Corriere della Sera*, 13 June 2000, 35; 'La Danse fugge ed evita il sequestro', *La Repubblica*, 14 June 2000, 52. 从那时起,俄罗斯似乎对意大利的艺术品出借特别警惕;2008 年威尼斯一个专为蒂希安(Titian)举办的展览中并没有此两幅冬宫绘画,见 Gattini, see earlier note 5, at p. 421. 对于迄今为止在意大利议会提出的不成功的反没收主义立法倡议,见 Frigo, 'Protection of Cultural Property on Loan—Anti-Seizure and State Immunity Laws: An Italian Perspective', 14 Art Antiquity & L. 49(2009/1).

② 1991 年巴塞尔国际研究所关于管辖权和执法问题的国家豁免问题当代决议是一个例外,见 < http://www.idi-iil.org/idiE/resolutionsE/1991_bal_03_En.PDF >, 该决议第 4 条第 2 款第(d)项特别考虑"被确定为国家或其档案的文化遗产的部分财产,而非闲置或打算出售",因为它免予执法措施。

③ 唯一例外是由最近的法律构成,这些法律证明了《联合国国家及其财产管辖豁免公约》规定的影响。

④ 关于《联合国国家及其财产管辖豁免公约》有关条款在起草过程中产生的这一问题和其他有争议的方面,请参见注释5,第430-437 页。

⑤ Commentaries of the International Law Commission to the 1991 Draft Articles on Jurisdictional Immunities of States and Their Property, (1991-II/2) *Y. B. Int' l L. Comm' n* 13, at p. 58.

⑥ Commentaries of the International Law Commission to the 1991 Draft Articles on Jurisdictional Immunities of States and Their Property, (1991-II/2) *Y. B. Int' l L. Comm' n* 13, at p. 58.

化目的和文化重要性如何,与艺术相关的活动是商业交易,例如艺术贷款。确实,该案件涉及管辖豁免,但是,美国法院对商业性和文化财产问题的态度也反映在执行豁免权的实践中。

因此,《联合国国家及其财产管辖豁免公约》是逐步形成一项习惯规则的重要实践,该规则免除了文化遗产的强制措施。它可能会削弱现有反羁押法律的相关性,但同时为没有此类立法的国家的国内艺术品提供类似的保护,也为这些法律未涵盖的艺术品提供类似的保护。然而,目前《联合国国家及其财产管辖豁免公约》生效的前景尚不明朗。此外,艺术交易中的某些关键角色,如美国和英国,至少在短期内,不太可能批准《联合国国家及其财产管辖豁免公约》,因为这需要对其豁免法规进行重大改革。取而代之,这些国家可考虑修改这些法规,以便从根据《联合国国家及其财产管辖豁免公约》规定的执行诉讼中引入特定的文化财产豁免。

二、文化财产执行未遂的有关案件

虽然在少数案件中实际已对文化遗产采取了限制措施,但这种执行程序最终失败了,因此有关财产没有转移给申请人。

(一)违反合同义务

第一种情况是试图对文化财产强制执行因违反合同或投资义务而判给的损害赔偿。此处,基础主张与附加请求的财产无关。众所周知的 NOGA/Pushkin Museum Paintings 案属于这一类。它涉及一项动议,即扣押塞尚(Cézanne)、高更(Gauguin)和柯罗(Corot)等法国大师的 54 幅画作,这些画作是从莫斯科普希金国家艺术博物馆出借给一个瑞士展览的。根据瑞士在谈判时还未生效的反羁押规则,[①]绘画没有受到保护。这项请求是由瑞士诺加公司提出的,在 1997 年,斯德哥尔摩仲裁法院裁定数百万美元作为因俄罗斯拒绝提供展品合同而造成损害的赔偿。[②] 2005 年 11 月 11 日,这项动议获得批准,这些画作得到了瑞士主管当局,即马尔蒂尼债务执行办公室(Office

---

① Arts. 10-13 of the *Loi fédérale sur le transfert international des biens culturels*, 20 June 2003, in force 1 June 2005. 该法律之所以延迟生效,是因为有必要实施已于 2005 年 4 月 13 日与国际移交文化组织共同通过的各法规。该展览于 2005 年 6 月 17 日至 11 月 13 日在马蒂尼(Martigny)的吉亚纳达基金会(Gianadda Foundation)举办。

② For further background information, see Gattini, see earlier note 5, at 422 note 4; Fox, see earlier note 59, at pp. 653-655.

des poursuites)的羁押。在经历了一系列替代决定和冒险情况之后,①多亏瑞士执行官的果断干预,僵局得以打破,画作离开了俄罗斯。瑞士外交部国际公法司试图说服主管当局解禁这些画作,理由是文化遗产履行了主权职能,因此不受《联合国国家及其财产管辖豁免公约》的执行。② 当该建议被证明无法阻止这一程序时,瑞士联邦政府介入并通过了一项无法上诉的决定,强制立即解禁这些画作。这项决定是基于《瑞士宪法》③授权行政部门采取措施维护国家利益的规定作出的,其动机如下:"根据国际公法,一个国家的文化财产是公共财产的一部分,从原则上讲是不能扣押的。"④

可以从这个案例中吸取两个教训。第一,该案件是《联合国国家及其财产管辖豁免公约》文化财产剥离对执行豁免产生影响的一个主要例子,该条约当时⑤尚未得到瑞士的批准(尚未生效)。第二,它证明了在艺术出借背景下对文化遗产保护的关注和利害关系是如此突出,以至于各国执行机构准备行使其所有权力,以阻止危害该保护的司法或类似程序。尽管执行机构介入或干涉司法事务在国家豁免领域是经常发生的,但这在瑞士等国(至少)引起了严重的宪法合法性问题。

NOGA 事件在国际法中树立了一个有影响力的先例。最近,处理类似的 Diag Human 案的法院和当局在奥地利明确认可了该案。两项仲裁裁决认定,捷克共和国应对捷克-瑞士商人及其公司(Diag Human)的血浆合资协议的破裂负责。Diag Human 公司最终获得了近 900 万捷克克朗的赔偿金。2011 年初,捷克共和国向奥地利国家美术馆美景宫(Belvedere)借了三幅艺术品(Filla 和 Beneš 的两幅画作以及 Gutfreund 的一幅雕塑)用于展览,Diag Human 公司向维也纳地区法院申请对在美景宫展示的文化财产进行仲裁裁决和没收。捷克共和国没有根据奥地利反羁押立法以免除豁免担保为出借条件,这是轻率的。正如在 NOGA 案中一样,维也纳法院首先下令扣押这些艺术品,但不久之后,它通过接受被告国和奥地利外交部

---

① 包括瑞士警方对运送油画的卡车的转移以及随后在日内瓦机场免税区储存。有关详细说明,请参阅 *Office des poursuites et faillites du district de Martigny v Compagnie Noga d' importation et d' exportation SA*, No. 5A. 334/2007/frs(Swiss Federal Tribunal, 29 Jan. 2008)。

② *Office des poursuites et faillites du district de Martigny v Compagnie Noga d' importation et d' exportation SA*, No 5A. 334/2007/frs(Swiss Federal Tribunal, 29 Jan. 2008), para. A. b.

③ 《瑞士宪法》第 184 条第(3)款规定:"在维护国家利益的要求时,联邦政府可发布法令和命令。条例必须有时间限制。"

④ Decision of 16 Nov. 2005, available at < http://www. admin. ch/cp/f/437b71c6_1@fwsrvg. html >.

⑤ 瑞士于 2010 年 6 月 16 日批准了《联合国国家及其财产管辖豁免公约》。

提交的文件推翻了该决定。① 这为 2011 年 11 月 22 日在捷克的文物返回奠定了基础。

维也纳法院(以及奥地利执行机构)的基本立场是,借出的国家文化财产受到国际法习惯规则的保护,不受强制执行程序的影响,这一规则由《联合国国家及其财产管辖豁免公约》编纂。② 这进一步证明了《联合国国家及其财产管辖豁免公约》的文化财产豁免对各国态度的显著影响。尽管它还未生效,但作为习惯法,各国都越来越多地应用《联合国国家及其财产管辖豁免公约》的条款。在关于合同违约和完全与所寻求附加的文化物品无关的交易争端中,得出了后一个结论。

人们只能猜测,如果这些案件涉及外国判决债务人严重侵犯人权或征用文物引起的索赔,瑞士和奥地利当局的做法是否会有所不同?

(二)严重侵犯人权和美国恐怖主义例外

在第二种情况下,对与文化财产无关的严重侵犯人权的行为要求赔偿。虽然与财产无关,但其基本要求肯定比第一种情况更为重要,因为它对现代宪法和国际法的基本原则提出了质疑。众所周知,意大利最高法院 Ferrini 案的判例③认为,鉴于强制法地位的规范正在审议中,当原告的诉讼缘由涉及严重违反人权和人道主义法的行为时,主权豁免已经丧失。国际法院对国家管辖豁免的判决给该判例的进一步发展带来了阻碍,国际法院的判决发现,在现行习惯法下,不论违反行为的严重性和/或有关义务的强制法性质如何,国家对主权行为的豁免仍然存在。就目前而言,应该指出的是,有关方试图对维戈尼别墅意大利-德国文化中心执行希腊判决,并对第二次世界大战的受害者作出赔偿,围绕着该判决的变迁使人们认为意大利法院甚至准备将该判例扩展到执行豁免方面(即允许对具有国家主权功能的主权财产进行约束的措施,例如文化财产)。

---

① Diag Human v Czech Republic, Case No. 72 E 1855/11 z-20 (District Court of Vienna, 21 June 2011). 因为法院以缺乏管辖权为由驳回了该案,维也纳上诉法院对该判决提出的质疑完全没有成功。

② 奥地利于 2006 年 9 月 14 日批准了《联合国国家及其财产管辖豁免公约》。

③ Ferrini v Germany, 87 Rivista di diritto internazionale 539(2004), English translation in ILDC 19 (IT 2004), 128 ILR 659(Court of Cassation, 11 Mar. 2004, No. 5044).

在这种背景下,由《外国主权豁免法》第1605A节①中规定的主权豁免的恐怖主义例外而引发的一个备受讨论的美国案例②提供了重要的见解。在Rubin案中,原告是1997年在耶路撒冷(Jerusalem)组织的自杀式爆炸事件的幸存者或受害者的亲属。该事件是哈马斯与伊朗的共谋。判决要求伊朗赔偿约7100万美元。③ 伊朗拒绝履行这一判决,原告追踪到伊朗在美国的附属资产。原告最终确定了许多美国博物馆和文化机构持有的各种波斯文物,并对此开展法律诉讼,以弥补他们的损害赔偿。尤其是,原告在马萨诸塞州(Massachusetts)和伊利诺伊州提出了扣押动议。在马萨诸塞州,他们正在寻求对波士顿美术博物馆和几所哈佛大学博物馆所展示的波斯文物予以执行,在伊利诺伊州,他们正在申请扣押由芝加哥大学东方学院因长期学术贷款持有的两个藏品(即波斯波利斯楔形文字和埃兰王国神殿藏品),以及芝加哥自然历史博物馆于1945年从德国考古学家恩斯特·赫兹菲尔德(Ernst Herzfeld)处购买的第三组古物(称为赫兹菲尔德藏品)。④

法院在Robin案诉讼中作出的一系列决定中的一个明显观点是,鉴于符合主权目的和人类共同利益的遗产固有性质,没有明确表明所涉艺术品应从定义上免予执行程序。确实,美国法院遵守《外国主权豁免法》的规定,但这并未明确禁止扣押文化财产。⑤ 在任何情况下,也都不会排除对非商业财产的扣押。⑥ 到目前为止,Rubin案原告根据《外国主权豁免法》第1610条第

---

① Curavic, 'Compensating Victims of Terrorism or Frustrating Cultural Diplomacy? The Unintended Consequences of the Foreign Sovereign Immunities Act's Terrorism Provisions', 43 Cornell ILJ(2010)381; Caprio, see earlier note 39, at pp. 294-302.

② 本节否认"因酷刑、法外杀戮、飞机破坏、劫持人质或为此类行为提供物质支持或资源等……任何情况下对外国造成的人身伤害或死亡寻求金钱赔偿……"的豁免。被告国必须是已被美国国务院指定为支持恐怖主义的国家,并且索赔人必须是美国国民、其武装部队成员或美国雇员或承包商(第1605A(a)(2)(A)(i)(ii)节)。美国国务院目前将古巴、伊朗、苏丹和叙利亚列为支持恐怖主义的国家。

③ Campuzano v Iran, 281 F. Supp. 2d 258(D. D. C. 2003).

④ 由于各种原因,所涉及的古物没有也无法获得免予缉获保护。第一,他们的获得早于法律的制定。第二,伊朗大多数人对文物的所有权都受到博物馆的质疑。至于东方学院的情况,即使假设其适用性是临时的,后者在任何情况下都不会出于学术目的而长期出借。

⑤ 根据《外国主权豁免法》第1611条规定,特别免予扣押的财产类别基本上是外国中央银行或货币当局的资产和军事性质的财产。

⑥ 至关重要的是,博物馆和类似文化机构等外国机构的任何财产都必须执行因管辖豁免最重要的例外而引起的有关索赔判决,参见《外国主权豁免法》第1610(b)条。这一点同样适用于在2008年通过的《外国主权豁免法》修正案之后,由上文所述的恐怖主义例外情况所产生的判决,以扩大国家资助的恐怖主义受害者获得损害赔偿的可能性,参见《外国主权豁免法》第1610(f)(g)节和第1605A(g)节。

(a)款第(7)项所规定的商业财产例外,根据该条文:

外国在美国的财产……用于在美国的商业活动时,无论该财产是否现在或在过去与索赔所依据的行为有关,如果判决涉及外国根据(恐怖主义例外)不能豁免的索赔,该财产不应免予扣押。

原告辩称,博物馆和东方研究所对波斯古物的研究所带来的在美国出售书籍和学术出版物这一行为构成了商业活动。地区法院驳回这一理由的观点是,就此例外而言,只有外国本身的活动才有意义,而其他实体活动与此无关。① 然而,最重要的是,根据2002年《恐怖主义风险保险法案》,②马萨诸塞州地方法院③拒绝对美术博物馆和哈佛波斯文物的扣押豁免,理由是这些文物是伊朗的"封锁资产"。《恐怖主义风险保险法案》使这些资产可以执行,以满足对恐怖主义国家的判决要求。这是美国法院对与恐怖主义相关的立法进行形式主义解释的完美案例,该立法忽视了由《外国主权豁免法》提出的主权财产豁免权,而是毫不费力地将文化遗产从此类立法范围内排除。

最近,同一美国法院成功驳回了Rubin案原告提出的扣押动议,当时该法院裁定后者没有证明争议的文物属于伊朗。④ 根据电报的意见,奥图尔(O'Toole)法官发现适用的伊朗法律并没有自动授予伊朗国出土文物的所有权。这些挖掘活动在波斯波利斯等古代遗址采取公开抢劫的形式,随后非法出口挖掘的文物,这一事实并没有改变他的结论。⑤ 奥图尔法官依据英国在巴拉卡特美术馆案(Barakat Galleries)的判决,提出伊朗法律没有将挖掘出的文物的所有权授予伊朗。这充其量是一个不幸的跨司法对话的例子。英国上诉法院对与Rubin案诉讼有关法律的司法效力没有给出明确立场,认

---

① 对于伊利诺伊州的诉讼,见Rubin v Iran,349 F. Supp. 2d 1108(N. D. Ill. 2004);对马萨诸塞州的诉讼,见Rubin v Iran,456 F. Supp. 2d 228(D. Mass. 2006).这一判决并没有说服原告放弃所涉的论点:他们坚持认为,拥有这些文物的机构可以被视为伊朗的代理人,代表伊朗进行文物的商业使用。然而,这一策略因拒绝向各机构提出的查询请求而受到阻碍,这些机构的目的是调查出版物销售所产生的利润以及相关版税的任何安排。

② Rubin v Iran, see earlier note 100, affirmed, 541 F. Supp. 2d 416(D. Mass. 2008).

③ Pub. L. No. 107-297, 116 Stat. 2322, Title II, section 201(a), codified at 28 U. S. C. § 1610(note).对伊朗在美国资产的封锁可以追溯到1979年德黑兰人质危机后作出的决议。尽管随后的事态发展导致大多数伊朗资产被冻结,但"有争议的资产"仍然受到美国法律的封锁。根据美国法律,"有争议的资产"仍受阻。马萨诸塞州地方法院认为,这些波斯古董确实符合这一定义,因为它们的所有权存在争议。

④ Rubin v Iran, 810 F. Supp. 2d 402(D. Mass. 2011, per O' Toole, Jr DJ).

⑤ Rubin v Iran, 810 F. Supp. 2d, at pp. 404-406.

为它们不清楚也不相关，①因为随后的一项伊朗法律②显然确立了未追回古物的国家所有权。更笼统地说，这被认为是承认伊朗归还有争议财产的权利的重要公共政策原因。这与美国 Rubin 案决策形成鲜明对比。因此，最好将奥图尔法官在 2011 年的判决意见而不是对法律的准确陈述视为避免非常重要的波斯文物私有化和商业分散危险的退出策略。③

无论如何，在等待 Rubin 案/波斯收藏传奇故事的下一阶段，④这种诉讼也可能从不同的视角获得审视。可以说，它表明只要特别重要的社会和法律要求受到威胁（例如，纠正因恐怖主义活动而导致的侵犯人权行为）时，⑤相对于其他神圣不可侵犯的原则，例如那些对文化财产实行强制豁免的原则，某些立法机构和法院可能倾向于优先考虑这些受到威胁的要求。

（三）征收

这就把我们带到了第三种情况，即个人对外国非法占有其文物的判决中，可尝试国家文化财产扣押。与以前的情况不同，在这种情况下，存在基本索赔与寻求应扣押的财产之间的密切联系。因此，实施限制措施似乎更合理，也得到了国际规范的支持，这些规范禁止非法占用文化财产并强制将其归还给合法所有者。然而，这种情况有几种变化，而共同的因素是外国对判决持有人所遭受的艺术征收负有既定责任。⑥

最简单的假设是，个人试图在国家没收之前扣押她/他所拥有的同一文物。列支敦士登王子对 17 世纪佛兰芒艺术家彼得·范·拉尔（Pieter van

---

① Barakat Galleries, see earlier note 32, para. 62; see also para. 165.

② 1979 年 5 月 17 日伊朗颁布了《关于防止未经授权的挖掘和挖掘的法律法案》。由于其不具有追溯效力，这一法案可能被认为不适用于 Rubin 案的事实。它只处理自颁布之日起尚未恢复的古物。

③ 诚然，法官的意见是由于伊朗没有提出所有权主张而促成的，而这在马萨诸塞州的诉讼中尚未出现。

④ 传奇故事还远未结束。关于伊利诺伊州的诉讼，见 Rubin v Iran, 637 F. 3d 783 (7th Cir. 2011, per Sykes CJ)（否决了地方法院的裁决，该裁决宣布，仅伊朗可以请求豁免，并在伊朗出庭时同意原告提出的在美国发现伊朗所有资产的请求）。

⑤ 这只是一般性说明，而不是对《外国主权豁免法》恐怖主义例外的广泛辩护。从法律一致性（即依赖于美国国务院有针对性的决定，限制美国国民或雇员的地位）和提供有效救济的能力两个方面，该例外的缺点是众所周知的。在后一方面，见 In re: Islamic Republic of Iran Terrorism Litig., 659 F. Supp. 2d 31 (D. D. C. 2009, per Lamberth CJ).

⑥ 此外，外国的责任可在尚未就案情作出裁决的征用要求中援引。在这种情况下，讨论涉及对艺术品的约束的预判措施的可能性。正是本文在考虑的情况中发生的情况。

Laer）绘画作品 Der Grosse Kalkofen 的诉讼是在这方面的一个例子。1991年,科隆地区（Cologne）法院下令没收这幅画,当时这幅画是从捷克共和国布尔诺历史古迹办公室借来,用于在沃尔拉夫・里查茨博物馆（Wallraf-Richartz Museum）展出。[①] 该命令批准了列支敦士登王子汉斯・亚当二世（Hans-Adam Ⅱ）提出的请求,他已故的父亲一直是这件艺术品的所有者,直到1946年该艺术品被前捷克斯洛伐克没收。但是,王子在借给科隆博物馆时为追回这幅画而提起的诉讼没有成功,因为所有德国法院都根据 1952/1954 年《和解公约》中的一项条款拒绝管辖,该条款禁止德国反对第二次世界大战盟国出于战争赔偿目的而提出的没收德国外部资产的建议。[②] 因此,根据1998 年 6 月 9 日科隆地区法院的命令,这幅画被送回科隆市,并最终返回了捷克当局。王子向欧洲人权法院提出的诉讼也失败了,因为法院一致裁定德国没有破坏申请人诉诸司法的权利。[③]

国内法院下令对文化财产进行大约七年半的审前扣押,然后将艺术品归还借给展览的机构,这是一个非常特殊的做法。值得注意的是,王子诉讼被驳回的原因与该绘画的豁免状态无关。法院从未考虑过豁免问题,只是在雷斯（Ress）法官的同意意见中迅速提到了欧洲法院的判决,在判决中强调,鉴于公众对国际艺术展览的兴趣,审查这类案件是可取的。[④] 显然,这幅画作没有按照反扣押立法得到保护,而在列支敦士登王子案之后,德国确实加快通过有关立法。[⑤] 因此,这一诉讼可以说明保卫文化财产豁免本身并不一定会禁止执行针对有归还要求的艺术品的诉讼程序。

除了被非法征用的文化财产之外,被试图扣押的文化财产怎么样呢?考虑到该司法管辖区内的持续发展,这一问题可以通过参考美国惯例解决。

---

① Prince of Liechtenstein v Municipality of Cologne(Cologne Regional Ct. ,11 Nov. 1991). 1991 年 12 月 17 日,当展览结束时,这幅画被移交给法警。有关背景信息,请参阅 Gattini, 'A Trojan Horse for Sudeten Claims?', 13 Eur J. Int'l L. (2002)513;另见 Fassbender, 'Prince of Liechtenstein v Federal Supreme Court', 93 Am. J. Int'l L. (1999)215.

② Art. 3 of Chapter 6 of the Convention on the Settlement of Matters Arising out of the War and the Occupation, 26 May 1952, as amended by Schedule IV to the Protocol on the Termination of the Occupation Regime, 23 Oct. 1954.

③ Prince Hans-Adam II of Liechtenstein v Germany, Appl. No. 42527/98(12 July 2001). 该案也促使在国际法院层面的诉讼,但国际法院认为,它没有受理申请的管辖权,见 Certain Property (Liechtenstein v Germany), (2005)ICJ Reports 6(10 Feb. 2005).

④ Prince Hans-Adam II of Liechtenstein v Germany, see earlier note 114, concurring opinion of Judge Ress joined by Judge Zupančič.

⑤ 通过 1999 年《文化财产保护法》修正案,见《保护德国文化财产免遭转移法案》第 20 条。

首先鉴于《外国主权豁免法》提供的可能性,可以提交获得保护的艺术品而不受执行措施的影响,无论诉讼主张是什么。在 Malewicz 案中,对于那些据称被外国占用的画作已经确认了这一点,①因此,这一点对非有关征收对象的文化财产似乎是有效的。科利尔法官在 Malewicz 案中认为,当《扣押豁免法》保护获得准许时,"对外国主权提出主张的当事人不得在文化交流中扣押该主权国家在本国的财产,也不得对接收博物馆采取司法程序,不得以任何方式干涉对艺术品的实际保管或控制"。②

尽管如此,Chabad 案是这一领域突出不确定性的一个引人注目的例子。2010 年 7 月,哥伦比亚地方法院最终认定,申请人的宗教书籍和档案材料已被俄罗斯没收并同时下令被告国:③

向美国驻莫斯科大使馆或美国原告 Agudas Chasidei Chabad 正式任命的代表交出由被告目前在俄罗斯国家图书馆以及俄罗斯国家军事档案馆或其他地方……持有的"图书"和"档案"组成的宗教书籍、手稿、文件和物品的完整收藏。④

俄罗斯表示绝不遵守这项命令。最重要的是,在 2011 年初,俄罗斯决定在此后避免把艺术品借给美国机构,因为担心这些艺术品将受到强制执行措施,以满足 Chabad 案的判决。⑤ 在这种情况下,原告要求哥伦比亚地方法院批准一项动议,寻求对俄罗斯在美资产的执行给予一般许可,并请求对被告不遵守 2010 年 7 月的命令的行为实施货币制裁(所谓的民事藐视法庭制裁)。在 2011 年 7 月,⑥法院驳回了第二项动议,理由是俄罗斯应该拥有进一步证明其为什么不应该被制裁的机会,并得到相应通知。而第一项动议获得了批准。法院确定原告可以申请扣押特定的俄罗斯财产,因为《外国主权豁免法》的程序要求已经满足。⑦ 美国执行机构对原告寻求的命令可能导致与俄罗斯的文化交流中断一事表示严重关切,面对执行机构的干预,兰伯

---

① Malewicz 案,参见附注 17,第 311 页("无可争议的是,马列维奇继承人在授予(反羁押)豁免的国家,无法试图夺取这件艺术品")。

② Malewicz 案,参见附注 17,第 311 页。

③ Agudas Chasidei Chabad v Russian Fed'n,729 F. Supp. 2d 141(D. D. C. 2010,per Lamberth CJ).这是一个缺席判决,因为俄罗斯此前已退出诉讼。

④ Agudas Chasidei Chabad v Russian Fed'n,Order and Judgment(D. D. C. 30 July 2010,per Lamberth CJ).

⑤ 'Dispute Derails Art Loans from Russia',*N. Y. Times*,2 Feb. 2011.

⑥ Agudas Chasidei Chabad v Russian Fed'n,798 F. Supp. 2d 260(D. D. C. 2011,per Lamberth CJ).

⑦ 参见《外国主权豁免法》第 1610(c)节。

特(Lamberth)法官回答说,这些都是"想象中的问题"。据该法官称,根据《扣押豁免法》授予豁免的俄罗斯艺术品并不会完全受到该法令的影响,该法令只是为执行程序铺平了道路,而不会预先判断最终实施的任何具体扣押的合法性。此外,根据原告的请求,法官同意在其命令中加入一项规定,即"原告不得在本诉讼中通过寻求扣押或执行任何受(《扣押豁免法》)保护的具有文化意义的艺术品来执行缺席判决"。但这个规定是否必要?或许是有必要的,因为《外国主权豁免法》的执行豁免例外与《扣押豁免法》之间的关系尚未由法院最终确定。因此,兰伯特法官明智地指出了这一点。

　　法院不愿意得出这样的结论:鉴于先前(尽管未成功)至少在另一起案件中试图扣押(受《扣押豁免法》保护的)文物以作为一项基于《外国主权豁免法》判决的赔偿,俄罗斯对其自身文化物件的安全性的担心完全没有根据……尽管法院急于向莫斯科提供必要的保证,以鼓励美国和俄罗斯之间将来进行充分的艺术品和文物交流,但……法院没有权力预判可能发生的任何潜在扣押行为的发生。①

　　上述段落中提到的案例是 Magness 诉俄罗斯案。这个较早的案例显示了本小节讨论主题的另一个最有趣的变化。得克萨斯州(Texan)一家地方法院认定,1994 年原告在圣彼得堡的财产被俄罗斯当局非法没收,其中包括一家历史悠久的钢琴厂和一系列相关文物。原告要求的不是归还,而是金钱赔偿,法院判决赔偿近 2.35 亿美元。判决持有人试图在阿拉巴马州(Alabama)执行,在阿拉巴马州,与被征用的文物相比,俄罗斯"类似的"文物被作为巡回展览的一部分("尼古拉斯和亚历山德拉:沙皇俄罗斯最后的皇室家族"),该巡回展览计划访问美国各个城市。这些文物包括金色加冕礼马车(约 1793 年)、亚历山大·费奥多罗娃皇后的大钢琴(约 1898 年)以及费伯奇珠宝制作的帝国徽章的微型副本(约 1899 年至 1900 年)。巴特勒法官驳回了执行令状,其理由是,根据 1998 年政府对此的决定,这些展品已获得《扣押豁免法》保护。法官似乎认为 IFSA 是 FSIA 的特别法。但是,原告试图挑战 1998 年的政府决定,指出,尽管有决定已声明,但是该展览和相关的文物是被用于商业目的。法官以必须尊重执行机构的决定为由,驳斥了这一论点。在后《外国主权豁免法》豁免判例法的背景下,这是一个非常有争议的发现。众所周知,颁布《外国主权豁免法》的主要目标之一是通过委

---

① 参见附注 122,第 272 页,注释 3。

托法院拥有在该领域作出决定的独立权力来使豁免纠纷非政治化。①

很难不对 Magness 案原告提出的主张给予最大的关注。Magness 案的判决证实,非法征收艺术品(即使受到免于扣押的保护时)与文化财产执法豁免之间的关系是一个悬而未决的问题。②

第四节　结语

国家豁免法与文化财产问题的交叉点引发了深刻的困境,兰伯特法官于 2011 年在 Chabad 案件中进行了很好的阐述。

法院希望,今天的意见将有助于促进两国间分享文物和历史共享方面恢复正常,这对促进全世界的跨文化理解都至关重要,即附加和执行财产的能力。

为教育和科学目的而不受阻碍地跨国家共享文化艺术品,以及尊重其作为国家文化遗产一部分的财产地位,这两种看法与个人对违反人权和国际法的行为提出的赔偿主张相竞争。对现有的困境没有一个明确、全面的答案。同样,基于文化人权的观点也没有定论。Chabad 案再次证明了这一点:如果为了集体文化权,捍卫俄罗斯的管辖豁免和对其文物不受执法措施的影响的绝对保护,这将不可避免地与查西蒂姆组织成员享有对其宗教信仰和实践至关重要的宗教遗产的权利相冲突。它还将容忍在武装冲突期间犯下的文化罪行和公然的歧视行为。

在上述摘录中,兰伯特法官指出,原告可能会扣除除文物以外的俄罗斯财产,以满足基本判决。当然,在 NOGA 案和 Rubin 案等主要主张与文化财产剥夺无关的情况下,这可能是一个不可忽视的考虑因素。在后一种情况下,当所有其他归还判决债务的努力都被证明是失败的时候,寻求平衡可以说是允许执行艺术相关物品的最后手段。但在 Chabad 案中,扣押非文化资

---

① 参见《外国主权豁免法》第 1602 条。不可否认,关于美国行政部门在国家豁免问题上的意见所导致的尊重程度的辩论,已被最高法院在 Altmann 案裁决中的含混陈述所修正,参见注释 11,第 1433 页、第 1435 页注释 23 以及第 1450-1452 页。文中有关另一个非常重要的决定,即对行政部门关于主权豁免意见的尊重,见 Whiteman v Dorotheum GMBH & Co. KG,431 F. 3d 57(2nd Cir. 2005,per Cabranes CJ)。

② 很明显,在一篇主要批评当前美国取消艺术诉讼豁免权的文章中,卡普里奥(Caprio)提出了一项文化财产豁免条款,修订了《外国主权豁免法》强制执行豁免规则,该条款不影响对艺术品的扣押,包括受《扣押豁免法》保护的艺术品,这些艺术品"通过所有权主张被认定为他人合法拥有"。

产（在美国或其他地方承认判决时）的威胁必须从根本上起到施加压力的目的，以实现归还被掠夺艺术品的最终目的。

　　在这种情况下，似乎有必要对经常出现的一种说法提出异议，即在涉及严重侵犯人权的案件中，如本章所审查的大多数争端所固有的侵犯人权的案件中，在国内法院对外国主权提起诉讼，以期为受害者带来有效的救济不会危及国家间的和平关系，将是一种欠考虑的方式。然而，这种方式会破坏国家之间的关系并破坏管辖国家豁免法的原则。无论一个人对这个国际法和政策问题的看法如何，上文的说法都忽视了更广泛的情况。它没有考虑到，在这些案例中，剥夺主权豁免可能会使敦促各国回到谈判桌上来，接受解决旧账的手段，是不法行为未经处理的受害者在外国法院提起诉讼的替代办法。也正是出于这个原因，我支持这样的论点：在这种情况下，当被害人无法获得替代补救办法或已被合理证明无法获得时，可以解除豁免。

　　本章讨论的艺术品和豁免实践的重要例子支持了这种观点。众所周知，Altmann 案最终通过争议各方商定的具有约束力的仲裁得到了解决。[①]同样，Malewicz 案达成了庭外和解，其中五件主张的画作被转交给了其继承人。[②] 很明显，如果美国法院没有大胆主张对这些案件具有管辖权，那么这些案件将仍然是未经纠正的错误案例。

---

　　① 　仲裁法院裁定，奥地利画廊必须将六幅有争议的克里姆特画作中的五幅归还给 Altmann，见 Arbitration Court, Altmann & Others v Republic of Austria, 15 Jan. 2006 and 7 May 2006.

　　② 　Kaye, 'Art Loans and Immunity from Seizure in the United States and the United Kingdom', 17 *IJCP* (2010) 335, at 343. 同样，2010 年著名的沃利·纽泽尔肖像案（Portrait of Wally）（本章未对此案进行回顾，因为没有直接涉及国家豁免问题，该画据称归私人博物馆所有）经过 10 年的诉讼才终止，这得益于各方之间的庭外和解。

第六章
外国法的执行：
在一国法院收回另一国的文化遗产

詹姆斯·戈德雷（James Gordley）[1]

第一节　引言

许多国家已经颁布了保护其文化遗产免受出口的法律。没有人怀疑他们这样做的权利。然而，当违反这些法律出口物品时，这个国家在寻求返回时面临两个据称无法克服的法律障碍。一是一国有关出口的法律不会在另一国法院强制执行。二是在没有证明其拥有物品的方式与私人拥有者相同（即有权拥有和使用它）的情况下，一国政府不能将其遣返。在这里，有人会争辩说，这两点不仅是糟糕的政策，而且是糟糕的法律，法院应该无视这两点。

第二节　一国出口法在另一国法院的执行

一、权威

至于第一个命题，根据保罗·巴特（Paul Bator）教授的说法，"基本规

---

① 美国杜兰大学法学院法学教授。

则"是"非法出口本身并不会使进口商（或从他那里夺走的人）以任何方式在美国法院提起诉讼；在美国，一件艺术品的拥有不能仅仅因为它是从另一个国家非法出口而受到合法的干扰"。① 在 Jeannerette 诉 Vichy 案中，弗兰德利（Friendly）法官引用了巴特的陈述作为法律的准确表述。② 在美国诉McClain 案中，威兹德姆（Wisdom）法官以同样的方式陈述美国法律，也引用了巴特的表述。③ 在新西兰总检察长诉 Ortiz 案中，丹宁（Denning）大法官没有引用巴特的表述，而是引用了约瑟夫·斯托利（Joseph Story）大法官的表述，并说："我认为，如果任何国家都有禁止出口艺术品的立法……这属于'公法'范畴，而这类法律将不会被出口国或任何其他国家的法院强制执行，因为这是一种行使主权权力的行为，不会在自己的领土范围内强制执行。"④他说，尽管外国法律规定，如果艺术品非法出口，则没收艺术品，但是这个规则仍然适用，正如他处理的这个案件。

这三个是典型案例，通常被引用在外国政府不能要求将非法出口的艺术品在美国或英国遣返的案例中。它们都没有作为先例引人注目，而依赖于渺茫的权威引用。

以上没有一个是引人注目的先例。如果在 Jeannerette 案中无视巴特的表述，那么弗兰德利法官还会得到同样的结果，并认为，如果没有任何证据表明发生这样的损失，那么一个国家就无法通过声称"对本国遗产的巨大损失"而获得文物归还。原告是一名艺术品交易商，他从被告那里买了马蒂斯（Matisse）的一幅画，但没有获得有效的出口文件。意大利法律禁止出口具有如此重要性的物品，其出口将对国家遗产造成巨大损失。它要求潜在的出口商向出口办公室提交一份申请，以确定是否可以出口物品。被告未能这样做。当原告得知该画作在没有适当文件的情况下无法出口时，就根据《统一商法典》起诉，认为违反了所有权保证。在交易之后，意大利文化部助理部长宣布，这幅画在意大利法律意义上具有"特殊的艺术和历史意义"。弗兰德利法官确实说过，因为美国法院不会执行外国出口法律，所以并没有违反所有权保证。

---

① Paul M. Bator,'An Essay on the International Trade in Art',34 *Stan. L. Rev.* (1982)275-384,at p. 287.

② 693F. 2d259,267(2dCir. 1982).

③ 545F. 2d 988,996(5th Cir. 1977)citing Paul M. Bator,'International Trade in National Art Treasures：Regulation and Deregulation',in L. D. DuBoff(ed.),*Art Law Domestic and International*(South Hackensack,NJ：William S. Hein,1975)295,at p. 300.

④ ［1982］3 All ER 432,at p. 459.

不过,他还指出,一位多产的法国后印象派大师的绘画出口将代表意大利的"巨大损失",理由是该绘画作品曾于 1952 年在"大型艺术博览会"的威尼斯双年展上展出过,得出这一结论有些令人惊讶。人们不禁要问,如果意大利收藏家们不太关心马蒂斯的画作,为什么其中一幅并不被称为杰出画作的作品竟然被认为是意大利民族遗产的重要组成部分?①

因此,弗兰德利法官"美国法院将不执行外国出口法"这一表述相当于另一种判决。如果这种现象发生,即使美国在必要时执行这些法律以防止"国家遗产的巨大损失",案件的结果也是一样的。

在 McClain 案中,墨西哥声称对被告非法出口的前哥伦比亚手工艺品享有权益。由于墨西哥声称对它们拥有所有权,被告因违反《国家被盗财产法》而被起诉。威兹德姆法官在附带意见中表示,美国法院不会执行外国出口法律。但是,他指出:"产生的问题并不是……联邦政府是否会执行外国出口法,或者违反另一国出口法而带入该国的财产是否为被盗财产。"②他认为问题不在于此,因为这些文物不是该法意义上的墨西哥政府的财产。

在 Ortiz 案中,新西兰寻求归还一个宝贵的毛利雕刻。该文物是非法出口的,因此根据新西兰法律,它已被没收。上议院推翻了斯道顿(Staughton)法官的判决,其判决为新西兰可以宣称对雕刻的所有权。而除了三名大法官以外的所有人给出的理由是,根据新西兰法律,没收不是自动的,而是在实际扣押后才进行。因此,新西兰对这些雕刻品没有所有权主张。阿克纳(O'Connor)大法官和奥康纳(O'Connor)大法官说该法律是刑法,因此无法执行。只有丹宁大法官认为,英国法院不会执行外国出口法律。其他法官表示,他们对阿克纳大法官和奥康纳大法官或丹宁大法官的言论是否正确不发表任何意见。③

在这些案例中,我们有一个(接近)替代判决(Jeannerette 案)、一个法官附带意见(McClain 案)以及一位法官对大多数法院拒绝管治的问题提出的意见(Ortiz 案)。

在这些案件中所援引的权威没有特别令人信服。在 Jeannerette 案中,弗兰德利法官引用的唯一权威是巴特发表在斯坦福法律评论中的表述。④ 在

---

① 693 F. 2d at 263 note 6.

② 545 F. 2d at 996.

③ [1982] 3 All ER at 467.

④ 693 F. 2d 259,267(2d Cir. 1982)(citing Bator,see earlier note 1).

那篇文章中,巴特只引用了一个权威:莎伦·威廉(Sharon William)写于1978年的一本书,名为《可移动文化财产的国际和国家保护》。① 书中只引用了一个权威:②一个1918年的案子,意大利国王诉科西莫·德梅迪奇·托纳昆奇侯爵(Marquis Cosimo de Medici Tornaquinci),③后文将会对此进行讨论。McClain案中,威兹德姆法官引用的唯一的权威是巴特的另一篇文章,巴特没有引用任何权威。在Ortiz案中,丹宁大法官将一些不涉及艺术品出口的案例列为权威。他还引用迪奇(Dicey)和莫里森(Morrison)当时版本的著作以及刚刚提到的1918年的一个案例,其中这些作者和莎伦·威廉根据自己的观点对意大利国王诉科西莫·德纳迪奇·托纳昆奇侯爵提出了意见。④ 该案件的报告是粗略的,无论如何,大多数法官并没有采纳丹宁大法官的意见。由劳伦斯·柯林斯(Lawrence Collins)爵士编辑的迪奇和莫里森著作的后一版本修改了他们早先的观点。在意大利王国案中,现在的条文解释说,"决定的理由并不明确",⑤英国法律还没有确定。书中敦促,一旦判决成立,英国法院应当灵活处理。

　　至关重要的问题是法院是否会如丹宁大法官所认为的那样,拒绝执行所有公共法律,或者是否应该有一定程度基于特殊的公共政策的灵活性,这些特殊政策要求有关法律不被强制执行,如斯道顿大法官所建议的那样。这个问题一直是国际法学院和国际法协会关注的主题,两者都建议在处理强制执行外国公法的主张方面具有一定程度的灵活性。有人认为,这个方法应该向英国法院推荐……⑥

　　那时丹宁大法官以及莎伦·威廉所引用的权威,是一个处理非法出口文件的单一案件,以及基于该案例的著作中的观点,该著作在后来的版本中否认了上述案件的权威性,也否定了其先前的观点。

二、原则

　　如果规则缺乏权威,那么它可能依赖原则吗?虽然巴特没有讨论这个

① Bator,see earlier note 1,at 287 note 30. In 'International Trade in National Art Treasures' he cites no authority at all.

② Sharon Williams,*The International and National Protection of Moveable Cultural Property:A Comparative Study*(Dobbs Ferry,NY:Oceana Publications,1978),at pp.106-108.

③ (1918)34 T.L.R.623.

④ (1918)34 T.L.R.623.

⑤ *Dicey,Morris,and Collins on the Conflict of Laws*1,14th edn(London:Stevens,2006)at 109 note 65.

⑥ *Dicey,Morris,and Collins on the Conflict of Laws*,at pp.112-113.

问题,但丹宁大法官和莎伦·威廉都进行了讨论。根据丹宁大法官的说法,原则是斯托利大法官的"属地管辖理论"。

很久以前,美国最高法院的斯托利大法官在 Apollon 的判决中写道:"任何国家的法律都不能公正地超越其领土,除非涉及其本国公民。"并且在他的著作《斯托利的法律冲突》第 2 版(1841 年出版)第 26 页,他说:"任何国家或民族都不得通过其法律直接影响或束缚其领土以外的财产,或束缚不在该领土上居住的人",但是"每一个国家有权在其他地方通过自己的法律约束自己的主体"(第 28 页)。①

丹宁大法官总结道:如果任何国家都有禁止艺术品出口的立法……那么这属于"公法"范畴,而这类法律将不会被出口国或任何其他国家的法院强制执行,因为这是一种行使主权权力的行为,不会在自己的领土之外强制执行。②

斯托利的原则是"它是每一个主权的基本属性,它没有被承认的优越性,在其自己的领土范围内,它给予最高法律所有与它的主权有关的主体"。③ 因此,"一个国家的法律不能具有固有的内在力量,除非在该国的领土范围和管辖范围内"。④ 一个主权国家会适用另一个国家的法律,只是因为其出于"礼让"的原因,选择这样做。⑤ "它对什么作出让步,都是它自己的选择……"。⑥

该原则是法律冲突领域的后来者,斯托利比威廉姆斯和丹宁更加微妙地适用了该原则。我们所熟悉的法律冲突规则是由中世纪法学家发展起来的,他们不相信存在会让主权国家或王子之间冲突的法律。雅各布斯·德·阿里纳斯(Jacobus de Arena)描述了其中的一些规则:在"程序中出现"的法律冲突中,法院遵循提起诉讼法院的"法院法";在有合同的情况下,"那么应该咨询合同签署的地点""在不法行为中,那就查看不法行为发生的地方""在权力超越事物的争议中……就必须查看……事物所在的地方"。⑦ 雅

---

① [1982] 3 All ER at pp. 455-456.

② [1982] 3 All ER at p. 459.

③ Joseph Story, *Commentaries on the Conflict of Laws Foreign and Domestic*, 3rd edn(Boston:Little, Brown & Co. ,1846), § 8.

④ Story, *Commentaries on the Conflict of Laws Foreign and Domestic*, § 7.

⑤ Story, *Commentaries on the Conflict of Laws Foreign and Domestic*, § 33.

⑥ Story, *Commentaries on the Conflict of Laws Foreign and Domestic*, § 8.

⑦ Iacobus de Arena Parmensis, *Super iure civile*(Lyon,1541) to C. 8. 53. 1.

各布斯·德·阿里纳斯的学生希诺(Cinus of Pistoia)①几乎逐字重复了这些规则,并由其学生巴尔托鲁(Bartolus of Saxoferrato)②进一步提炼,该工作对接下来的几个世纪产生了巨大的影响。

然而,这些解决法律冲突的先驱对主权持有一种在今天看似奇怪的观点:在制定法律的最终权力意义上,主权属于罗马皇帝。他们所教授的罗马法原则上是在世界范围内生效的普通法,因为它是由6世纪的查士丁尼皇帝颁布的,他们称之为民法主体。他们引用了法律体系中的一段文字来支持其观点:"只允许皇帝制定法律。"③根据巴尔托鲁的说法,某个城市或王子只能通过皇帝的明示或默许来制定法律。④ 当这些法律发生冲突时,就出现了问题。

斯托利领土主权的观点在我们看来似乎更为合理。但是,如果被认为是法律的唯一来源,它就可能导致麻烦。首先,领土主权似乎是所有法律的唯一来源,例如,包含合同、财产和侵权行为的整个法律。中世纪的法学家承认跨地区的法律体系,即在任何地方都一致的普通法。问题是,当地方性规则和政府间规则相互冲突时该怎么办? 研究现代冲突的学者假定领土主权是法律的唯一来源,不得不决定是否整个国家法律体系适用于基于合同订立地、侵权行为或财产所在地的交易。正如我在其他地方讨论过的那样,⑤法律冲突的问题就不那么容易处理了。在任何情况下,斯托利大法官的态度都更加微妙。在 Swift 诉 Tyson 案中,⑥他采纳了这一观点,后来在 Erie R. R. 诉 Tompkins 案中,⑦他否定了这一观点,认为普通法是一个跨越地域的法律,而不是某个国家的法律。如果没有地方性和政府间的立法,联邦法院可能会对这项法律有自己的看法。伊利(Erie)法院驳回了这一观点,引述奥利弗·温德尔·霍姆斯(Oliver Wendell Holmes)的语句:"普通法是一些

---

① Cinus de Pistoia, *Super codice cum additionibus* (Frankfort-am-Main, 1493) to C. 8. 53. 1.

② Bartolus de Saxoferrato, *Commentaria Corpus iuris civilis* (Venice, 1615), to C. 1. 1.

③ C. 1. 17. 11.

④ Bartolus, *Commentaria* to D. 1. 1. 9 no. 4. 我认为这也是他的学生巴尔杜斯(Baldus)的观点,尽管有相反的说法。James Gordley, 'The Achievement of Baldus de Ubaldis(132? -1400),' [2000] *Zeitschrift für Europäisches Privatrecht* 820-36.

⑤ 'Extraterritorial Legal Problems in a World without Nations: What the Medieval Jurists Could Teach Us' in G. Handl, J. Zekoll, and P. Zumbansen(eds), *Extraterritoriality Transnational Legal Authority in an Age of Globalization* (Leiden: Martinus Nijhoff, 2012), pp. 325-352.

⑥ 41 U. S. 1(1842).

⑦ 304 U. S. 64(1938).

主权或可辨认的准主权中清晰明确的声音。"①

出现的另一个重要的问题是,限制了一领土国家的法律将由另一领土的法院适用的情况。正如我们所看到的,通过斯托利设定的限制,法院将不执行刑罚、税收或其他公共法律。然而,斯托利对此的态度又一次比他的继任者更加微妙。

他解释了如何把领土主权的原则适用于他在 1822 年美国诉 La Jeune Eugenie 案的决议里。② 一艘美国海军舰艇在非洲海岸劫持了一艘从事奴隶贸易的帆船。但这艘帆船的所有者声称,他们都是法国人,这艘帆船也是法国的,而且,因为它一直在美国水域之外工作,所以美国法律并不适用。斯托利说,从事奴隶贸易违反了自然法和国家法,也违反了法国的法律。根据这些法律,他下令将这艘帆船交给法兰西国王的领事馆代理人,"根据他的正义感和权利意识"进行处理。

他认为,奴隶制违反自然法和国家法的原则,并提出了另一种可能性:假设法院所表达的意见是错误的,正如原告的律师所主张的那样,国家法完全是由各国在实践中获得的,而这一实践是赞成非洲奴隶贸易的。在把财产归还原告之前,仍然存在另一个障碍,在所有权不受损害之前,这个障碍必须被解决。这就是,非洲奴隶贸易仍受到法国市政法规的禁止。③

他解释说:就纯粹的市政条例而言,一般的规则当然是,法院不会为了直接执行而注意到它们。人们常常说,没有一个国家注意到外国的税收法,或认为自己有义务拒绝违反这些法律的商业交易。但是,这是从政策或礼仪的动机而采用的规则,而不是任何国家法律制度的重要组成部分。如果一个国家打算阻止任何违反外国法律的走私活动,并且在本国法院经常审理的案件中拒绝承认基于这种违法行为的任何财产权利,我无法理解,被侵犯的国家有什么正当理由对这种行为提出申诉。在我看来,它可能会更公正地抱怨拒绝执行此类法律,并拒绝对因此类违法行为进行处罚。

按汉斯·巴德(Hans Baade)的话来说,斯托利在该案例中所提到的规则就是,"如果有一项国际公共政策'制止'对审判地法和准据法(如奴隶贸

---

① S. Pac. Co. v Jensen,244 U. S. 205,222(1916).

② Cir. Ct. ,D. Mass. Circuit Court,D. Mass. ,26 F. Cas. 832(1822). 斯托利后来认为,在著名的美国诉阿米斯塔德帆船(The Schooner Amistad)案中,即使在西班牙的法律下,被奴隶贩子在非洲绑架的人以及那些在美国领海扣押船舶的控制者都不是奴隶,因此有权释放。

③ La Jeune Eugenie,26 F. Cas. at p. 849.

易)都有害的行为,法院将'会极端困难地承认'通过这种行为获得的所有权"。① 该规则现在并没有消失。正如巴德指出,这"接近于公共国际公法的授权,尤其是在那些侵犯基本人权的法律寻求间接效力的情况下"。②

美国或英国法院是否可以承认因违反外国出口法规而获得的所有权,这一问题应该取决于是否存在"压制破坏审判地法和准据法可恶行为的国际政策",正如在 La Jeune Eugenie 案中的情况。在涉及有关带有文化意义物品的出口法律案件中,不只要关注外国出口法律是否受到了侵犯,还要关注根据国际政策和标准该违规行为是否可憎。

如果非法出口物品构成了 1970 年《联合国教科文组织公约》第 1 条所称的"来源国文化遗产的贫困",则答案必须是美国和英国都已签署这一条约。原因不在于公约本身要求其签署国归还非法出口的文物,它对此并没有要求。其原因在于,如果斯托利在 La Jeune Eugenie 案中定下的规则是正确的,那么当诉讼提起的法庭也认定该行为可恶时,一方不能通过违反外国法律的行为获得财产。因此,当行为构成美国签署 1970 年《联合国教科文组织公约》时谴责的行为、构成来源国文化遗产贫困时,美国法院应拒绝承认违反外国出口法而获得财产的所有权。如前所述,公约本身并不要求签署方返还非法出口的文物。公约要求他们"采取一切必要的措施,根据国家立法,防止博物馆及类似机构获取被非法出口的文化财产"。美国颁布立法是为了防止向外国开出巴特所谓的"空白支票",以确定必须归还哪些文物。③

正如巴特在参议院国际贸易小组委员会审议其中一项法案时所作证那样:(法案)的这些规定是否充分说明,只有在重要文化价值受到严重威胁的情况下才会实施进口限制? 我担心的是……人们会倾向于将广泛出售猎捕行为的每一种情况都等同于国家的艺术遗产受到威胁的情况。④

巴特赞成立法管理非法出口文物的方法,非法出口文物行为会"严重威

---

① Hans W. Baade,'The Operation of Foreign Public Law',30 *Tex. Int'l L. J.* (1995), pp. 429-498, at p. 438(citing 26 F. Cas. at 850).

② Hans W. Baade,'The Operation of Foreign Public Law',30 *Tex. Int'l L. J.* (1995), pp. 429-498, at p. 438.

③ James R. McAlee,'From the Boston Raphael to Peruvian Pots:Limitations on the Importation of Art into the United States',85 *Dickenson L. Rev.* (1981), at pp. 599-605.

④ Paul M. Bator,'Memorandum,'*Hearings on H. R.* 5643 *and S.* 2261 *before the Subcommittee on International Trade on the Senate Committee on Finance*,95th Cong.,2d Sess. (1978), at p. 192.

胁文化价值观"和"危害国家的艺术遗产"。他承认,这并不意味着任何违反一国出口法的行为都会使该国的文化遗产变得贫瘠,也不意味着该国应该成为其是否变得贫瘠的最终评判者。

然而,如果遵循斯托利在 La Jeune Eugenie 案中制定的规则,则无须立法或害怕空头支票。法院只有在其违法行为受到谴责时才会执行外国出口法,不仅根据外国法律的要求,而且也根据该法庭的标准。法庭必须判断违规行为是否会使得外国文化遗产变得贫瘠。

当然,规则上也缺乏明确性。立法旨在澄清规则,要么使规则更加精确,要么允许某些非司法权力机构(可能是行政部门内部的权力机构)确定其是否违反了该规则。然而,很难想象,有什么精确的规则可以决定一个国家的文化遗产何时因出口而变得贫瘠。此外,赋予政府官员作出决定的权力会引发其自身的问题。当一项法案提交给将此权力赋予执行部门的国会时,批评人士指责说,这一决定过于强烈地反映了美国国务院对外交政策的关注。

无论如何,对于法院适用缺席的立法来说,这一规则较为不确定。如果有必要,弗兰德利法官可以在 Jeanerette 案中这样做。例如,法院适用同样不确定的规则来判定医生是否正确地进行了医疗手术,或者工程师是否设计了一架有缺陷的喷气式飞机。

实际上,在非法出口的案例中,缺乏明确性比在其他法律领域更被容忍。上述医生或工程师一定会猜测法院是否会认定其行为有过失或产品有缺陷。害怕承担责任可能会阻止他采取应有的行动。相比之下,非法出口艺术品的人明知他违反了法律,并且从他那里购买该艺术品的人也可能知道这一违法行为。他们应该承担这样的风险,即法院之后不仅会判决他们违反了法律,而且其违法行为还使得艺术品所属国的文化遗产变得贫瘠。如果他们不愿承担这种风险,就不应该买卖非法出口的财产。

第三节 文化遗产的遣返

一、遣返和财产权的传统概念

对于不希望出口属于其文化遗产的物品的国家,合法的替代方法是没

收它们。然后,该国可以尝试在外国法院要求归还此物品,这不是因为其违反了出口法律,而是因为原国家拥有该物品。如前所述,将遇到的法律障碍是法院拒绝承认该国家拥有该物品,除非该国拥有与所有权相联系的专有使用权和占有权。

这种方法造成的一个困难是政府可能不希望拥有这些文物的专有使用权和占有权。政府可能只是想阻止这些文物离开这个国家。因此,政府为了实现希望的目标,就必须主张那些它不希望拥有的权利。

试图逃避这种困难的国家遇到了其他的困难。在 McClain 案中,墨西哥"没收了"所有前哥伦布时期的手工艺品,同时允许私人所有者自行保管,并允许私人所有者将这样做的权利出售给其他人。法院认为,这些文物并非《国家被盗财产法》所界定的墨西哥"财产"。在秘鲁政府诉 Johnson 案中,[①]秘鲁法律规定政府"拥有"所有前哥伦布时期的手工艺品,但不能行使通常与所有权相关的任何权利。法院认为,秘鲁无法追回非法出口的文物,因为其所有权主张相当于一种出口管制。法院援引 McClain 案,并且只引用了该案中的表述,美国法院不会强制执行外国出口管制,并对结果表示遗憾。

无论这个案件的判决结果如何,法院对秘鲁在这场诉讼中所面临的问题深表同情。很明显,许多从哥伦比亚历史遗迹中挖掘出来的珍贵而美丽的前哥伦布时期的文物一直被走私到国外,卖给博物馆和其他艺术品收藏家。这种行为破坏了秘鲁文化遗产的主要部分,原告有权得到美国法院的支持,以确保其遗产不被进一步掠夺。[②]

然而,法院并没有向秘鲁政府提供支持,给出的只有同情。

因此,一个希望保护其文化遗产的国家必须走得更远。在 Ortiz 案中,上议院考虑了一项新西兰法律的效力,该法律没收了任何非法出口的文化艺术品。它认为,新西兰不能要求归还这样的艺术品,因为上议院在解释法律时表示,艺术品只有在扣押后才属于新西兰,而不是非法出口。

那么,假设一个国家的法律规定,在非法出口文物的那一刻,艺术品在没有被羁押的情况下就被政府征用。危地马拉的法律就是这样做的。正如下级联邦法院在美国诉前哥伦比亚文物和危地马拉共和国案件中所解释的

---

① 720 F. Supp. 810(D. C. Cal. 1989).

② 720 F. Supp. at pp. 811-812.

那样,"文物离开危地马拉的那一刻,这些文物就成为共和国的财产"。① 引用 McClain 案和秘鲁政府案中的表述,法院称尽管"仅违反出口限制"并未违反《国家被盗财产法》,但是危地马拉拥有非法出口的文物,因此可以根据该法予以收回。

这一结果是有问题的。问题之一是有关法律的目的是防止前哥伦比亚手工艺品的出口。就该法而言,只要文物留在该国,谁拥有这些文物无关紧要。只要被带回,文物是否为私人所有也可能无关紧要。政府被赋予所有文物的所有权附带权,只是为了确保他们被遣返。法院拒绝执行外国出口法,然后强制执行仅为使这些法律具有可执行性而存在的财产权,这个做法是不一致的。此外,这种方法具有巴特提到的写空白支票的所有缺点。如果一个国家在文物被非法出口的时刻可以宣布文物被征用,那么对于文物而言就没有限制。

此外,由于被征用文物的交易商的成本取决于其世界市场价格,而不是其对一国民族文化遗产的价值,这种做法往往可能带来错误的制裁。正如弗兰德利法官在 McClain 案中所说,马蒂斯画家本身及其作品的价值可能超过了其对意大利文化遗产的价值。相反,当一个雕像从玛雅神庙中被砍下并单独出售时所造成的伤害可能超过其市场价值。

最后,这种方法对犯错误的人施加了严厉的惩罚。如果一个起草者希望他的法令被解释成危地马拉共和国案件中的那样,而不是 Ortiz 案件的分析,那么他必须小心他的语言。例如,如果一件文物通过出售的方式返还给国内的收藏家或博物馆,或者被一个希望在不没收的情况下带回的非法出口商带回,他是否可以允许取消征用? 起草人能否规定,一件文物在非法出口后立即成为国家财产,但在国家确保其归还后必须将其出售或者取消征用?

接下来就是在处理这些物品的过程中,经销商可能会犯的错误。一些出口是明目张胆的非法出口,另一些在技术上违反了错综复杂的授权程序。危地马拉法规适用于任何未经"授权"的出口。此外,如果起草人可以在其法令的法律效力上犯错,那么经销商也可以。其他美国法院是否会像伊利诺斯州北部地区的法院一样裁决危地马拉共和国案件,在这一点上,经销商可能会弄错。

---

① 845 F. Supp. at p. 544, p. 547 (N. D. Ill. 1993).

二、遣返与财产权的替代概念

对此，有两种方法可以解决。第一种方法，作者在本章中已经提到，即遵守弗兰德利法官所宣称的法律。如果违反外国法律的行为不仅对制定外国法律的国家而且对法院地国都是可憎的，则可以强制执行外国法律。根据美国的条约承诺和美国法院的意见，另一个国家的"文化遗产贫困化"是错误的。原告必须让美国法院相信，非法出口的特定情况构成了这种"贫困化"。他们可能是最合适执行该法律的法庭，但如果不是，国会可以提供另一个法庭。在此之前，法院应该执行该法律。

我非常支持的另一种选择是改变我们关于财产权的想法，这将使外国能够要求归还非法出口的艺术品。我们习惯于认为，根据定义，文物的财产权意味着所有者可以根据其意愿处置它。这种财产概念可以追溯到19世纪的理论家，[1]在该时代，法律被定义为领土主权的意志。

没有理由必须以这种方式定义财产。罗马法律承认了人们可能拥有的各种财产和人们可能拥有的不同的有限利益。河流和港口是"公共物品"。它们属于公众，每个人都可以在其上钓鱼或行船。[2] 河岸是由那些土地与它们接壤的人所有，但是所有使用河流的人都可以自由地去海滩上划船、晒网和把鱼拖到岸边，甚至可以把鱼绑在树上，即使这些树属于土地的所有者。[3] 海洋和海岸是属于每个人的"共同事物"，所以每个人都可以使用它们。[4] 但是，一个人拥有他从岸上拿走的宝石或鹅卵石。此外，[5]一个人也可以在岸边建造一个小屋，[6]其他人必须远离小屋。[7] 但他的所有权只有在建筑物保

---

[1]　Eg, Christopher Columbus Langdell, 'Classification of Rights and Wrongs', pt. 1, 13 *Harv. L. Rev.* (1900) 537-556, at pp. 537-538; Frederick Pollock, *A First Book of Jurisprudence for Students of the Common Law* (London：Macmillan & Co, 1896) at p. 160; Charles Aubry and Charles Rau, *Cours de droit civil français d'après la méthode de Zacharia*2, 4th edn (Paris：Marchal & Bilard, 1869), § 190; François Laurent, *Principes de droit civil français*6, 3rd edn (Paris：A. Durand, 1875), § 101; Charles Demolombe, *Cours de Code Napoléon*9, 3rd edn, (Paris：A. Durand, 1882), § 543; Bernhard Windscheid, *Lehrbuch des Pandektenrechts*3, 7th edn, (Frankfort-on-Main：Rütter & Loenig, 1891), § 167.

[2]　I. 2. 1. 4; Dig. 1. 8. 5. pr.

[3]　I. 2. 1. 4; Dig. 1. 8. 5. pr.

[4]　I. 2. 1. 1; I. 2. 1. 5; Dig. 1. 8. 2. 1.

[5]　Dig. 1. 8. 3.

[6]　I. 2. 1. 5; Dig. 1. 8. 3.

[7]　Dig. 1. 8. 4.

留的情况下才会持续。如果房屋塌坏,其他人就可以在此地盖房。①

　　本章作者的前同事约瑟夫·萨克斯(Joseph Sax)建议,在概念化适用于环境保护的财产法时,我们可以向罗马法学习很多东西。② 例如,我们可以把海岸定义为国家为公众利益行使信托的地方,而不是不受无限私人权利约束的地区。这一观点反映在美国的一些案例中。③ 萨克斯在他的著作《与伦勃朗玩飞镖》中提出了另一个限制。④ 难道财产法真的赋予了一个人获得一件艺术杰作的权利,仅仅是为了个人享受而毁掉它吗? 如果是这样的话,我们对法律的解释与唯意志论者相似,他们把私权描述为无限的,因为从其定义上说,私人权利必须是无限的,而不必首先承认这种权利有什么目的。

　　作者在其他地方指出,为了解释美国地标保护法,我们必须认识到,具有文化意义财产的所有人无权销毁它。⑤ 在宾夕法尼亚中央运输公司诉纽约市(Penn Central Transportation Co. v City of New York)⑥的重大案件中,最高法院本应该这样说,而不是关心大中央车站(Grand Central Station)的所有者是否可以向某人出售其未使用的空域,或它的“投资回报预期”是否受挫。异议者对于利害攸关的事情有更清楚的认识。与其他土地使用规则不同,纽约市并未“禁止滋扰”或“仅仅禁止宾夕法尼亚中央运输公司以一系列有害的方式使用其财产”。纽约市正在努力“保留他们认为的艺术建筑杰出典范。宾夕法尼亚中央运输公司被禁止进一步开发其财产,因为在设计和建造中它做得太好了”。⑦ 在这一点上,异议是正确的。但是,不应得出这样的结论:无论文物的文化意义为何,无论何时看到文物的利润,拥有者都可以销毁该建筑。一个人的所有权没有延伸到这一步。

　　所有者的权利是有限的另一种说法是,国家对文物的保护具有至高无上的权威。在一个写得很好且众所周知的关于厄瓜多尔收回了非法出口文物的下级法院意见中,⑧初审法院认可了一种名为 dominio eminente 的学说。

---

① Dig. 1. 8. 6. pr.

② Joseph L. Sax, 'The Public Trust Doctrine in Natural Resource Law: Effective Judicial Intervention',68 *Mich. L. Rev.* (1970), pp. 471-566.

③ Eg, Matthews v Bay Head Improvement Ass'n,471 A. 2d 355(N. J. 1984), *cert. denied*,469 U. S. 821(1984).

④ Joseph L. Sax, *Playing Darts with a Rembrandt* (Ann Arbor: University of Michigan Press,1999).

⑤ Gordley, 'Takings',82 *Tul. L. Rev.* (2008)1505-1532, at pp. 1519-1521.

⑥ 438 U. S. 104(1978).

⑦ 438 U. S. 145-6.

⑧ Trib. Torino,25 Mar. 1982, Giur. it. 1982.

这一学说与美国的杰出领域的概念无关,可以被翻译为"至高无上的所有权"或"至高无上的权威"。厄瓜多尔法律规定,"国家将在考古宝藏上享有同等的统治权,而不会损害根据法律规定由其发现或主张而属于其的私人当事人的权利"。它规定,厄瓜多尔文化部门可以发布一份声明,"将与国家艺术遗产有关的宝藏品质授予前一条所述的任何物品,但不剥夺其所有者在本法规定的限制下行使所有相关的统治权"。法院称其建立了一个所谓的至高无上的领域(dominio eminente),其特点是公共物品服从国家的"权利"(titularitéa)或国家保护性统治,这是一个不同于"公民财产"和"共同财产"的法律制度,因此,公共物品也被称为"国家物品"。

公共物品的积极管制主要由公共行政法来实现,其中国家的"统治"是不可侵犯和不可剥夺的。

人们承认对此类商品的私人权利,但它们始终不受国家显赫地位的"限制",此类商品应受到其照顾,以造福社会集体。

公共物品的公共制度所带来的实际效果是禁止其自由交换。

事实上,根据1945年《艺术遗产法》第5条规定,"未经厄瓜多尔文化部门的许可,不得通过赠与或交换转让属于国家艺术遗产的物品的所有权,也不能更改此类物品的位置。"该法条的任务是保留艺术遗产,并可能拒绝授权。

另一个实际效果是,私人获得这种公共物品原始所有权的可能性受到具体限制。事实上,根据1945年《艺术遗产法》第13条第一段,"未经厄瓜多尔文化部门授权,人们可从事考古或古生物学挖掘工作"。①

这种监管体系与前面讨论的陪审团制定的法律不同,在这些法律中,国家称自己为物品所有人,只是为了逃避外国法院不愿执行其出口法律。正如法院所说,私人拥有该物体但以应有的尊重对待它的权利,以及国家保护它的权利。厄瓜多尔法律可能在监督交易自由或坚持文物挖掘者不能通过发现获得所有权方面走得太远。但问题是,一个国家是否可以合法地认识到有这两种权利。如果是这样的话,外国法院可以在不开空白支票的情况下强制执行。

---

① Trib. Torino, 25 Mar. 1982, Giur. it. 1982, at pp. 629-630.

▌第四节　结语

　　本章提出了一个国家可以向外国法院要求归还属于其文化遗产物品的两个理由。第一,法院过于严格地解释了领土主权的概念,比斯托利法官更严格,以便拒绝执行它们,即使正如斯托利所说的那样,法庭本身认为违反外国法律是可恶的。第二,法院过于严格地解释了外国必须拥有的所有权,以提出归还这种物品的要求,将现代所有权概视为绝对的单一或整体,一方面,不允许在占有权和使用权之间进行分割;另一方面,不允许对物品使用方式的监护权进行分割。实际上,这不是两个截然不同的理由。一个国家的文化遗产受损可能是因为出口,也可能是因为来自国家内部的伤害。如果国家有权保护其文化遗产,那么出口管制是该监护权的一个方面,且是唯一的方面。因为承认监护权是一项所有权问题,或者因为它认为非法出口对这项权利的颠覆是可憎的,外国法院是否因此要求返还一个物体,这一点并不重要。如果存在监护权,则属于专有权。如果没有,则没有理由认为防止文化遗产贫困化的出口管制是可憎的。

第七章
法院对水下文化遗产法的执法

帕特里齐亚·维格尼(Patrizia Vigni)[①]

第一节 引言

保护水下文化遗产影响着各种利益,例如私有财产权、国家主权权力以及整个国际社会对文物保护的利益。实际上,这些文物不可以仅被视为私有财产。它们还具有作为人类文化和传统一部分的内在价值。因此,一些国家的法律制度通过行政和刑事规范来规范对这些文物的管理和保存,以强调它们作为"共同物品"的重要性。此外,习惯法和条约性质的国际条款肯定了文化遗产的概念,以便承认历史文物对整个人类的内在价值。就文化和考古物品而言,提及"遗产"一词似乎突出了与这些物品有关的利益的非排他性商业性质。

对水下文化遗产保护的规制遇到了额外的问题,因为历史文物可能位于远离这些物体所属国家和个人的海域中,并在那里被发现。这样一来,其他法人就可能对文物本身主张权利,如该历史文物的发现者和享有这些海洋区域主权的国家。

因此,本章的首要目的是,根据国际法和国内法,确定谁可以合法地主张海上文物的权利。特别是将专注于国家和私人在历史沉船事故中的主权和财产权。这一问题似乎特别耐人寻味,因为它可能需要适用除文化财产法以外的国际和国内规范,例如海洋法和海事法的规定。

[①] 意大利锡耶纳大学法学院国际法研究员。

另外,本章将试图弄清迄今为止国内法院是如何解决海上文物争端的,以确定这些法院是否以及在多大程度上执行了有关保护水下文化遗产的国际规定。人们必须承认,国内法院是迄今为止执行文化遗产方面制定的国际法原则的最合适的机构。事实上,与传统上专门处理国家间争端的国际法庭裁决相比,有能力处理涉及私人和公共当事方争端的国内法院可以更好地维护所涉的各种利益。

第二节 海上文物权利的主张者

一、起源国

(一)一般说明

在海上文物权利可能的主张者中,首先必须提到的是这些文物的起源国。就本章而言,起源国是生产历史文物的国家,以及在它消失在海洋里之前使用它的一方。由于文化物品是历史和文化传统的表达,因此物品起源国的主张是合理的。起源国的利益具有公共性质,因此在某些情况下可能优先于其他权利。例如,1970 年《联合国教科文组织公约》将防止"起源国文化遗产的贫困化"作为组织的首要目标之一。① 同样,2004 年《意大利文化与景观遗产法典》(以下简称 2004 年意大利法典)规定文化财产的私人所有者努力保护其文化财产,以保持国家传统记忆。②

虽然国内法和国际法普遍承认起源国的权利,但一些司法判决并未对这些规则给予太多关注。例如,在利希波青铜像(Lisippo bronze)③案中,佩萨罗法庭的法官完全搁置了该案件中文物起源国的利益,这是一座希腊雕像,目前位于马里布的盖蒂博物馆,但是意大利声称这是其水下文化遗产的一部分。这座雕像是意大利渔民 1964 年在毗邻意大利海岸的亚得里亚海发现的。这尊雕像在违反意大利刑法的情况下,被卖给了一个古董商,估计还

---

① 1970 UNESCO Convention art. 2.

② Decree Establishing the 'Codice dei beni culturali e del paesaggio', 22 Jan. 2004, n. 42. Gazzetta Ufficiale della Repubblica Italiana, 24 Feb. 2004, n. 45.

③ 这尊雕像也被称为"胜利青年"。

出口了。最后在 1977 年,出现在盖蒂博物馆。① 2009 年,在佩萨罗法庭上,意大利政府就声明了利希波青铜像的非法出口性质。因此,在佩萨罗的初步调查中,法官下令扣押该雕像,认为它是"意大利不可剥夺的文化遗产"的一部分,因为它是由一艘意大利船在海上发现并带到意大利领土的。佩萨罗法庭的法官认为,按照意大利法律的要求,如果在发现雕像时通知意大利各机关,意大利本可以行使其对该物体的优先购买权。② 2010 年,佩萨罗法庭的另一位法官对初步调查的决定也证实了这一推理,该法官有权执行缉获令。③ 最后,希腊作为青铜像起源国的权利在最近一次影响本案的判决中被忽视,该判决④由佩萨罗的初审法官于 2012 年 5 月再次作出。法官重申,该雕像是"意大利不可分割的文化财产",因为其发现者最初将其转移到意大利境内。⑤ 尽管事实上雕像的起源地无可争议地是希腊,但意大利法官并不承认起源国的利益与确定这一文化对象的合法所有者的法律标准有任何相关性。

相比之下,关于承认历史沉船残骸起源国的权利,船旗国最常根据其对沉船的主权权利提起司法主张。实际上,根据国际法和国内法,一艘船舶与其船旗国之间的国籍联系是一国为该船提出主张的主要法律依据。因此,关于历史船只,起源国的标准似乎完全受到尊重。

简而言之,国内法院似乎就所涉及的各种文物和利益,提供了"起源国"原则的不同含义。

---

　　① 实际上,在 1973 年,意大利警方被告知在慕尼黑有一尊可能是利希波青铜像的雕像。因此,意大利法官要求德国允许他们检查被意大利指控非法出口艺术品的雕像所有者。德国法官拒绝了意大利的请求,理由是德国法律不允许对类似罪行进行引渡。有关利希波青铜像案的概述,请参见 Lanciotti,'The Dilemma of the Right to Ownership of Underwater Cultural Heritage:The Case of the "Getty Bronze"',in S. Borelli and F. Lenzerini(eds),*Cultural Heritage,Cultural Rights,Cultural Diversity. New Developments in International Law*(Leiden:Nijhoff Publishers,2012),pp. 301-326.

　　② Order of 12 June 2009,in Rivista di Diritto Internazionale Privato e Processuale,2011(1),at pp. 149-152.

　　③ Order of 10 February 2010, < http://www. europeanrights. eu/getFile. php? name = public/sentenze/1-LISIPPO_confi sca_GIP_trib. _pesaro. doc >(last accessed 4 February 2013),quoted in Lanciotti,The Dilemma of the Right to Ownership,at p. 302.

　　④ 这项命令是盖蒂博物馆对 2009 年意大利最高法院佩萨罗法官扣押令提出质疑主张的结果。博物馆认为,这个文物的希腊起源地不允许意大利对其主张主权权力。最高法院将案情重新提交案情法官,要求深入查明盖蒂博物馆和意大利索赔的具体理由。见 Decision n. 169/2011 of the Italian Supreme Court of Cassazione,'Udienza in Camera di Consiglio',18 Jan. 2011,quoted in Lanciotti,*The Dilemma of the Right to Ownership*,at p. 305.

　　⑤ Order of the Preliminary Investigation Judge,Tribunal of Pesaro,3 May 2012,at p. 22, < http://www. scribd. com/doc/92449731/ORDINANZA-LISIPPO-2012-05-03 >(last accessed 4 February 2013),hereinafter Order of 3 May 2012.

（二）历史沉船的"起源国"权利

1. 历史沉船的起源

为了能够具体地行使起源国对海上文物的权利，首先必须确定其地理来源。除了文物是众所周知的杰作的情况之外，通常需要一些科学和历史研究来确定它们的起源。此外，如前所述，在远离起源国大陆的水域中发现这些物体是很常见的。因此，在确定水下文物来源时，地理位置有时会产生误导。

就沉船而言，几个世纪以来，许多船只在非常狭窄的海洋区域沉没。此外，除历史数据外，关于这些船只及其毁灭的信息不多。因此，不同船舶的身份往往会被误认。为了确定船舶的身份及其船旗国，必须开展专门的研究活动。最近的判例法提供了几个有关沉船残骸属性无法确定的例子，在这方面，有关打捞 19 世纪初沉没的西班牙船梅赛德斯夫人号（Nuestra Señora de las Mercedes）的案例值得提及。案件涉及西班牙向坦帕地区法院提起的针对奥德赛海洋勘探（以下称奥德赛）的投诉，奥德赛是一家进行挖掘的寻宝企业。虽然西班牙声称这艘船被非法挖掘，但奥德赛否认这艘船是梅赛德斯夫人号。因此，地区法院首先根据船舶本身的位置、形状和货物的历史信息确定该船正是梅赛德斯夫人号，之后宣布西班牙为合法的船旗国。①

同样，在上述利希波青铜像案中，在雕像被发现和非法出口的几年后，几个意大利法院在界定这一物体的文化和历史渊源方面遇到了问题。② 特别是在 1970 年，当最高法院审查对发现并出售该雕像的渔民的非法贸易指控时，法院并没有对渔民作出有罪判决。因为正如法院所说，很难证明发现物体的确切海洋区域。令人惊讶的是，最高法院也对该物体的艺术价值发表保留意见，因为有关该沉船的信息稀少。事实上，包括公共律师在内的任何一方都没有能够提供该雕像的图像。③ 相反，在 2010 年，当有关利希波青

---

① Odyssey Marine Exploration Inc. v The Unidentified Shipwreck Vessel & the Kingdom of Spain, the Republic of Peru, United States District Court, Middle District of Florida, Tampa Division, 3 June 2009, at pp. 5-12, 见 < http:// docs. justia. com/cases/federal/district-courts/florida/flmdce/8：2007cv00614/197978/209 / >（最后访问于 2013 年 2 月 4 日）。实际上，这个判决是美国地方法官 Pizzo 法官的意见，该判决得到了 2009 年 12 月 22 日坦帕地方法院裁决的支持，见 < http://docs. justia. com/cases/federal/district-court/florida/flmdce/8：2007cv00614/197978/270/ >（最后访问于 2013 年 2 月 4 日）。

② 该案件由古比奥法院（the Tribunal of Gubbio）、佩鲁贾上诉法院（the Court of Appeals of Perugia）以及意大利最高法院（the Italian Supreme Court of Cassazione）审查。

③ 在 1977 年，发现了一些利希波青铜像的照片，并与盖蒂的文化财产进行了比较。

铜像的起源和价值的信息足够准确时,佩萨罗法官能够确定属于盖蒂博物馆的雕像对应的正是意大利渔民在 1964 年 12 月发现的铜像。①

因此,国内法院必须依靠历史和艺术专家的全面、准确的信息来解决有关文物权利识别的案件。

2. 船旗国对历史沉船的权利范围

根据国际海洋法规范,沉船等同于其他船只。这些规范主要基于国家主权原则。因此,国际惯例法和 1982 年《联合国海洋法公约》承认船旗国对其船只的主权权利。同样,海事法②承认,除非明确放弃,船旗国有权对其船舶主张主权,必须特别注意战舰。海洋法③和海事法④都承认这些类型船只的主权豁免权。承认沉没的政府船只的豁免权将自动排除船旗国以外的国家对这些船只的管辖权。但是,必须承认,承认政府船舶的豁免权的目的是避免干扰国家的公共职能的行使。沉没的船只似乎不再具有这些功能。然而,在某些情况下,必须承认沉没的政府船舶的主权豁免权,特别是当沉船载有秘密信息时,其传播可能会对船旗国目前的安全带来一定的风险。当然,只有当最近时期的国家船只沉没时才会发生这种情况。当传播涉及数百年前沉没的船舶收集的信息时,国家安全似乎没有风险。

尽管如此,关于历史沉船事故的问题,有关军舰主权豁免的论点也被提出。在上述梅赛德斯夫人号案中,根据 1958 年《日内瓦公海公约》第 8 条(承认战舰的豁免权),⑤坦帕地方法院承认西班牙船只的豁免权。这样,梅赛德斯夫人号被认为是享有主权豁免权的战舰。第十一区上诉法院也得出了同样的结论,奥德赛在该法院就坦帕法院对梅赛德斯夫人号案的判决提出了质疑。⑥

---

①　Order of 10 Feb. 2010, see earlier in this chapter.

②　海事法是私法的一部分,它规范了自愿或偶然共享与海事活动有关的某些利益的私人海上经营人之间的关系。

③　UNCLOS arts. pp. 95-96.

④　International Convention on Salvage, done in London on 28 Apr. 1989, art. 4, < http://www. imo. org/Conventions/mainframe. asp? topicid = 259&doc_id = 687 > (最后访问于 2013 年 2 月 4 日)。

⑤　Done in Geneva on 29 April 1958, 450 U. N. T. S. 11.

⑥　奥德赛海洋勘探于 2010 年 1 月 15 日对坦帕法院提出关于梅赛德斯夫人号案裁决的上诉。上诉法院于 2010 年 11 月 2 日允许了奥德赛提出口头辩论的请求。上诉法院的口头辩论原定于 2011 年 2 月 28 日当周举行,但由于美国国会的干预而被推迟,因为其反对国务院对西班牙论点的支持。上诉法院于 2011 年 9 月 21 日判决此案。US Court of Appeals, Eleventh District, Odyssey Marine Exploration, Inc. v Kingdom of Spain, Docket n. 10-10269, 21 September 2011, 见 < http://www. ca11. us-courts. gov/opinions/ops/201010269. pdf > (最后访问于 2013 年 2 月 4 日)。

此外,除海洋法以外的国际规定还承认船旗国对其船只的优先权,例如2001 年《保护水下文化遗产公约》第 2 条第(8)款。①

因此,就沉船而言,船旗国的权利似乎优先于其他利益。

3. 沉船货物的起源

即使沉船的船旗国确定,也可以质疑货物的国籍。事实上,商业船只过去常常同时带有国内和国外货物。当沉船从一个国家移动到另一个国家时,可以最容易地确定货物的国籍。在这种情况下,也会出现船旗国与货物目的地不一致的情况。相反,在确定从一个国家的殖民地向国家所在大陆移动的沉没船只上货物的国籍时,可能会出现一些困难,因为在这种情况下,发生了不恰当的越境运输,因此,货物的船旗国和目的地国通常在沉没时重合。然而,几个世纪以来,殖民地实现了独立,因此,在确定发现的沉船货物的国籍是否与沉没时相同时,可能会出现问题。事实上,人们可能会争辩说,货物现在具有原产地的国籍,这个国家先已成为独立的国家。该问题的解决方案揭示了其重要性,特别是在沉船的货物由具有文化和艺术性质的物品组成的情况下。事实上,前殖民地对这些物品归还的兴趣不仅涉及它们的经济价值,而且还涉及将这些物品与前殖民地人民联系起来的文化价值。在这种情况下,为了提高其主张的合法性,前殖民地可能会争辩说货物构成其文化遗产的一部分。这样一来,主权和文化权利都存在争议。

例如,在梅赛德斯夫人号案中,货物主要是金币和银币,被认为是由秘鲁运往西班牙王国大陆。出于这个原因,在坦帕地方法院和第十一巡回上诉法院,秘鲁加入了西班牙对奥德赛的诉讼,主张其作为梅赛德斯夫人号货物来源国的主权权利。秘鲁提出了几项支持其主张的论点。首先,它确认了国家实践应符合国际法的一般原则,该原则谴责殖民主义,特别是被占领土资源遭到掠夺的情况。此外,秘鲁声称,梅赛德斯夫人号的货物是其文化和历史遗产的一部分,因此,由于该权利的性质,归还物品的权利应优先于其他利益。

虽然沉船的起源国有时可能很容易确定,但对于其货物的"国籍和合法附属物"的确定就没那么容易了。

---

① 2001 年《保护水下文化遗产公约》第 2 条第(8)款规定:"根据国家惯例和国际法,包括《联合国海洋法公约》,本公约的任何内容均不得解释为修改有关主权豁免的国际法规则和国家惯例,也不得解释为修改任何国家对其国家船只和飞机的权利。"

二、对水下历史文物的私人权利

承认国家对文物的主权权利并不排除可能存在私有财产权。因此,一些法律文书规范了私人和公共文化财产的管理。例如,1970 年《联合国教科文组织公约》①和 1995 年《国际统一私法协会公约》涉及公共和私人文化财产的非法贸易部分。同样,2004 年意大利法典文化财产部分包括了其范围内的私人财产,以便提供对国家文化遗产的全面保护。

对私人权利的主张不应与某些私人可能带来的关于他们认为的属于其文化或种族群体遗产的文物主张混淆。与起源国的主张相联系,目的是强调要保护的对象对于保护有关国家文化特征的重要性。在这种情况下,目的在于维护集体权利。②

至于海上文物,如果在这些文物消失在海里之前就存在私人权利,则可以主张私人权利。如果无法确定海上文物的合法所有者,则可以适用发现法。③ 因此,在这种情况下,海上文物发现者的私人权利也是相关的。

此外,只有当私人权利来自合法获取的文化财产时,才能在国内法和国际法中承认对文物的私权。在这方面,1995 年《国际统一私法协会公约》不承认任何不能证明其善意的文化财产拥有者的权利。④ 根据这一论点,在 2010 年利希波青铜像案中,佩萨罗的法官表示,盖蒂博物馆没有合法地获得该雕像,因此,其所有权应该从一开始就被视为无效。⑤ 最确切地说,在 2012 年的指令中,初步调查的法官指出,2004 年意大利法典不承认"善意所有者"在影响非法转移国家"不可分割的文化财产"的案件中的权利。在这些案件中,如果私人可以证明与非法转移无关,则可以特别保护其私人权利。2012 年,佩萨罗的法官确认盖蒂博物馆不能被视为"与利希波青铜像非法出口罪无关",因为博物馆的管理人员一直都知道意大利有关主管机关从未发布过

---

① 1970 UNESCO Convention art. 5(b).

② Ahrén, 'Protecting Peoples' Cultural Rights: A Question of Properly Understanding the Notion of States and Nations?', in F. Francioni and M. Scheinin (eds), *Cultural Human Rights* (Leiden: Nijhoff, 2008), pp. 91-118.

③ Vadi, 'Investing in Culture: Underwater Cultural Heritage and International Investment Law', in *Vand. J. Transnat'l L.* (2009)853-904, at p. 870.

④ 1995 UNIDROIT Convention art. p. 4.

⑤ Order of 10 February 2010, see earlier in this chapter.

有效的关于该雕像的出口文件。①

对于历史沉船而言,国家主权和私有财产权也可以共存。私人所有者可以通过船舶及其货物主张财产权。② 虽然有些船只非常古老,但仍有可能通过历史资料确定属于该船舶货物的某些物体的合法所有者(或更准确地说,是合法继承人所有者)。显然,在被发现的沉船非常古老的情况下,确定对这些物品财产权的可能性会降低。然而,一些历史悠久的家族可以提供物品是其祖先所有物的证据。在这些情况下,私人权利会得到国际和国内法的承认。一些国家法院已经达成了这一结论。例如,在发现泰坦尼克号的案件中,美国第四巡回上诉法院确认,已经在沉船中被收回的私人财产,即使没有人认领,也不能被视为废弃。③ 在这种情况下,私人可以在自认为对物品本身拥有管辖权的国家法院对这些物品主张其财产权。相比之下,在梅赛德斯夫人号一案中,坦帕地方法院和第十一巡回上诉法院都驳回了私人声称其为该物品的合法所有者直接继承人的主张。④ 事实上,美国法院的整个决定都是基于船舶及其货物不可分割地联系在一起的论点。因此,由于梅赛德斯夫人号被宣布为西班牙公共船只,美国法院确认其货物也必须被视为西班牙的财产。

三、沿海国的权利和义务

文物可能位于海床的不同区域,众所周知,在海洋法,特别是《联合国海洋法公约》下,这些区域具有不同的地位。对于我们来说,沿海国家的利益可能与控制在其领海、毗连区、大陆架或专属经济区(EEZ)内的海上文物搜寻活动的管制方面是相关的。此外,沿海国家也可能主张监督这些活动的

---

① 在这方面,2004 年意大利法典使用"estraneo al reato"一词来认定有权质疑国家行为的私人,例如对扣押一件艺术品的行为进行质疑。在佩萨罗的法官看来,这一措辞的含义必须以狭隘的方式解释,因为相对于保护国家文化财产的一般义务而言,保护私人权利是一个例外。出于同样的原因,由声称对文物拥有产权的私人证明"其与影响文物的犯罪之间没有联系"。Order of 3 May 2012, see earlier, at p. 25 and p. 39.

② Forrest, 'An International Perspective on Sunken State Vessels as Underwater Cultural Heritage', in *Ocean Dev. & Int' l L.* (2003) 41-57, at p. 42.

③ R. M. S. Titanic, Inc. v RMS Titanic, in rem, US Court of Appeals, No 04-1933, 31 January 2006, at 16, < http://pacer. ca4. uscourts. gov/opinion. pdf/041933. P. pdf > (最后访问于 2013 年 2 月 4 日)。

④ 冈萨洛·德·阿利亚加(Gonzalo de Aliaga)及其他人提出的主张,见 < http://docs. justia. com/cases/federal/ district-courts/florida/flmdce/8;2007cv00614/197978/136 > 和 < http://docs. justia. com/cases/fed-ral/district-courts/florida/flmdce/ 8;2007cv00614 / 197978/169 > (最后访问于 2010 年 8 月 21 日)。

权利,以保护在其管辖范围或控制范围内的水下文化遗产。

沿海国家享有对其领海和大陆架自然资源的主权。相比之下,这些国家在其毗邻区域和专属经济区内只具有不同性质的专属控制权。同样,救助法以及《1989 年国际救助公约》承认沿海国家有权就救助行动发出指示。① 根据救助法,沿海国根据公认的国际法原则行使这项权利,即批准各国行使在不同海域拥有不同权力的海洋法准则。

《保护水下文化遗产公约》还规定沿海国有权管理其领海、②毗连区,③和专属经济区④中与水下文化遗产有关的活动。

此外,《联合国海洋法公约》还包括与水下文化遗产有关的一些一般义务。第 303 条规定了保护"在海上发现的考古和历史性文品"的义务。为此目的,沿海国家可以在其海域应用国家主权的一般规则。例如,第 303 条第 2 段承认沿海国有权控制和防止将这些物体从其领海上移走。这一规范似乎包含一项习惯性原则,因为几乎所有国家立法都承认这一原则。此外,第 2 段还指出,"为了控制(考古)物体的贩运,根据海洋法公约第 33 条的规定,在其毗邻区行使政策权力,沿海国可以推定,未经其批准在(本)区域内的海床上的物品移除将导致其境内或领海内(其国内)法律法规的侵权行为"。

在 2010 年和 2012 年的利希波青铜像案裁决中,佩萨罗的法官们进一步承认沿海国意大利的权利。事实上,这些法官承认意大利享有归还雕像的权利,原因是意大利公民在意大利海岸附近的水域发现了这一文物。⑤ 因此,法官批准了对该雕像的没收。⑥ 盖蒂博物馆对 2010 年扣押的命令提出质疑,最高法院并未将沿海国家的权利视为获取海上文物的唯一法律依据。虽然法院没有废除扣押的命令,但它申明,佩萨罗法庭没有以充分的方式来审查当事方(特别是盖蒂博物馆)有关获得利希波青铜像案的论据,以承认意大利对该文化物体的专有权。出于这个原因,卡萨松法院将案发回案情

---

① Salvage Convention art. p. 9.

② UHC art. 7. 对于《保护水下文化遗产公约》似乎采用与 UNCLOS 相同的观点,见 N. Ferri, 'The Protection of the Underwater Cultural Heritage According to the United Nations General Assembly', in *Int' l J. Marine & Coastal L.* (2008)137-49, at p. 142.

③ 《保护水下文化遗产公约》第 8 条明确提到了《联合国海洋法公约》第 303 条第(2)款,其中规定了保护从毗连区移走的考古物品的特定制度。

④ UHC art. p. 10.

⑤ 意大利法官没有提及发现雕像的特定海洋区域,因为一直不清楚该区域是否属于意大利领海的一部分。

⑥ Order of 12 June 2009, see p. 127.

法官进一步审查。① 然而,初步调查法官在 2012 年 5 月确认了扣押令。

总之,根据国际法,沿海国对海上文物的管辖权可能会因发现这些文物的海洋区域不同而有所不同。

四、人类的利益

在与文物有关的利益中,值得一提的是保护文化遗产的普遍利益。特别是,2001 年《保护水下文化遗产公约》有助于承认海上文物作为人类遗产的一部分的特殊地位。《保护水下文化遗产公约》的条款主要是为了人类的利益保护文化遗产及其非凡的内在价值。根据该公约,水下文化遗产不应被视为商品,而应视为必须通过国际制度管理的共同物品。《保护水下文化遗产公约》摒弃了基于国家主权和私有财产权的传统方法,它并不是处理文化财产保护的唯一文件。例如,1972 年联合国教科文组织《保护世界文化和自然遗产公约》(以下简称 1972 年《联合国教科文组织公约》)规定了保护世界遗产的国际制度,并认识到整个国际社会有责任合作并协助各国遵守该公约的义务。②

同样,《联合国海洋法公约》第 149 条涉及保护"该区域"中发现的考古和历史物品,即国际深海海底,公约规定其为人类共同遗产的一部分,该条规定保护这些物品以造福人类。

此外,海事法,或者更确切地说,救助法似乎也承认了海上文物的特殊地位,尽管只是一种边缘化的方式。救助法主要是为了处理遇险船舶(或沉船)的船旗国与实际实施救助作业的救助人之间的双边关系。③ 救助者有权因其干预获得船旗国的奖励。这一一般原则适用于除战舰以外的所有船舶。然而,《1989 年国际救助公约》允许缔约国对限制其范围作出保

① Order of 12 June 2009, see p. 129.

② 1972 年《联合国教科文组织公约》序言第 7 段规定,"考虑到部分文化或自然遗产具有突出的意义,因此需要作为整个人类世界遗产的一部分予以保留……"。1972 年《联合国教科文组织公约》确立了保护世界遗产的义务,这是一项具有习惯和条约性质的普遍义务,参见 F. Francioni and F. Lenzerini, 'The Obligation to Prevent and Avoid Destruction of Cultural Heritage: From Bamiyan to Iraq', in B. T. Hoffman(ed,), *Art & Cultural Heritage*(Cambridge: Cambridge University Press, 2006)28-40, at pp. 34-35.

③ 虽然救助法最初的目的是处理船只对处于危险中的援助活动,但目前它还管理所有以某种方式影响沉船事故的活动,包括发掘活动。关于一艘船在沉没后由于海洋因素的消极作用而处于危险之中的观点,请参阅美国第五巡回上诉法院关于阿托查(Atocha)船舶案件的裁决。569 F 2d. 330, 337(1978), quoted in O'Keefe, 'International Waters', in S. Dromgoole(ed.), *Legal Protection of the Underwater Cultural Heritage*(The Hague: Kluwer Law International, 1999)223-235, at p. 227.

留,特别是为了对水下文物的保存作出具体的规定。特别是,该公约第 30 条第(1)款第(d)项规定,"当涉及的财产是具有史前、考古或历史意义的海洋文化财产且位于海床上时,任何国家均可……保留不适用本公约规定的权利……"。

因此,关于文化遗产和海洋法的国际规范至少承认了海上文物由于其特殊价值而应该得到特殊的监管方式。

第三节　国内法院的论点:批判性分析

虽然国际法和国内法规定了若干法律依据,在此基础上公共和私人对在海上文物的主张可以得到承认,但必须注意到,国内法院迄今只提到了其中一些法律问题作为参考。

如前所述,最常见的使与海上文化物品有关的主张合法化的理由是"起源国"状态。

就历史沉船事故而言,国内法院迄今已承认,这一地位只能给予船旗国。事实上,在 Juno 案和 La Galga 案中,①美国法院并不承认这些船只的部分货物原本可能属于船旗国以外的国家。这些案件涉及在美国领海发现的两个西班牙沉没船只,分别是朱诺号(Juno)和拉加尔加号(La Galga)。在 Juno 案判决中,美国试图主张这些船只的主权权利,因为沉船在其"领土"上被发现。然而,弗吉尼亚州地方法院表明,船旗国对沉船保持主权,只要该国家表示有意保留它们。在与拉加尔加号沉船有关的争议中,第四巡回法院澄清,该船及其货物均属于船旗国,除非其明确放弃其主权权利。此外,在梅赛德斯夫人号案中,坦帕地方法院的语言在这个问题上更为精确。法院表示,由于船舶及其货物"密不可分地交织在一起",因此船舶与其货物的分离是不可接受的。

同样,在 2010 年和 2012 年的利希波青铜像案裁决中,意大利法官完全无视这样一个事实,即所讨论的文化对象是希腊文化的产物,因此,希腊可能对其主张起源国的权利。相比之下,由于发现该物品的人的国籍,意大利法官将"起源国"地位赋予意大利。

———————————

① Case Virginia v Spain 00-629 and Case Sea Hunt Inc. v Spain 00-652, respectively.

　　根据这项国内判例法,国家主权权利似乎优先于其他利益。这一结论也得到了美国法院论点的加强,美国法院承认外国政府船只享有豁免权,即使这些船只是历史性的沉船,例如梅赛德斯夫人号。如前所述,坦帕地区法院关于此案的裁决似乎与国际法或国内法都不一致,国际法和国内法都根据其现有职能承认船只作为军舰的性质。与任何古老的沉船一样,梅赛德斯夫人号不再代表现在的西班牙王国行使任何公共职能。此外,虽然各国可以在某些情况下援引其沉没战舰的豁免权,例如,船只包含对国家安全至关重要信息的情况,但梅赛德斯夫人号案似乎没有涉及这些特殊情况。事实上,在这艘已有 200 多年历史的船上可以找到的任何信息都不会危及现任西班牙政府的安全。

　　由于这些无法令人信服的结论,坦帕法院对梅赛德斯夫人号案的裁决被奥德赛和其他索赔人向第十一区上诉法院提出上诉。案件也引起了美国主要政治机构的注意。虽然美国司法部在上诉法院支持西班牙关于船旗国豁免权的论点,但美国国会的一些议员提交了一份《法庭之友》简报,[①]质疑坦帕地方法院提出的豁免概念。根据国会的简报,国家船只的绝对豁免权不符合国内法和国际法承认的豁免概念。只有在外国船只开展的政府活动中才能保证豁免。相比之下,当外国政府船舶在美国领海进行商业活动时,这些船舶应受美国管辖。

　　上诉法院确认坦帕法院的结论提供了更具体的推理。第一,上诉法院承认,只有在没有与船舶有关的法律问题涉及属地管辖权时,才能排除管辖权。[②] 至于梅赛德斯夫人号案,美国领土与该船之间似乎没有任何联系,因为它是在国际水域被挖掘出来的。第二,法院支持地方法官的意见,根据该意见,在豁免权存在争议时,不能将船只及其货物分开考虑。第十一巡回法院的裁决是基于美国立法,该立法传统上承认船舶及其货物的相同地位以及礼让原则。关于这一原则,上诉法院确认,尽管美国对属于梅赛德斯夫人

---

　　① 美国司法部的《法庭之友》简报已于 2010 年 8 月提交给第十一巡回上诉法院。一些国会议员要求国务卿在 2011 年 1 月 20 日的一封信中撤回政府简报。这项要求的依据是,维基解密(WikiLeaks)透露了一些文件,美国政府似乎以这些文件支持西班牙的主张,以换取西班牙协助取回属于某些美国公民但藏在西班牙博物馆的画作。国务院在 2011 年 3 月 16 日的答复中排除了这两个争端之间的任何联系以及美国和西班牙之间的交换承诺。

　　② US Court of Appeals, Eleventh District, Odyssey Marine Exploration, Inc. v Kingdom of Spain, Docket n. 10-10269, 21 September 2011, at p. 32, < http://www. call. uscourts. gov/opinions/ops/201010269. pdf > (last accessed 4 February 2013).

号货物的某些物品行使管辖权是可以接受的,但行使管辖权可能会对西班牙造成伤害。[1] 因此,美国与之建立友好关系的外国合作的必要性迫使上诉法院承认涉及梅赛德斯夫人号任何主张的豁免权。

到目前为止,很少有国内法院对承认沉没的历史文物的国家豁免权采用不同的方法。例如,第十一巡回上诉法院在 Aqua Log 案中非常清楚地否认了豁免权。这起案件涉及一家私人公司(Aqua Log)挖掘位于乔治亚州河流的淹没的古物。乔治亚在承认水下文化物品享有国家财产豁免权的基础上,否认了任何法院的管辖权。但是,上诉法院裁定,当该国实际拥有被打捞的物品时,主权国家只能在海事案件中向法院主张豁免权。[2] 如果与占有要求有关的这种推理通常适用于历史沉船,则在所有非船旗国发现并拥有海难的情况下,豁免权都将被拒绝。这一论点也得到了历史性沉船救助政策委员会在梅赛德斯夫人号案件中提交给第十一巡回上诉法院的《法庭之友》简报中的认可。[3] 法院拒绝了这一论点,只能根据美国《外国主权豁免法》肯定了西班牙享有和任何国家一样的豁免权,该法案不要求任何占有请求来援引豁免权。[4]

然而,梅赛德斯夫人号案中最令人惊讶的一点是,没有任何一方将国家主权与沉船文化起源的概念联系起来。相比之下,这一特定概念可以为支持西班牙权利优先权的人提供有效论据。事实上,这些政党本可以主张文化对象的起源国的专有权,而不提及国家豁免的棘手概念。另一方面,"文化"论点可能有助于申请人和其他干预方拒绝沉没国家船只的豁免权,因为任何历史文物都不履行政府职能。同样,坦帕地方法院和第十一巡回上诉法院均未提及用梅赛德斯夫人号的历史和文化价值来解决此案。特别是,在处理美国《外国主权豁免法》与国际法相互作用的问题时,上诉法院明显无视"文化"论点。事实上,虽然《外国主权豁免法》第 1609 条规定,主权财产羁押的豁免权"受制于颁布时美国已加入的现有国际协定",但上诉法院

①　Odyssey Marine Exploration, Inc. v Kingdom of Spain, Docket n. 10-10269, 21 September 2011, at pp. 43-44.

②　Aqua Log, Inc. v State of Georgia, 594 F. 3d 1330(11th Cir. 2010), < http://www. call. uscourts. gov/opinions/ops/200816225. pdf > (last accessed 4 February 2013).

③　海洋考古保护和深海勘探研究所于 2010 年 5 月提交的历史性沉船救助政策委员会《法庭之友》简报。

④　US Court of Appeals, Eleventh District, Odyssey Marine Exploration, Inc. v Kingdom of Spain, Docket n. 10-10269, 21 September 2011, at pp. 40-42, < http://www. ca11. uscourts. gov/opinions/ops/201010269. pdf > (最后访问于 2013 年 2 月 4 日)。

提到的唯一国际规范是 1958 年《日内瓦公海公约》中关于政府船只豁免权的第 9 条。实际上，奥德赛海洋勘探公司最初援引这一但书，是为了证明梅赛德斯夫人号是一艘从事商业活动的国家船只，因此不享有主权豁免权。此外，奥德赛海洋勘探公司强调指出，即使梅赛德斯夫人号被认为是一艘国家船，它也不再以西班牙的名义进行活动，因为它已经在几个世纪前沉没了。在这方面，上诉法院本可能支持这样的观点，即由于其历史性质和价值，不应将该船舶视为普通船舶。相比之下，法院确认梅赛德斯夫人号的政府性质既可以通过该船曾经进行的活动的特征来证明，也可以通过其为一艘军舰（这一点更为重要）来证明，根据国内法和国际法，总是享有豁免权。[①] 必须承认，至少可以说，上诉法院在这种情况下对国际法的使用是有限的。事实上，尽管美国不是 2001 年《保护水下文化遗产公约》的缔约国，美国法院没有义务将这一公约纳入来解读《外国主权豁免法》第 1609 条，将其作为"颁布时美国已加入的现有国际协定"之一。上诉法院绝对不关心历史沉船的文化价值，这一点似乎也并没有反映出《外国主权豁免法》本身的精神。特别是第 1609 条似乎劝告国内法法官要考虑到国际法，旨在保护主权以外的权利。鉴于对《外国主权豁免法》的这种解释，有人可能会争辩说，如果上诉法院承认梅赛德斯夫人号作为历史文物的文化价值，它也可能已经确定了一个主张其管辖权的法律依据。事实上，根据一般国际法，任何国家都有保护在深海海床中发现的文物的权利和义务。

　　相反，在坦帕地方法院和上诉法院看来，当历史沉船遇到争议时，海洋法是确定国家管辖权的唯一相关国际法律框架。实际上，第十一巡回上诉法院已经在对梅赛德斯夫人号案件附属纠纷的裁决中表明了这种做法。[②] 该争议涉及英国沉船研究员布雷（Bray）先生的主张，他曾向奥德赛提供了专业支持，帮助奥德赛搜寻西班牙古代船只皇家商人号（Merchant Royal）沉船以换取因发现这艘沉船而获得的某些收益。几年后，奥德赛宣布其打算

---

① Odyssey Marine Exploration, Inc. v Kingdom of Spain, Docket n. 10-10269, 21 September 2011, at pp. 33-38.

② US Court of Appeals, Eleventh District, Odyssey Marine Exploration, Inc. (Keith Bray, Intervenor Plaintiff) v Spain, Docket n. 10-14396, 31 March 2011. For a first comment to this decision, see Pacenti, 'Federal Appeals Court Ruling Allows English Researcher Claim to Sunken Treasure', 27 April 2011, 见 < http://www. law. com/jsp/law/article. jsp? id = 1202491736730&Federal_Appeals_Court_Ruling_Allows_English_Researcher_Claim_to_Sunken_Treasure > （最后访问于 2013 年 2 月 4 日）。

停止搜索,布雷先生也收到了其研究档案的现金付款。然而,在布雷先生的观点中,奥德赛还在继续寻找皇家商人号沉船,并通过他的研究文件发现了梅赛德斯夫人号。这样,他介入了奥德赛和西班牙之间的争端,目的是获得该发现的部分收益。虽然坦帕地区法院因缺乏具有诉讼标的管辖权驳回了布雷先生提出的干预申诉,但第十一地区上诉法院撤销了这一决定,承认了联邦海军部对此具体主张的管辖权。事实上,法院认为这一争议主要涉及海事法。

美国最高法院也采用了这种方法。奥德赛要求对梅赛德斯夫人号案中第十一巡回上诉法院的裁决进行联席审理。最高法院驳回了该请求,否认奥德赛的任何权利,并承认西班牙对这艘沉船的专属管辖权。①

总而言之,国内法院经常将"起源国"的地位作为确定历史沉船的合法所有者的优先依据,因为这一法律标准是基于传统的国家主权原则。然而,这些法院没有注意到,其他主权国家也对这些作为其传统表现形式的文化物体享有权利,例如历史沉船的文化起源国。在国内法院看来,国家的"文化权利"显然应该被牺牲,以维护那些基于国籍和领土原则的主权。

如前所述,私人也可以合法地主张对海上文物的权利。但是,本章分析的国内判例法对私权的关注很少。在上述泰坦尼克号案中,第四巡回上诉法院承认与该沉船货物有关文物原始所有人的继承人的权利,迄今为止,除该案外,没有一项私人主张取得成功。国内法院的这种做法可能会阻止私人用自己的钱来投资购买和保存来自其他国家的文物。

简而言之,当各国对水下文化遗产的物品表现出兴趣时,除非在各国提出其要求之前,私人主张已经得到承认,否则显然会将私人主张搁置。

此外,沿海国家可能主张海上文化遗产的权利。但是,美国法院始终支持这样一种观点,即文物的起源国(特别是沉船时)的利益无可争辩地优先于沿海国的权利。这种观点的唯一例外是在 Juno 案中,美国试图对在其领海发现的历史文物主张主权,但未获成功。

关于承认沿海国家的权利,意大利法官似乎比美国法官更加大胆。

---

① Supreme Court of the United States, Odyssey Marine Exploration, Inc., Applicant v Kingdom of Spain, et al., Decision No. 11A745, 9 February 2012, < http://www. supremecourt. gov/Search. aspx? FileName = /docketfiles/11a745. htm >(最后访问于 2013 年 2 月 4 日)。有关此决定的评论,请参阅 Pancracio, 'Cas de la Nuestra Senora de las Mercedes-épisode 3', in Droit de la mer et des littoraux(26 février 2012), < http://blogs. univ-poitiers. fr/jp-pancracio/2012/02/26/cas-dela-nuestra-senora-de-las-mercedes-episode-3/ >(最后访问于 2013 年 2 月 4 日)。

特别是在 2009 年有关利希波青铜像案的裁决中,佩萨罗初步调查的法官承认,意大利作为相关的沿海国,对雕像享有专有权,尽管对于雕像是否在意大利领海发现这一点也存在争议。如前所述,基于发现雕像的人的国籍以及发现者将雕像从海上转移到意大利领土这一事实,该法官承认了意大利的主权。不足为奇的是,最高法院认为该论点不足以令人信服,并要求调查法官审查其他人是否对该雕像有更具体的权利。然而,在 2012 年的命令中,初步调查法官重申了意大利对雕像的专有管辖权及相关司法程序。①

除非沿海国与海上文化物体的起源国重合,否则根据国际法,沿海国的作用十分有限。《联合国海洋法公约》②和 2001 年《保护水下文化遗产公约》③都承认沿海国控制水下文化遗产的保存,这些文化遗产恰好位于这些国家享有主权或专属权利的海域。有时,只有在没有其他主张者的情况下,沿海国才有权保留在其海域发现的文物,例如美国法院在 Juno 案和 La Galga 案中宣布自愿放弃这些文物的情况。

最后,令人遗憾的是,国内判例法在保护水下文化遗产方面从未提及整个人类的利益。如果考虑到以下情况,这一事实就不足为奇了。2001 年《保护水下文化遗产公约》这一最能充分确立这一利益的国际文书直到 2009 年 1 月才生效,迄今为止才得到少数国家的批准。④ 但是,必须回顾一下《联合国海洋法公约》第 149 条,其中也承认了水下文化遗产的人类利益。在与梅赛德斯夫人号案有关的主张中,秘鲁援引了该规范。实际上,秘鲁之所以提到第149 条,是因为它为数不多地明确提到了"起源国、文化起源国或历史和考古起源国"除人类利益以外权利的几项国际规范之一。但是,坦帕地区法院由于缺乏管辖权而驳回了秘鲁的要求,申明它没有任何义务适用《联合国海洋法公约》第 149 条,因为该规范没有确立为习惯国际法,而且美国尚未加入

---

① Order of 3 May 2012,see earlier in this chapter.

② 《联合国海洋法公约》第 303 条第(2)款申明:"为了控制……(在海上发现的具有考古和历史性质的)文物的贩运,沿海国可以……假定未经许可而将其从海床上移走……将导致其领土或领海内的(法律和法规)侵权。"

③ 2001 年《保护水下文化遗产公约》第 7 条第(1)款规定:"缔约国在行使其主权时,对规范和授权针对其内部水域、群岛水域和领海的水下文化遗产的活动享有专属权。"

④ 有关《保护水下文化遗产公约》批准和接受的当前状态,见 < http://portal. unesco. org/en/ev. php-URL_ID = 13520&URL_DO = DO_TOPIC&URL_SECTION = 201. html#ENTRY > (最后访问于 2012 年 8 月 22 日)。

该公约。① 秘鲁向上诉法院再次提出了上诉,但没有成功。②

实际上,为了人类的利益,管理深海底发现的历史遗物的义务是《联合国海洋法公约》制度对"区域"的一项具体规定。尽管该制度的规则和义务过于详尽,以至于不能被视为反映习惯国际法,但是,目前,人们至少可以认为,人们普遍接受"区域"不能自由地供各国占用的事实,而必须按照《联合国海洋法公约》第 136 条所规定的"人类共同遗产"原则,对其进行统一管理。简而言之,尽管该公约第 149 条不能视为习惯国际法的规范以普遍适用,但本条的优点是指出了所有涉及海上考古物品保存的公共和私人的各种权利和利益。

迄今为止,尽管包括法院在内的各国家机关都不愿承认人类对保护水下文化遗产的利益,但私人公民似乎渴望肯定这种利益。实际上,承认这一普遍利益,可以确保对水下文化遗产的保护是为了维护共同需求,例如,公众获取这些文化遗产的机会,而不是私人或公众在获取文物方面的私利。例如,有关英国与奥德赛勘探公司在 2002 年达成协议的案件,该案涉及对历史悠久的苏塞克斯号沉船(Sussex)的搜索和挖掘。③ 英国受到了科学非官方协会的严厉批评,该协会认为该协议未考虑到与文化遗产保护有关的现有国内和国际规定,而是主要出于商业目的对挖掘出的物体进行开采。尽管英国政府答复说,该协议旨在营救历史文物并将其用于教育展览,但很明显,英国并没有像科学协会所希望的那样从 2001 年《保护水下文化遗产公约》中汲取灵感来起草该协定。④ 特别是该协议并未表达任何对人类利益的

① 关于秘鲁的论点应在国内法院或国际法院中进一步讨论的观点,请参阅 Alderman, 'High Seas Shipwreck Pits Treasure Hunters Against a Sovereign Nation: The Black Swan Case', in *Am. Society Int'l L. & Cultural Heritage & Arts Rev.* (Legal Studies Research Paper Series, Paper No. 1135, Spring 2010)1-5, at p. 5.

② 上诉法院申明,承认作为西班牙军舰的梅赛德斯夫人号的豁免权使法院无法对实质性问题作出决定,例如该船货物的有效附属物。US Court of Appeals, Eleventh District, Odyssey Marine Exploration, Inc. v Kingdom of Spain, Docket n. 10-10269, 21 September 2011, at p.42-3, < http://www. call. us-courts. gov/opinions/ops/201010269. pdf > (最后访问于 2013 年 2 月 4 日)。

③ 英国对苏塞克斯(Sussex)的货物特别感兴趣,这些货物主要由金币和银币组成。Dromgoole, 'Murky Waters for Governmental Policy: The Case of a 17th Century British Warship and 10 Tonnes of Gold Coins', in Marine Policy(2004), pp.189-198.

④ 首先,没有注意到《保护水下文化遗产公约》对原位保护的偏好;其次,虽然《保护水下文化遗产公约》附件第 2 条完全禁止商业开采,但英国与奥德赛的合作协议明确规定英国政府本应该将部分挖掘出的物品交给奥德赛作为补偿。最后一点是,该协议无视英国以外的私人或公共人士的利益本应得到尊重的事实。

关注,而人类利益恰恰是《保护水下文化遗产公约》的主要目标。苏塞克斯号沉船在直布罗陀领海界限以外的海床中被发现,这一点甚至更为重要,因为《联合国海洋法公约》本身强调,除了国家主权以外,还必须保护人类共同利益。

诸如《保护水下文化遗产公约》、1972 年《联合国教科文组织公约》以及在一定程度上与"区域"管理有关部分的《联合国海洋法公约》等国际法律文书为国内法院提供了几项规定,这些规定强调有义务维护人类在保护文化遗产方面的利益。这一利益似乎是国际法最近承认的最重要的原则之一,因此不能为了保障私人或公共人员的自我需要而牺牲。

迄今为止,国内法院已经表明,在获取与水下文化遗产有关的物品时,国内法院有时可能会保留其国家的主权,以保护其他人(例如外国或私人)的合法利益。目前,起源国的权利似乎是无可争辩的,特别是历史沉船船旗国的权利。同样,即使有争议的文化物品实际上不是私人拥有的,但是这些合法私人索赔人的财产权利也已得到承认。从对国内判例法的这种(尽管是肤浅的)考察中得出的唯一缺漏似乎是对历史文物文化价值的绝对沉默,更悲观地说,是人类对保存这些作为人民历史和传统表达的文物利益的绝对沉默。

第四节　有待回答的问题

水下文化遗产保护的复杂性以及最近通过的有关该问题的具体国际文书,仍然留下了一些重要问题尚未解决。此外,国际法律制度中的这种不确定性使国内法院无法更有效地执行国际规定。

首先,这些未解决的问题之一涉及以下事实:国际法没有对水下文化遗产提供统一的定义,以更容易地识别海上文物的文化和历史价值。如前所述,虽然《保护水下文化遗产公约》认为历史沉船是文物,但根据国际海洋法,尤其是救助法,它们只被视为普通船只,正如梅赛德斯夫人号案、Juno 案和 La Galga 案所展示的那样。同样,除非是著名的杰作,否则国内法院可能会拒绝承认在海上发现物品的文化价值,就像 1970 年有关利希波青铜像案的最早判决结果。实际上,意大利最高法院认为,该雕像的文化价值尚不确定,因为无法确定其特征及其起源。《保护水下文化遗产公约》第 1 条第(1)

款定义才确定水下文化遗产概念。根据该条款,水下文化遗产包括"具有文化、历史或考古特征的人类存在的所有痕迹,这些痕迹至少部分或全部被淹没在水下间歇或持续至少 100 年"。尽管目前很少有国家受到《保护水下文化遗产公约》的约束,但该公约提供的定义可被国际和国内机构普遍采用,以解决与海上历史物品有关的纠纷。实际上,即使对于《保护水下文化遗产公约》的非缔约国,该定义的术语很笼统,因此可以接受。而且,这种定义似乎特别有效,因为它考虑到了影响公共和私人以及整个人类利益的文化对象。因此,如果《保护水下文化遗产公约》的水下文化遗产的定义得到普遍认可,那么国内法院有义务解决影响这些不同利益的争端,关注所有这些利益,而不是其中一部分,正如某些国家最近的司法裁决中的争端。

其次,迄今为止,国内判例法在承认海上文物的私人主张方面显示出一些不确定性,特别是在所涉私人不是这些文物的原始所有人的情况下。这一问题主要影响了文物原始所有者继承人的权利。在涉及历史沉船物品案件中尤其如此。实际上,迄今为止,国内法院已经承认,相对于其他公共或私人主张者的利益,沉船船旗国享有优先权。这种方法似乎是不公平的,因为它没有适当考虑到原始所有者继承人对其祖先获取一些有形记忆的愿望。为了避免损害私人利益,国内法院应考虑海上发现的物品对起源国的真正意义。例如,当沉船货物的物品没有任何艺术价值而只是该船上乘客的个人财产时,国家法院应承认物品合法所有者继承人的私权优先于这些物品起源国的主权。但是,当海上发现的物品仅是目前存在于一国文化传统记忆中的陈旧普通物品或独特的杰作时,那么与该物品其他权利主张相比,应承认起源国的公共利益至高无上。当然,公共利益的优先考虑不应完全放弃私人权利。例如,尽管私人可能被视为文化物品的合法所有者,但他们可能有义务通过永久性或周期性展览将这些物品向公众开放。区分私人利益和公共利益的困难表明,当文物存在争议时,主要基于国家主权原则的传统国际法方法是无效的。相比之下,1995 年《国际统一私法协会公约》等明确处理了涉及私有产权的案件的国际文书,似乎最适合解决私人和公共利益冲突的争端。不幸的是,该公约可能不适用于解决当前有争议的若干案件,例如利希波青铜像案,因为该公约的规定不溯及既往。① 当国际规范

---

① 有关 1970 年《联合国教科文组织公约》和 1995 年《国际统一私法协会公约》均不适用于利希波青铜像案的内容,见 Lanciotti, *The Dilemma of the Right to Ownership*, at p. 318.

和标准不适用时,国家法院可能会遇到影响不同国家法律冲突的问题。尤其是当公共利益存在争议时,国家法官显然更倾向于采用国内规范,而不是外国法律。① 然而,这可能会引起不同国家法院在类似问题上的裁决缺乏统一性的问题。因此,与文化遗产保护有关的国际法现有一般原则至少应起解释性作用,以协调不同国家法院关于这些特殊类型财产的判决。

再次,影响海上的文物(尤其是历史沉船)的另一个未解决的问题是,海上文物的发现者是否根据国际法和国内法享有某些权利。根据传统上由国内法院在这些案件中适用的海事法,只有在国籍国(或船旗国)明确宣布放弃这些物体本身的意图时,才产生发现者对这些物体的权利。这一论点当然是为了维护国家主权。但是,在大多数案件中,国内法院也剥夺了发现者获得报酬的权利,相比之下,救助法将其视为对救助人花费的救助费用的一种补偿形式。显然,国内法院之所以采取这种做法,是因为发现者通常是寻宝投机者,他们出于商业目的在海上进行沉船和文物的挖掘。② 寻宝公司出于有利可图的利益考虑当然与国家主权权利或作为人类传统表现形式的水下文化遗产保护目的不符。由于这个原因,在美国最高法院最近对梅赛德斯夫人号案作出判决之后,奥德赛立即被迫将沉船及其货物移交给西班牙。③ 然而,无法忽视的是,尽管许多国家意识到海底有其沉没的船只或文物存在,但由于挖掘活动费用高昂,它们故意避免营救。迄今为止,文化物品起源国仅在挖掘活动完成后才对其拥有主权。对归还其在海上发现的文物的这种迟来的利益,起源国似乎并不是出于善意;相反,这些国家试图在不支付极高挖掘成本的情况下获得这些文物。因此,为了给参与海上文物挖掘的所有公共和私人提供令人满意的解决方案,国内法院首先应要求寻宝者在挖掘活动的计划和执行过程中更加透明。另外,起源国既可以通过事先公开声明,表明其打算认领过去、现在和未来在海上发现的属于其文化遗产物品的意图,以表现出其善意并增强其法律地

---

① 例如,在一案例中,德国法官拒绝了意大利警察审查一德国公民的请求,由于德国和意大利刑法之间的差异,该德国公民被指控非法出口利希波青铜像。

② 在向上诉法院提交的有关梅赛德斯夫人号案《法庭之友》简报中,一些海洋协会对国内法院在这些案件中采用的方法表示关注,这是历史性沉船救助政策委员会、海洋考古保护和深海勘探研究所的《法庭之友》简报,请参阅第 137 页。

③ 梅赛德斯夫人号案的后续,参见 Pancracio,'Cas de la Nuestra Senora de las Mercedes-épisode 4',in *Droit de la mer et des littoraux*(28 février 2012),< http://blogs. univ-poitiers. fr/jp-pancracio/2012/02/28/cas-de-la-nuestra-senora-de-las-mercedes-episode-4/ >(最后访问于 2013 年 2 月 4 日)。

位。然而,寻宝投机者的活动无疑是善意的,国家法院应就与这些活动有关的支出确认某种形式的赔偿。即使这些提议的解决方案未受到任何习惯国际法规范的认可,也可以从 1995 年《国际统一私法协会公约》的条款和一般原则中推论得出,该公约试图维护以保护文物为目的的合法行事人和合法所有人的利益。①

最后,水下文化遗产的独特性和《保护水下文化遗产公约》建立的制度显然使国内法院保护海上文物方面的人类利益这一任务变得困难。迄今为止,各国法院都试图通过执行海洋法和海事法的准则来实现这一目标。尽管如此,由于这些准则内容过于笼统、方法过于简单,似乎不适用于具体问题。② 影响将这些规定适用于保护水下文化遗产中人类利益的最大困难在于,这些规定主要基于国家主权和双边关系的原则,例如,承认为保护属于国家的文物作出贡献的经营者的经济私人权利。相反,《保护水下文化遗产公约》提供了一种全球机制,为了防止任何形式的水下文化遗产被盗用,为了全体人类利益,优先考虑就地保护的形式。③ 这种保护要求国家和个人进行非常复杂和昂贵的活动,例如研究、管理计划以及对海上历史古迹的监视,为了避免自然因素的负面影响,④以及寻宝者对这些古迹掠夺的更危险的行为。

尽管《保护水下文化遗产公约》具有整体目的,但贫穷的政府仍无法轻易确保此类保护。因此,选择就地保护可能会导致水下文化遗产在海上不受干扰,但也毫无防备,尤其是沉船事故。在一定程度上,沉船挖掘比现场

① 参见 1995 年《国际统一私法协会公约》第 4 条、第 6 条。鉴于可以执行 1995 年《国际统一私法协会公约》的规定以平衡私人利益和公共利益,请参阅 Francioni, 'The Role of International Law in the Protection of Cultural Heritage', in G. Camarda-T. Scovazzi(eds) , *The Protection of the Underwater Cultural Heritage*(2002)6 , and UNIDROIT Secretariat, 'UNIDROIT Convention on Stolen or Illegally Exported Cultural Objects: Explanatory Report', in *Uniform L. Rev.* (2001)476-564 , at p. 504.

② 鉴于救助法不适用于处理有关水下文化遗产的问题,请参见 Scovazzi, 'The Application of Salvage Law and Other Rules of Admiralty to the Underwater Cultural Heritage: Some Relevant Cases', in R. Garabello-T. Scovazzi(eds) , *The Protection of the Underwater Cultural Heritage—Before and After the* 2001 *UNESCO Convention*(Leiden: Nijhoff, 2003) , at pp. 30-32.

③ 参见《保护水下文化遗产公约》附件第 25 条。

④ 德罗姆古尔(Dromgoole)在第 193 页中对此问题进行了强调,"政府政策的阴暗面⋯⋯"。《保护考古遗产的欧洲公约》的序言也表达了对由于自然因素导致的文化遗产恶化的关注,该公约于 1992 年 1 月 16 日修订,见 < http: //conventions. coe. int/Treaty/en/Treaties/Html/143. htm > (最后访问于 2013 年 2 月 4 日) ,于 1969 年 5 月 6 日在伦敦签订的《保护考古遗产的欧洲公约》的基础上进行修订完成, < http: //conventions. coe. int/Treaty/en/Treaties/Html/066. htm > (最后访问于 2013 年 2 月 4 日)。

保护可能以更直接的方式保证海上文物的保存。实际上,挖掘出的物体可能会经专业人士处理并永久保存。但是,正如已经确认的那样,挖掘活动通常是由私人投资者和经营者出于利益目的进行的,将被解救的物品归私人收藏,从而使公众无法接近。为了既维护人类接近水下文化遗产的利益,又维护为救助海上文化财产而投入金钱和工作的私人的权利,国内法院应强调国家与私人操作者之间的合作。例如,虽然绝对应该承认公众对水下文化遗产的接触,但对支持各国救助海上文物的私人投资者和经营者,可以给予一定的奖励。在《保护水下文化遗产公约》中规定,所有从事水下文化遗产管理的人员之间都应合作。① 尽管迄今为止,各国对该公约的参与有限,因此该公约不能被认为是普遍适用的,但国内法院仍可以使用《保护水下文化遗产公约》的规范和一般原则,作为执行国内法律和国际规定(例如海洋法和海事法)的解释性标准,以维护人类在水下文化遗产保护方面的利益。实际上,没有人可以否认这种利益在全球范围内的合法性和重要性。

简而言之,尽管国际法为保护水下文化遗产提供了新规定,例如 2001 年《保护水下文化遗产公约》,但国内法院对于协调各种国内或国际适用于专门文物争端的规范仍然至关重要。② 如果各国不在国内和国际法律制度中提供有效的手段来维护这些利益,那么承认一般利益就变得毫无意义。

---

① 《保护水下文化遗产公约》第 8 条规定:"应鼓励开展水下文化遗产活动的国际合作,以促进考古学家和其他相关专业人员的有效交流或使用。"

② 不同国家的政治、行政和司法机关之间的合作对于解决影响文物转让的问题是必要的,对于这一观点,请参阅 Lanciotti, *The Dilemma of the Right to Ownership*, at 325. 利希波青铜像案的合作解决方案还在通过 2006 年《意大利-美国刑事事项互助条约》(Italy-American Treaty on Interactive Coordination in Criminal Materials)进行尝试。条约还规定,任何一方都有义务执行与进口文物有关的扣押令,前提是扣押符合其国内法。

第八章

国内法院执法:文物追回中的刑法与没收

帕蒂·格斯滕布利斯(Patricia Gerstenblith)[①]

第一节　引言

　　涉及文物的非法行为包括从公共收藏和私人收藏文物中的传统盗窃行为、从遗址和文化群落掠夺考古和民族志文物的行为以及跨境走私行为(非法进出口)。人们普遍认识到,这种非法行为的发生大多是为了在国际艺术品市场出售文物。近年来,艺术品市场蓬勃发展。因此,尽管鉴别被盗艺术品的方法和执法力度在数量和复杂程度上都有所增加,但供应市场的金钱刺激也有所增加。尽管任何此类非法行为都应该受到谴责,但对社会造成最大损失的是掠夺考古遗址。当一个遗迹被洗劫,不仅文物本身丢失了,这个文物的背景环境也永远消失了。这意味着我们了解和重建过去的能力不可替代地受到了伤害,我们对自己的了解也减少了。[②]

　　西蒙·麦肯齐(Simon Mackenzie)总结了考古遗址掠夺、历史和文化记录的损失,以及对直接或间接为掠夺遗址提供动机的人施加有害后果的法律需要之间的关系。

　　我们可以把被掠夺的文物定义为那些从地下挖掘或从来源国非法拿走

---

　　①　美国德保大学法学院杰出研究教授,美国文化财产咨询委员会主席。

　　②　为了更详细地讨论考古遗址的受控勘探和保护原始背景环境的价值,参见 Gerstenblith, 'The Public Interest in the Restitution of Cultural Objects',16 *Conn. J. Int' l L.* (2001)197-246, at pp. 198-201, and Gerstenblith, 'Controlling the International Market in Antiquities:Reducing the Harm, Preserving the Past',8 *Chi. J. Int' l L.* (2007)169-95, at pp. 170-74(hereinafter Gerstenblith, 'Controlling the International Market in Antiquities').

的文物,它们是寺庙或其他古代建筑的组成部分或附属物品。这种掠夺在世界各地司空见惯。掠夺者在挖掘时,往往会破坏在他们看来价值低于金银珠宝的物品。也许,更严重的是他们对不同层级背景环境的破坏。这指的是古墓中人工制品的摆放位置,或发现它们的特定地层。对于训练有素的考古学家来说,这些有价值的信息可以大大增加我们对人类历史的了解。考古学致力于收集和出版这些知识。

掠夺文物的另一个不利影响是,当一个国家的文化资产流向海外市场时,这个国家文化资产会遭受损失。但是,从理论上说,如果追查到被掠夺和走私的物品并将其归还起源国,这种损失是可以补救的……文物全球移动的市场结构使我们看到,减少购买被掠夺文物的需求是减少掠夺本身的一个有效途径。

从贸易量上来说,英国是世界上最大的古董交易市场中心之一。从起源国掠夺来的文物经常被运到这里,由国际交易商和拍卖行卖给其他交易商、私人收藏家和博物馆。购买高端文物的另一个主要国际中心是纽约。①

由于法律的目的是制止危害社会的行为,因此为了减少对古董的需求,法律有必要对市场国家中被掠夺文物的商人和购买者施加负面影响。随着需求的减少,市场的供应也将减少,从而减少掠夺文物的经济动机,并有助于保护考古遗址。虽然掠夺遗址的人是初始行为人,并且其行为在这些遗址所在国一般都是犯罪行为,但是交易被掠夺文物的市场国家有责任阻止这些物品的最终市场。正如麦肯齐所指出的,伦敦和纽约是世界上最大的两个古董交易市场。因此本章将主要研究美国既有的法律结构,其次研究英国既有的法律结构,以阻止非法获得的考古文物的市场,并试图评估在该法律结构中,哪些因素可以最有效地减少掠夺行为。

第二节　非法移动文物行为的类型

有必要先考虑可能涉及考古文物的非法和其他不良行为的类型。在提及古物时,被掠夺的、无证的和非法的,这三个表述经常被交替使用。尽管这些表述可能重叠,但其意义并不相同。在审查文物追回可能涉及的不同

---

① Mackenzie, 'Dig a Bit Deeper: Law, Regulation and the Illicit Antiquities Market', 45 *Brit. J. Criminol.* (2005) 249-268, at pp. 251-252.

法律行为之前，首先需要明确这些术语的含义及使用。

被掠夺的文物是指以不科学的方法从地面获得的文物。古物是去背景化的，它所能告诉我们的关于过去的信息仅限于物品本身内部的信息，而非存在于与其完全相关的背景下可能得到的信息。掠夺也危害到了文物的物理完整性，因为抢劫的过程往往会破坏或损坏易碎的文物以及市场不需要的文物。

非法的古物是指其历史或处理方法涉及某种违法行为。如果将古物从其现代发现国移走，而违反了该国对古物拥有的所有权的法律，那么可以将其定性为被盗财产。① 如果违反进口限制而被进口，或者在入境时未作适当申报的非法古物，也是非法违禁品。

无证的古物是指其所有权历史（出处）及其获得方式的证据不足或仅有最近证据的古物。在博物馆和专业协会的自律守则中，这一表述也经常被更具体地运用，以表示在 1970 年之前存在于发现国之外没有记载的文物，或是 1970 年以后从发现国非法取得和出口的古物。②

文物通常属于上述三个类别，但文物也可以被掠夺但记录在案（如果该文物是通过不科学途径获取的，但其所有权的历史已经有足够长的时间）或被掠夺但合法（取决于古物发现国和古物当前所在国的法律）。③ 追溯至 1970 年的有文件记载的历史通常被用来表示合法性，尽管它不能保证合法性，或者，这段文件记载的历史通常被用来表明任何最初始的掠夺发生的时间

---

① See, eg, United States v Schultz, 333 F. 3d 393 (2d Cir. 2003); *Gov't of the Islamic Republic of Iran v The Barakat Galleries Ltd.*, [2007] E. W. C. A. Civ. 1374; [2007] 1 All E. R. 1177. 1995 年《国际统一私法协会公约》第 3 条第 2 款将非法挖掘或非法保留考古物品等同于盗窃。

② See, eg, Archaeological Institute of America Code of Ethics (adopted 29 December 1990, amended December 1997), available at < http://archaeological. org/news/advocacy/130 > (last accessed 4 February 2013); American Alliance of Museums' Standards Regarding Archaeological Material and Ancient Art, approved July 2008, available at < http://aam-us. org/museumresources/ethics/upload/Standards% 20Regarding% 20Archaeological% 20Material% 20and% 20Ancient% 20Art. pdf > (last accessed 4 February 2013); Association of Art Museum Directors' Report of the AAMD Task Force on the Acquisition of Archaeological Materials and Ancient Art (revised 2008), available at < http://aamd. org/newsroom/documents/2008ReportAndRelease. pdf > (last accessed 4 February 2013).

③ 例如，在一个国家被盗的古物可能转让给一个承认"善意购买者"原则的国家的善意购买者，根据这一原则，即使在所有权链中存在盗窃行为，该购买者也可以获得有效的所有权。See, eg, *Autocephalous Greek-Orthodox Church of Cyprus & the Republic of Cyprus v Goldberg & Feldman Fine Arts, Inc.*, 927 F. 2d 278 (7th Cir. 1990) (discussing but rejecting applicability of the Swiss good faith purchaser doctrine); *Bakalar v Vavra*, 619 F. 3d 136 (2d Cir. 2010) (same); *Greek Orthodox Patriarchate v Christies, Inc.*, 1999 U. S. Dist. LEXIS 13257 (S. D. N. Y. 1999) (barring claim of original owner of Archimedes palimpsest); *Winkworth v Christie, Manson & Woods Ltd.*, [1980] 1 Ch. 496, [1980] 1 All E. R. 1121.

已经很久了,因此对其进行收购不会为当代遗址掠夺提供进一步的经济刺激。

有两种基本的会使文物变得"非法"的违法行为:盗窃和走私。虽然其他类型的文物也可能受到这些同样广泛的非法行为的限制,但由于掠夺文物引起了特别的社会关注,因此在法律上和司法上都制定了适用于古物的特定法律学说。

一、盗窃

盗窃是指未经合法所有人允许而剥夺其财产所有权[①]的行为。在传统意义上,当一件属于私人收藏品或公共收藏品(如博物馆、图书馆、档案馆或宗教机构)的物品被盗时,就属于盗窃。但是,此类盗窃不构成本章的主要议题,因为已经有适用于包括文物在内的所有类型的个人动产的相关法律,而且没有特别的理由根据所涉财产的类型来区分这种盗窃行为。[②]

然而,该法律发展了专门的理论来处理盗窃考古物品的问题,这些文物被直接从遗址上洗劫一空,且在现代并没有落实实际拥有者。从 19 世纪中叶开始,许多拥有丰富考古资源和古迹的国家都颁布了国家所有权法,赋予这些文物在本国的所有权。这些法律通过禁止被盗文物的销售来降低其经济价值,其目的是防止最初的盗窃行为。这些法律的双重目的是预防古物不受限制地出口[③]以及保护埋藏文物的考古遗址。在整个 19 世纪和 20 世纪,随着可以通过控制和科学挖掘遗址来恢复文物的知识不断增加,国家所有权法在保护考古遗址的背景环境完整性方面的作用,超过了其在防止将古物从特定国家移走的作用。

当一个国家拥有一件古物的所有权时,未经允许而擅自移走古物的人就是小偷,古物是被盗的财产。这样既可以惩罚劫掠者,也可以从劫掠者或后来的购买者那里追回对古董的所有权。因此,归属法创造了所有权,即使这些文物被从发现国移走并在外国进行交易,其所有权也得到承认。国家

---

① 本章所称"财产"是指个人动产或实产。

② 有关追回从可辨认的藏品中失窃艺术品的许多诉讼都涉及以下问题:时效法规或公平辩护是否会阻碍原始所有者的主张。See, eg, *Vineberg v Bissonnette*,548 F. 3d 50(1st Cir. 2008);*Bakalar v Vavra*,819 F. Supp. 2d 298(S. D. N. Y. 2011),*aff' d*,2012 U. S. App. LEXIS 21042(2d Cir. 2012);*In re Peters*,821 N. Y. S. 2d 61(App. Div. 2006).

③ 早期法律禁止古物的转移和出口,但这些法律并没有以国家所有权法的形式出现。也许,保护古代遗迹完整性最早的尝试是教皇庇护二世(Pope Pius II)于 1462 年颁布的法令。See Alain Schnapp,*The Discovery of the Past*(Harry N. Abrams,Inc. :New York,1996)at pp. 339-340.

所有权法①通常是作为一个更大的法律制度的一部分颁布的，其目的是保护遗址、将被允许的挖掘限于具有某些资格的人，并为通过挖掘回收的文物提供处置。此类法律最早在希腊、②埃及③和土耳其④通过。

保护考古遗产的法律并不局限于通常被视为考古资源丰富的国家，例如地中海沿岸或中东地区的国家。在包括英国和美国在内的遵循普通财产法的国家，发现法管辖着埋藏物或遗失物的处置。⑤ 然而，美国在 1906 年颁

---

① 要更广泛地讨论适用于考古文物的国家所有权法律，见 Gerstenblith, 'Schultz and Barakat: Universal Recognition of National Ownership of Antiquities', 14 : 1 *Art Antiquity & L.* (2009), pp. 29-57.

② 1834 年，希腊颁布了其第一部考古遗产保护法律，但国家所有权在 1932 年有关鼓舞的法律中才得以体现。Brodie, 'Historical and Social Perspectives on the Regulation of the International Trade in Archaeological Objects: The Examples of Greece and India', 38 *Vand. J. Transnat'l L.* (2005), at p. 1057.

③ 从 1835 年开始，埃及颁布了一系列文化遗产保护的法律。Siehr, 'The Beautiful One Has Come—to Return: The Return of the Bust of Nefertiti from Berlin to Cairo', in John Henry Merryman (ed.), *Imperialism, Art and Restitution* (Cambridge: Cambridge University Press, 2006) 114-134, at 117 n. 14. 它最早的归属法似乎可以追溯到 1883 年。See Urice, 'The Beautiful One Has Come—to Stay', in Merryman (ed.), *Imperialism, Art and Restitution* (2006) 135-92, at pp. 141-142.

④ 1874 年，奥斯曼帝国通过了一项国家所有权法，给在其国家中新发现的文物赋予所有权，但同时也承认，这些权利应由政府、发现者和土地所有者共同享有。见 Osman, 'Occupiers' Title to Cultural Property: Nineteenth-Century Removal of Egyptian Artifacts', 37 *Colum. J. Transnat'l L.* (1999) 969-1002, at p. 990。1884 年的奥斯曼法律确立了对奥斯曼帝国出土的所有文物的国家所有权，并通过要求出土许可证来保护考古遗址。Kersel, 'The Trade in Palestinian Antiquities', 33 *Jerusalem Q.* (2008) 21-38, at p. 24. 至少从 1906 年颁布的一项法令开始，土耳其就已将其文物的所有权归属该国。*Republic of Turkey v OKS Partners*, 1994 U. S. Dist. LEXIS 17032, at ＊3 (D. Mass. 1994).

⑤ Izuel, 'Property Owners' Constructive Possession of Treasure Trove: Rethinking the Finders Keepers Rule', 38 *UCLA L. Rev.* (1991) 1659-702, at pp. 1670-1673；Gerstenblith, 'Identity and Cultural Property: The Status of Cultural Property in the United States', 75 *Boston U. L. Rev.* (1995) 559-688. 考古物品通常被描述为被埋藏的财产，因此属于土地所有者。见 Allred v Biegel, 240 Mo. App. 818 (Ct. App. 1949) (认为埋入土壤中的美洲土著独木舟属于土地所有者，而不是发现者)。然而，英格兰、威尔士和北爱尔兰认为宝藏属于王室，为了维护历史和考古文物的国家所有权，他们逐渐扩大了对宝藏的定义。1996 年《无主宝藏法案》改变了普通法对"无主宝藏"的定义，包括任何至少有 300 年历史、贵金属含量至少为 10% 的物品；至少有 300 年历史、其黄金或白银含量重量至少为 10% (如果有 10 枚或更多的硬币，则忽略金属含量)的硬币，以及在地理和时间上接近前两类物体的任何物体。见 Carleton, 'Protecting the National Heritage: Implications of the British Treasure Act 1996', 6 *Int'l J. Cultural Prop.* (1997) 343-52. 2003 年 1 月以后发现的史前贱金属组合也被认为是宝藏。见 'Summary of the Treasure Act', available at < http://finds. org. uk/treasure/advice/summary > (最后访问于 2013 年 2 月 4 日)。克罗斯比·加勒特(Crosby Garrett)头盔的发现再次揭示使用无主宝库保护文化遗产的空白点，该头盔状况极佳，由金属侦探于 2010 年发现。由于头盔主要由铜制成，因此该头盔没有资格作为财宝，并且土地所有者和发现者被视为所有者。该头盔在佳士得拍卖上以 360 万美元的价格拍卖。'Crosby Garrett Helmet Found in Britain Sells for ￡2. 3m', The Telegraph, 7 Oct. 2010, available at < http://www. telegraph. co. uk/news/8048670/Crosby-Garrett-Helmet-found-in-Britain-sells-for-2. 3m. html > (last accessed 4 February 2013).

布了一部有限的国家所有权法,即《古物法》。① 1979 年颁布的《考古资源保护法》(the Archaeological Resources Protection Act),除现有《美国原住民墓葬保护与归还法》②给出的例外,国家对在联邦和部落土地上发现的考古资源赋予了所有权,③并且要求任何想要挖掘或移动考古资源的人首先需要获得许可。《考古资源保护法》还禁止在州际和对外贸易中贩卖任何违反联邦、州或地方法律获取或持有的任何考古资源,无论这些资源是否在联邦土地上发现。④

从 United States 诉 McClain 案的联邦刑事诉讼开始,⑤美国一系列司法判决确立了违反国家归属法规而移走的考古物品,即使在被带到美国之后,仍被定性为被盗财产。这会引发各种法律诉讼,包括民事诉讼、没收和刑事诉讼等,具体取决于相关的实际情况。最近提起诉讼的案件是对纽约商人弗雷德里克·舒尔茨(Frederick Schultz)的起诉和定罪。他违反了《国家被盗财产法》,⑥合谋处理在埃及被掠夺的古物。⑦ 这一法律原则现在已被最常面临与古物相关市场问题的巡回法庭所接受,包括第二、第九、第五和第十一巡回法庭。⑧

随着 2007 年 Islamic Republic of Iran 诉 Barakat Galleries Ltd. 案的裁决,

---

① 16 U. S. C. § § 431-433.《古物法》授权总统将位于联邦政府拥有或控制的土地上包括印第安部落的土地、森林保护区和军事保护区在内的"历史地标、历史和史前建筑以及其他具有历史或科学价值的物品"作为国家古迹。该法还对任何历史或史前遗迹、纪念碑或古代物品的破坏、毁坏、挖掘、侵占或损害进行惩罚。该法案的后一部分在 *United States v Diaz* 案的 1974 年第 9 巡回法院中被宣布为违宪,因为"古物"一词被认为是含混不清的违宪言词,能以在很大程度上已被《考古资源保护法》所取代。

② 25 U. S. C. § 3002(将 1990 年后在联邦或部落土地上发现的人类遗骸和文化物品的所有权归属于直系后裔,若没有确定的直系后裔,则归属于印第安部落或夏威夷土著组织)。

③ 由于美国的联邦制度限制了联邦政府的权力,《古物法》和《考古资源保护法》一般只适用于联邦和部落的土地。16 U. S. C. § § 470aa-hh. 每个州都颁布了与国有土地有关的等同于《考古资源保护法》的法规,现在大约一半的州还管理在私人土地上发现的美洲原住民墓地。Gerstenblith, 'Protection of Cultural Heritage Found on Private Lands: The Paradigm of the Miami Circle and Regulatory Takings Doctrine after Lucas', 13 *St. Thomas L. Rev.* (2000) 65-111, at 101-103. 考古遗址和历史建筑也受到《国家历史保护法案》的保护,16 U. S. C. § § 470-470w.

④ 16 U. S. C. § 470 ee(c);see United States v Gerber,999 F. 2d 1112(7th Cir. 1993) (认定《考古资源保护法》适用于未经所有人许可从私人土地上移走并跨越州界线的考古资源)。

⑤ 545 F. 2d 988(5 th Cir. 1977);593 F. 2d 658(5th Cir. 1979).

⑥ 18 U. S. C. § 2315. ("任何人接收、拥有、隐藏、储存、易货、出售或处置……任何价值在 5000 美元或以上的……经被盗、非法转换或被拿走后越过州或美国边界的文物,并且明知其为被盗、非法皈依或被移走的物品……将处以本章规定的罚款或十年以下监禁,或两者并处。")

⑦ 333 F. 3d 393(2d Cir. 2003).

⑧ 几个地区法院还承认外国所有权法的效力,这些法律已成为解决外国国家主张的基础。

英国法院最近采纳了文物国家所有权原则。① 此案涉及伊朗为追回据称从伊朗西南部吉洛夫特地区掠夺的文物而采取的民事诉讼。该决定认定，伊朗法律赋予在该国范围内未发现文物的所有权，并以此为依据提起诉讼。这一决定将来也可能作为提起刑事起诉的基础。

2003 年底，英国颁布了新的刑事立法 2003 年《文物交易（犯罪）法案》，为处理"受污染的文物"创设了新的罪名。② 如果一个人"不诚实地交易一个受污染的文物，明知或相信该文物受到污染"，他或她就犯了这种罪行。③ 法规对"受污染的文物"进行了如下定义："（2）在本法案生效后，如果（a）在属于第（4）款的情况下移走或挖掘该物品，且（b）移走或挖掘构成犯罪，则文物受到污染。"④第 4 款提到从"具有历史、建筑或考古价值的建筑物"或挖掘工程中移走的各物品。就本法规而言，挖掘或移走是否发生在英国或其他国家，或所违反的法律是国内法还是外国法，都无关紧要。⑤

1995 年《国际统一私法协会公约》有效地采取了类似的做法。第 3 条第 2 款规定："……已被非法挖掘或合法挖掘但非法保留的文物，在符合挖掘地所在国法律的情况下，应视为被盗。"⑥但是，1995 年《国际统一私法协会公约》是国际私法（而非公法）的一部分，因此似乎主要是与建立归还此类物件的机制有关，而不是与刑事诉讼的依据有关。

二、走私

大多数国家的海关法都要求申报进口物品的起源国及其价值。在更加典型的进口商品的情况下，这些申报要求的主要目的是确定关税，⑦当货物

---

① *Gov' t of the Islamic Republic of Iran v The Barakat Galleries Ltd.* ，[2007] E. W. C. A. Civ. 1374；[2007] 1 All E. R. 1177.

② Dealing in Cultural Objects(Offences) Act 2003, ch. 27. 该法规是在英国批准 1970 年《联合国教科文组织公约》之后颁布的，没有被视为执行 1970 年《联合国教科文组织公约》的直接手段。

③ Dealing in Cultural Objects(Offences) Act 2003, ch. 27, § 1(1).

④ Dealing in Cultural Objects(Offences) Act 2003, ch. 27, § 2(2).

⑤ Dealing in Cultural Objects(Offences) Act 2003, ch. 27, § 2(3). 这些规定似乎是基于 1995 年《国际统一私法协会公约》第 3 条第 2 款，其中规定，非法挖掘或合法挖掘但非法保留的文物应被视为被盗。

⑥ 该公约的文本可见于网站：< http://www. unidroit. org/english/conventions/1995cultural property/main. htm > (last accessed 4 February 2013)。关于公约条款的分析，见 Lyndel V Prott, *Commentary On The Unidroit Convention* (Institute of Art and Law：Leicester, 1997)。

⑦ 参见 the Payne-Aldrich Tariff Act of 1909, ch. 6, 36 Stat. 11, 81-82，该法案免除了所有进口到美国超过 100 年历史的艺术品的关税。因此，古物一般是免税的。

可能受到其他形式的进口限制或只是为了保持进口过程的完整性时,这些要求也有助于管制货物进口。① 更具体地说,美国海关法规禁止进口"被盗、走私或秘密进口"的货物,前提是这些货物是"违法进口到美国的"。② 根据《国际紧急经济权力法》,可以实施更普遍的进口禁令。③ 一般海关条款根据情况规定了刑事起诉④或民事没收。⑤

《文化财产公约执行法案》⑥是美国实施 1970 年《联合国教科文组织公约》的立法,限制向美国进口某些类别的文物。⑦ 美国只执行了 1970 年《联合国教科文组织公约》的两节。其中一节规定禁止向美国进口任何列入公共宗教或世俗机构收藏清单的文物以及在起源国和美国批准 1970 年《联合国教科文组织公约》之后被盗的文物。⑧ 第二节是执行公约第 9 条,该规定允许美国总统应另一缔约国的请求实施进口限制,根据美国与请求国之间的紧急行动⑨或双边协议(或谅解备忘录)指定考古学和民族学材料⑩类

---

① United States v An Antique Platter of Gold,known as a Gold Phiale Mesomphalos c. 400 B. C. ,184 F. 3d 131(2d Cir. 1999). (为维护进口过程的完整性,确认没收价值和起源国被误报的古瓶子。)

② 19 U. S. C. § 1595a(c)(1)(A). 在被盗物品的案件中,《国家被盗财产法》可以作为"违反法律"条款的基础法律。自 2000 年颁布《民事资产没收改革法案》以来,被盗财产也可根据《国家被盗财产法》以及《美国法典》第 18 编第 981 节第(a)条第(1)款第(c)项直接没收。《美国法典》第 18 编第 554 节和第 19 编第 1595 节第 a 条第(d)款现在都禁止违反法律出口货物的行为。

③ 50 U. S. C. § § 1701-1707. 例如,1990 年 8 月对伊拉克实施的最初贸易制裁是根据这一法规颁布的。

④ 18 U. S. C. § § 542,545.

⑤ 19 U. S. C. § 1595a(c)(1)(A).

⑥ 19 U. S. C. § § 2601-2613.

⑦ 823 U. N. T. S. 231(14 Nov. 1970).

⑧ 19 U. S. C. § 2607(实施公约第 7(b)条). 虽然参议院在 1972 年一致同意批准,但是美国的批准日期是 1983 年。《文化财产公约执行法案》还采用了《美国法典》第 19 编第 2601(6)条。

⑨ 19 U. S. C. § 2603.

⑩ 19 U. S. C. § 2601(2). "缔约国的考古学或民族学材料"这一表述是指:

(A)任何具有考古学价值的文物;

(B)任何具有民族学价值的文物;或

(C)(A)项或(B)项所指任何物体的任何碎片或部分;首次在缔约国境内发现并受缔约国出口管制。就本款而言——

(Ⅰ)任何物体不得视为具有考古学价值的物体,除非该物体——

(ⅰ)具有文化意义;

(ⅱ)至少有 250 年历史;以及

(ⅲ)通常是由于科学挖掘、秘密或意外挖掘或在陆地或水下勘探而发现的;以及

(Ⅱ)任何物体不得被视为具有民族学价值的物体,除非该物体——

(ⅰ)部落或非工业社会的产物,以及

(ⅱ)对一个民族的文化遗产具有重要意义,因为它具有鲜明的特点、比较稀有,或者对了解该民族的起源、发展或历史作出了贡献。

别①。在紧急情况下实施的进口限制最多可持续八年（初期为五年，续期为三年）；②根据谅解备忘录实施的进口限制最长可持续五年，但可以无限次延长限期。③ 根据《文化财产公约执行法案》，唯一可行的补救办法是民事没收。④

尽管 2003 年《文物交易（犯罪）法案》不是作为限制向英国进口文物的手段颁布的，但它现在已被用作在入境时羁押"受污染文物"的手段。受污染文物交易的罪行包括进口或出口此类文物，在这种情况下，英国海关与消费税局被授权调查潜在的犯罪行为，并在调查过程中没收此类物品。⑤ 1979年《海关和货物管理法》第 49 条第（1）款第（b）项允许没收违反法规的进口货物。如果被没收，货物将被退回起源国。自 2005 年以来，来自阿富汗、伊朗、希腊、印度和其他国家的考古物品被查封。⑥

从成员国领土上⑦非法移走文物归还的《理事会指令》和《文化产品出口条例》规定了关于在欧洲范围内非法转移文物的主要机制。⑧ 虽然货物在欧盟内自由流动是《建立欧洲共同体条约》的目标之一，但《欧洲联盟运行条约》第 36 条允许"禁止或限制以……保护具有艺术、历史或考古价值的国

---

① 19 U.S.C. § 2602.

② 19 U.S.C. § 2603(c)(3).

③ 19 U.S.C. § 2602(e).

④ 19 U.S.C. § 2609. 如果受进口限制的考古学或民族学物品附有出口许可证（见第 2606 条第（a）款），或者，如果能够提供令人满意的证据，证明该物品在入境之日前 10 年或进口限制生效之日或之前离开了起源国（见第 2606 条第（b）款），则该物品可进口至美国。

⑤ 与该法案一起发布的解释性说明和指导说明指出，该法案第 4 节赋予英国海关与消费税局"在涉及进口或出口受污染文物的犯罪行为时的必要执法权。其中包括 1984 年《警察与刑事证据法案》规定的搜查和扣押权"。文化部门、媒体与体育文化财产单位，受污染文物交易——2003 年《文物交易（犯罪）法案》的指引，参见 < http://www.culture.gov.uk/images/publications/Dealincultural.pdf > （最后访问日期 2013 年 2 月 4 日）。政府在 2004 年 2 月发表的一份报告中回应特别调查委员会的咨询时指出：根据《警察和刑事证据法》，2003 年新的《文物交易（犯罪）法案》已经赋予了英国海关与消费税局对进口时疑似受到污染的文物进行扣押的新权力。根据 1979 年《海关和消费税管理法案》规定，英国海关与消费税局也可以对触犯海关法例的任何进口文物行使扣押权。

⑥ Sophie Vigneron, 'Trafic illicite et restitution des biens culturels, Royaume Uni', in M. Cornu and J. Fromageau (eds), Protection de la propriétéculturelle et circulation des biens culturels. Étude de droit comparé Europe/Asie (2008) 259-322, at 292-3, 295, available at < http://www.gip-recherche-justice.fr/IMG/pdf/173-RF-Cornu_Protection_propriete_culturelle.pdf > (last accessed 4 February 2013).

⑦ Council Directive No. 93/7 of March 15, 1993, OJ L 74 of 27 March 1993.

⑧ Council Regulation (EEC) No. 3911/92 of December 9, 1992. 该法规及其几处修改，已写入 2008 年 12 月 18 日有关文物出口的理事会条例。

宝……为理由的进口、出口或过境货物"。① 该条例在欧盟的外部边界建立
了统一的出口管制,以防止文化产品通过另一个成员国出口欧盟,而这些文
物是从作为起源国的欧盟成员国非法出口的。② 该指令提供了一个成员国
可以从另一个成员国追回从其领土上非法转移的文物的方法。③ 此指令和
条例利用附件列出受该指示和条例规制的文物;不论其货币价值,考古物
品、被分割的纪念碑、古籍、手稿和档案都包括在内。该指令和条例都没有
为刑事起诉提供依据,而只是集中于防止文物的出口和归还。④

第三节   法律诉讼

一、民事追回诉讼

当一件文物从其真正的所有者那里被盗时,所有者可以通过诉讼、中止
或转换等行为,以求从当前的所有人那里收回该文物。无论是传统意义上
被盗的物品,还是属于国家所有的考古物品,这一原则均适用。⑤ 与欧洲民

---

① Centre d'Etudes sur la Coopération Juridique Internationale-Centre National de Recherches Scientifiques(CECOJI-CNRA),Report,Study on preventing and fighting illicit trafficking in cultural goods in the European Union 40-43(2011).

② Centre d'Etudes sur la Coopération Juridique Internationale-Centre National de Recherches Scientifiques(CECOJI-CNRA),Report,Study on preventing and fighting illicit trafficking in cultural goods in the European Union at pp.43-44.

③ Centre d'Etudes sur la Coopération Juridique Internationale-Centre National de Recherches Scientifiques(CECOJI-CNRA),Report,Study on preventing and fighting illicit trafficking in cultural goods in the European Union,p.44.

④ 对盗窃、买卖被盗财产和违反海关规定的行为规定刑事制裁的一般国内法可适用于欧盟成员国境内的文物。此外,欧盟法律文书为成员国在刑事事项上提供援助和合作,参见 Centre d'Etudes sur la Coopération Juridique Internationale-Centre National de Recherches Scientifiques(CECOJI-CNRA),Report,Study on preventing and fighting illicit trafficking in cultural goods in the European Union,pp.48-55.

⑤ 一国根据其归属所有权法提起的此类私人诉讼的案例,见 Republic of Turkey v OKS Partners,1994 U.S. Dist. LEXIS 17032(D. Mass.1994)(关于回收1750枚稀有古钱币窖藏的诉讼);Republic of Turkey v Metro. Museum,762 F. Supp.44(S.D.N.Y.1990)(关于回收一组被称为"利比亚宝藏"的360件古物的诉讼)。这两起案件都得到了解决,几乎所有物品都在初步诉讼后返回土耳其。有关利比亚宝藏的归还,参见 Kaye and Main,'The Saga of the Lydian Hoard:from Usak to New York and Back Again',in K. W. Tubb(ed.),*Antiquities:Trade or Betrayed—Legal, Ethical and Conservation Issues*(Archetype Publisher:London,1995).

法善意购买人原则不同的是,在一般普通法的财产原则下,窃贼不能转移对被盗财产的所有权,甚至随后的善意购买人也不能获得被盗财产的所有权。① 原所有者要求追回被盗财产的诉讼,只能根据该司法管辖区关于追回个人财产的诉讼时效或通过衡平法抗辩予以禁止,如对不正当拖延的抗辩。②

许多涉及考古物品归还的"第一代"案件是外国作为所有者所采取的私人诉讼行为。③ 这类诉讼涉及事实和法律方面的难题,原告国家有责任以大量证据证明所涉文物是在该国边界内发现的;在归属法颁布时,这些文物位于该国境内;以及归属法在宣布国家所有权方面足够明确,并且归属法正在起源国内部执行。④ 尽管英国 Barakat 案是一项私人追回诉讼,但是在过去10 年或更长时间里,美国很少(如果有的话)采取这类诉讼,本章第四节将讨论其原因。

---

① Uniform Commercial Code § 2-403(规定窃贼不得转移被盗财产的所有权)。

② 大多数国家都采用了尽职调查或是发现规则来界定追回被盗艺术品和其他文物的诉讼事由的产生。见 O'Keeffe v Snyder,416 A. 2d 862(N. J. 1980);另见 Autocephalous Greek-Orthodox Church of Cyprus & the Republic of Cyprus v Goldberg & Feldman Fine Arts, Inc., 717 F. Supp. 1374(S. D. Ind. 1989),aff'd,917 F. 2d 278(7th Cir. 1990)(确认使用尽职调查或发现规则)。这条规则规定,当所有人发现或在尽职调查的情况下本应发现被盗艺术品的当前位置时,诉讼事由即产生。纽约将诉讼事由产生时间确定为原告要求返还被盗财产且当前占有人拒绝之时。然而,纽约的法院也允许被告使用对拖延行为的衡平法辩护,该抗辩审查了原告任何不合理的迟延,并与迟延对占有人造成的任何法律损害相平衡。参见 Solomon R. Guggenheim Found. v Lubell,569 N. E. 2d 426(N. Y. 1991);另见 Bakalar v Vavra,819 F. Supp. 2d 298(S. D. N. Y. 2011),aff'd,2012 U. S. App. LEXIS 21042(2d Cir. 2012). 加利福尼亚采取了一种独特的做法,延长了追回在过去一百年中被盗的艺术品的法定期限,见 CAL. CODE CIV. PROC. § 338(c)(3). 至于其他"具有历史、解释、科学或艺术意义"的物品,业已存在的加利福尼亚法规明确规定,诉讼事由产生于发现之时,最近通过的立法进一步阐明了这一点,见 CAL. CODE CIV. PROC. § 338(c)(2).

③ 另见 Autocephalous Greek-Orthodox Church of Cyprus & the Republic of Cyprus v Goldberg & Feldman Fine Arts, Inc., 717 F. Supp. 1374(S. D. Ind. 1989),aff'd,917 F. 2d 278(7th Cir. 1990);Peru v Johnson,720 F. Supp. 810(C. D. Calif. 1989),aff'd,933 F. 2d 1013(9th Cir. 1991)(驳回秘鲁关于要求追回古物的主张,因为其国家所有权法不够明确,秘鲁未能履行其责任,证明所涉前哥伦布时期的古物是在秘鲁现代边界内发现的);Republic of Croatia v Tr. of the Marquess of Northampton 1987 Settlement,610 N. Y. S. 2d 263(1st Dep't 1994),appeal denied,642 N. E. 2d 325(N. Y. 1994).

④ 显然,在民事追回诉讼中必须确定前两个因素,因为此类归属法既不具有追溯效力,也不具有域外效力。这些因素在 Peru v Johnson 案和 Republic of Croatia 案中是有争议的,而原告国未能履行其责任是它们无法追回这些文物的原因。第三个和第四个因素在这些案件中不属于法律问题。第三个和第四个因素源于 Schultz 案中的刑事起诉。相对于刑事案件,目前尚不清楚这些因素在民事案件中将在多大程度上发挥作用,特别是要求将可能构成犯罪的行为通知可能的被告。第四个因素是用于区分国家所有权法和出口管制。虽然一个国家的出口管制是否可由另一个国家强制执行的问题尚待讨论,但这个问题不在本章范围之内。

二、刑事诉讼

在美国法庭上,涉及考古文物的最著名(且最有争议)的法律诉讼可能是美国诉 McClain 案①以及美国诉 Schultz 案②这两起刑事诉讼。在此之前,还有一个不太为人所知的案例,美国诉 Hollinshead 案,该案件涉及从危地马拉取走部分玛雅石碑。③ 所有这三个案件都是根据《国家被盗财产法》(NSPA)④提起的,因为其贩卖或合谋贩运价值超过 5000 美元的被盗财产。

除了在贩卖案件中运用《国家被盗财产法》,美国法院还将《考古资源保护法》的一项贩运条款解释为适用于来自外国的考古资源。⑤ 将《考古资源保护法》应用于国际范围的第一个或许也是最有趣的案例是对一名教授的起诉,该教授从包括梵蒂冈在内的多个欧洲收藏品中窃取了照明手稿。⑥ 同样的《考古资源保护法》条款也被用来起诉一位弗吉尼亚州的收藏家,他试图出售自己从秘鲁收集的文物。被告认罪,因此案件没有开庭审理。⑦

美国联邦机构对南加州博物馆(洛杉矶郡艺术博物馆、帕萨迪纳的

① 在 McClain 案中,第五巡回法庭两次推翻了被告对实质性罪名的定罪,最终只允许对他们共谋违反《国家被盗财产法》的定罪成立,因为法院认为,只有墨西哥在 1972 年颁布的最新归属法规才是明确的所有权法。593 F. 2d 658,670-2(5th Cir. 1979).

② 333 F. 3d 393(2d Cir. 2003).

③ 495 F. 2d 1154(9th Cir. 1974).

④ 18 U. S. C. § § 2314-2315.

⑤ 16 U. S. C. § 470 ee(c)(任何人不得在州际或对外贸易中出售、购买、交换、运输、接收或提供给买家或交换违反根据州或地方法律生效的条款、规则、条例或许可挖掘、移除、出售、购买、交换、运输或接收的任何考古资源)。第一个将这一规定应用于非联邦土地上的手工艺品的案例是 United States v Gerber 案,见 999 F. 2d 1112(7th Cir. 1993)。与《国家被盗财产法》不同,《考古资源保护法》不要求艺术品具有任何特定的货币价值。

⑥ *United States v Melnikas*,929 F. Supp. 276(S. D. Ohio 1996)。文稿符合《考古资源保护法》对"考古资源"的定义,即具有一百多年历史和科学价值的物品,见 16 U. S. C. §470 BB(1)。最初的起诉是基于《国家被盗财产法》对被盗财产的处理,但后来增加了《考古资源保护法》。参见 Marous and Marous,'ARPA in the International Context:Protecting the Articles of Faith',in S. Hutt et al. (eds),*Presenting Archaeology in Court:Legal Strategies for Protecting Cultural Resources* (AltaMira Press:Lanham,MD,2006) at pp. 39-45.

⑦ Eck and Gerstenblith,'International Legal Developments in Review:2003:Cultural Property',38 *Int'l Law.* (2004),pp. 469-476;Vardi,'The Return of the Mummy',*Forbes*,22 Dec. 2003,at p. 156;Glod,'Arlington Man Pleads Guilty to Selling Protected Artifacts',*Wash. Post*,25 Sept. 2003,at B3.

太平洋亚洲博物馆、圣安娜的鲍尔斯博物馆和圣地亚哥明盖博物馆）、恩西诺的马尔特画廊、洛杉矶乔纳森和卡里·马克尔拥有的丝绸之路画廊以及芝加哥私人收藏家 Barry MacLean 的家进行了一项为期数年的秘密调查。① 为获得逮捕令而提交的宣誓书声称，这是一个精心策划的阴谋，一名伪装成收藏家的卧底特工被带到一名走私犯的储藏室里，这名走私犯出售从中国、泰国、柬埔寨和缅甸等多个亚洲和东南亚国家偷窃和走私的艺术品。鉴于这些文物的估价低于 5000 美元，如果要进行刑事起诉，那么根据《考古资源保护法》的规定，刑事起诉书很可能至少部分地会落空。②

故意违反海关对货物进口时如实申报的要求或者禁止"违反法律"进口的法规，也可以提起刑事诉讼。③ 尽管故意误报起源国似乎是避免宣布真正起源国而带来的进口限制或其他法律障碍的一种可能手段，但是这些刑事条款并没有经常用于古物（或其他文物）进口。通常很难确定某一考古文物的起源国。因此，刑事起诉可能很少，因为很难证明进口商故意在进口文件上伪造起源国。这一点存在例外，2004 年，希查姆·阿布塔姆（Hicham Aboutaam）被控伪造海关进口文件，当时他进口了一只古老的银韵琴。这只琴起源于伊朗，但他声称来自叙利亚。阿布塔姆承认伪造文件，并表示认罪。④ 在最近的一个案件中，美国起诉了两名交易商和一名收藏家，因其对伊拉克和埃及古物的价值和起源国作了虚假陈述。其中一名被告对罪行表示认罪，一名被告被判软禁，第三名被告的起诉被

---

① Zagaris, 'U. S. Tax Investigation Turns Up Apparently Stolen Cultural Artifacts', 24 *Int' l L. Enforcement Rep.*, Apr. 2008, 149-51; Wyatt, 'Four Museums Are Raided in Looted Antiquities Case', N. Y. Times, 25 Jan. 2008, at A14; Wyatt, 'Papers Show Wider Focus in Inquiry of Artifacts', N. Y. Times, 30 Jan. 2008, at A11.

② 在这些搜查令执行五年多后，现在还不清楚政府是否会着手起诉。

③ 海关法规特别规定，"任何人通过任何欺诈或虚假的发票、声明……或任何虚假的书面或口头声明……或在任何声明中作出任何虚假陈述……进入或引入……美国商业的任何进口商品，而无合理由使人相信该陈述的真实性，即属犯罪"，见 18 U. S. C. § 542; "任何人欺诈或故意将任何违反法律的商品进口或带入美国……明知是违法进口或带入美国的，应受到刑事处罚"，见 18 U. S. C. § 545.

④ Meier, 'Art Dealer Pleads Guilty in Import Case', *N. Y. Times*, 24 June 2004, at E1. For the suggestion that the rhyton was not an authentic antiquity, see Muscarella, 'Archaeologists and Acquisitionists', 18 *Int' l J. Classical Tradition* 449-463, 454-455 (2011).

推迟。[①]

提起刑事诉讼的最大挑战是履行政府的举证责任,以证明被告知道其行为在现行的"超越合理怀疑"的刑事标准下是非法的。在涉及无证古物的案件中,往往很难提供证据。尽管在任何时候市面上的古董中有相当大一部分可能没有足够的起源地信息来证明其合法的法律地位,缺乏此类信息的某一特定文物并不证明根据这一刑事标准,该文物是非法的,也不证明贩运该文物的人知道某一非法行为附属于该文物。另外,刑事诉讼成功后,将产生最大的威慑作用。那些参与非法文物交易的人是白领罪犯。正如西蒙・麦肯齐(Simon Mackenzie)所指出的,白领罪犯最易受刑事定罪和监禁可能性所带来的威慑影响。[②] 根据 2002 年底生效的《文化遗产资源犯罪量刑指南》,[③]涉及文化遗产资源罪行的被告受到的不良后果有所增加,因此可能会起到更大的威慑作用。

三、没收诉讼

没收诉讼是政府对特定财产(不动产或个人财产)提起的诉讼。没收诉讼的结果是将所有权转让给美国政府,之后由政府决定财产的处置。当被没收的财产是文化财产时,政府通常会将该文物归还给其合法

---

① 2011 年 7 月,政府起诉了四个人,穆萨・霍利(Mousa Khouli)、约瑟夫・刘易斯二世(Joseph A. Lewis II)、塞勒姆・阿尔什代法特(Salem Alshdaifat)以及艾曼・拉马丹(Ayman Ramadan),他们涉嫌参与一个古物走私团伙。此案涉及的许多古董似乎都源自埃及、伊拉克和其他中东国家。St. Hilaire,'A Closer Look at the Case against Moussa "Morris" Khouli and the Greco-Roman Coffin'(18 July 2011), available at < http://culturalheritagelawyer. blogspot. com/2011/07/closer-look-at-case-against-moussa. html > (last accessed 4 February 2013). 其中一名被告穆萨・霍利(Mousa Khouli)后续承认了其通过虚假申报所犯的走私文物罪。United States Attorney Eastern District of New York Press Release, Antiquities Dealer Pleads Guilty to Smuggling Egyptian Cultural Property(April 18,2012), available at < https://docs. google. com/fi le/d/0B6ciLv_9mHWJY0RTb1d5U0FVOHc/edit? pli = 1 >. 2013 年初,政府与另一名被告、收藏家约瑟夫・刘易斯达成协议,推迟对他的起诉。这一推迟使得起诉不太可能。St. Hilaire,'U. S. v. Khouli et al. Update: Motion to Defer Prosecution Ushers Rapid End to Antiquities Case'(8 January 2013), available at: < http://culturalheritagelawyer. blogspot. com/ > (last accessed 4 February 2013). 另一个因虚报价值而被刑事起诉的例子是,一名商人从洪都拉斯进口了哥伦布时期以前的文物,声称这些文物是价值 37 美元的陶瓷装饰品。而事实上,商人已经为这些艺术品支付了 11000 美元,政府在审判中提供了证据,证明该商人打算以 10 万—12 万美元的价格出售这些艺术品。Mayhood,'Man Guilty of Smuggling Ancient Artifacts',Columbus Dispatch,23 Oct. 2002,at 4E;United States v Hall,104 F. Appx 475(6th Cir. 2004).

② Simon R. M. Mackenzie,*Going*,*Going*,*Gone*:*Regulating the Market in Illicit Antiquities*(Institute of Art and Law:Leicester UK,2005), at pp. 149-156.

③ 18 U. S. C. App. § 2B1. 5.

所有者。① 没收诉讼可以作为刑事诉讼的一部分提起;一旦被告被定罪,任何涉及犯罪的财产都可能作为被告判刑的一部分被没收。② 对于文物,更为典型的没收是民事没收;在民事没收中,根据没收所依据的法规,③政府可能不必证明财产的所有人、占有人或进口商知道财产被盗或在其他方面是非法的。

当一件文化财产物品被非法进口到美国的时候,最常发生的就是民事没收。④ 非法进口文化物品有三种最典型的情况:违反《文化财产公约执行法案》;对文物起源国或者价值作虚假陈述,以至于违反《海关法案》⑤以及"违法"的进口。⑥ 当进口货物违反海关法规时,政府的举证责任是可能的要求之一,标准相对较低。⑦

在最近的案件中出现了一个复杂的问题,即当涉及的基本法律是《国家

---

① 必须首先提供根据《文化财产公约执行法案》没收的文化财产物品以及考古和民族学材料,以交还有关缔约国。19 U. S. C. § 2609(b)(1),(c)(2)(A).

② 18 U. S. C. § 982.

③ 没有关于没收的一般性法规;相反,没收授权存在于个别法规中。当政府无法起诉不法行为者,或在严重"但严重程度不足以证明刑事定罪和监禁有正当理由"的情况下,则使用民事没收。Cassella,'Using the Forfeiture Laws to Protect Archaeological Resources',41*Idaho L. Rev.*(2004)129-145,at p.132.

④ 没收也可用于违反《考古资源保护法》规定从联邦和部落土地上非法移走的文物。16 U. S. C. § 470 gg(b);see Cassella,'Using the Forfeiture Laws to Protect Archaeological Resources',in S. Hutt et al.(eds),Presenting Archaeology in Court(AltaMira Press;Lanham MD,2006)169-89,at 174-84.《考古资源保护法》规定的没收也可用于非法进口的考古资源。1996 年,根据《考古资源保护法》首次没收外国考古资源时,美国政府查封并没收了一套伊特鲁里亚陶器,意大利政府声称这套陶器来自罗马附近的伊特鲁里亚十字军墓地,大约可追溯到公元前 7 世纪。美国政府的没收投诉是根据《考古资源保护法》第470ee(c)条提起的,该条禁止违反州际和地方法律在州际和国际间考古资源贩运。政府所依赖的地方法律是《纽约刑法》第165.45 条,该条禁止在知情的情况下处理被盗财产。拥有这些艺术品的画廊放弃了对这些艺术品的任何主张,这些陶器最终被归还意大利。因此,政府的法律理论从未经过检验。*United States v An Archaic Etruscan Pottery Ceremonial Vase c. Late 7th Century*,*B. C. and a Set of Rare Villanovan and Archaic Etruscan Blackware with Bucchero and Impasto Ware*,*c. 8th-7th Century*,*B. C.*,*Located at Antiquarium*,*Ltd.*,*948 Madison Avenue*,*New York*,*New York* 10021,96 Civ. 9437,verified complaint dated 12 Dec. 1996.

⑤ United States v An Antique Platter of Gold,Known as a Gold Phiale Mesomphalos c. 400 B. C.,184 F. 3d 131(2d Cir. 1999)(涉及违反《美国法典》第 18 编第 542 条,禁止"通过任何欺诈或虚假发票[ ]声明进口的任何商品"进口到美国)。

⑥ 根据《美国法典》第 19 编第 1595a(C)条或《美国法典》第 18 编第 545 条,如果是通过"被盗、走私或秘密进口或引进"的方式,违反法律被引入美国的商品将被没收。

⑦ 《公民资产没收改革法案》(《美国法典》第 18 编第 981 条及以下)提高了对大多数没收行为的举证责任,并增加了无罪所有者的抗辩,但根据《海关法规》第 19 编,免除了《公民资产没收改革法案》的所有规定,即《美国法典》第 18 编第 983(i)(2)(A)条。

被盗财产法》时,政府是否必须对"违法"进口物品的没收确立一项知情要求,因为该法案是一项刑事法规,包含知悉要求。在若干案件中,特别是那些源自纽约南区的案件中,政府宣称参与进口的某些人知道这些物品是被偷的,因此政府承认需要明确知悉要求。① 然而,在其他地方提起的没收行动中,美国政府似乎并不认为有必要确认知情。② 相比之下,《文化财产公约实施法案》规定的没收显然不需要任何知情证明。政府是否需要为民事没收确认知情的问题可能会对可进行的没收文物数量有重大影响,但法院不太可能接受一种消除知情要求的方法。

---

① See, eg, *United States v Portrait of Wally, A Painting by Egon Schiele*, 2009 U. S. Dist. LEXIS 91464(S. D. N. Y. 2009)(审判的问题是,利奥波德博物馆是否可以反驳政府所表明的鲁道夫·利奥波德知道这幅画已经被盗), United States v Davis, 648 F. 2d 84(2d Cir. 2011), aff 'g, United States v Painting Known as '*Le Marché*', 2010 U. S. Dist. LEXIS 53420(S. D. N. Y. 2010). 政府似乎没有特别指出,毕沙罗(Pissarro)作品是由知道其从法国一家博物馆失窃的人进口到美国的。然而,政府的指控包括,是小偷把这幅画带到美国,并卖给了得克萨斯州的一个经销商,从而暗中满足了知悉要求。纽约对苏富比打算出售的柬埔寨雕塑提起的没收诉讼中,知悉问题是核心问题之一。*United States v A 10th Century Cambodian Sandstone Sculpture, Currently Located at Sotheby's in New York*, New York, 12 Civ. 2600, at paras. 48-9(S. D. N. Y. April 4, 2012)(声称苏富比知道柬埔寨雕塑在进口到美国时被盗)。

② *United States v Mask of Ka-Nefer-Nefer*, Complaint filed 16 Mar. 2011, Case 4:11-cv-00504-HEA, at 4(以下简称"美国申诉")(宣称该面具被盗,但没有宣称任何参与面具进口的人知道面具被盗的事实); *United States v One Ancient Egyptian, Yellow Background, Wooden Sarcophagus, Dating to the Third Intermediate Period*, Complaint filed 8 Oct. 2009, Case 09-23020, at 6(S. D. Fla. 2009)(声称石棺"是违反法律引入或试图引入美国的",但未说明哪些法律与"违反法律"条款有关,或声称参与进口的人知道石棺被盗)。进口商对没收货物没有异议。Default Judgment of Forfeiture, Case No. 09-23030-CIV-Huck, entered 31 Dec. 2009. In Mask of Ka-Nefer-Nefer, 2012 U. S. Dist. LEXIS 47012(E. D. Mo. 2012). 在其申诉被驳回后,美国试图对其申诉进行部分修改,以包括圣路易斯艺术博物馆故意避免了解面具法律地位的指控,从而满足知悉要求。然而,法院并未允许提交修改后的申诉。Ricardo St. Hilaire, 'Judge Once Again Dismisses Ka Nefer Nefer Forfeiture Case,' June 29, 2012, available at: < http://culturalheritagelawyer. blogspot. com/ > (last accessed 4 February 2013). 在没收毕沙罗作品"Le Marché"时,政府在讨论《公民资产没收改革法案》时称,有足够的事实使第二巡回法院知悉这一事实。他说:"民事没收原告很少得到刑事没收诉讼中适用的相同程序和实质性保护。"例如,在许多情况下,原告有责任证明其财产不可没收。同样,原告的罪责往往无关紧要:"一长串完整的案件都认为,即使业主不知道财产被用于这种用途,业主对财产的权益也可能因财产的使用而丧失。"*Bennis v Michigan*, 516 U. S. 442, 446, 116 S. Ct. 994, 134 L. Ed. 2d 68(1996). 648 F. 3d 84, 92. 因此,根据《公民资产没收改革法案》,美国国会根据《海关法案》从无辜所有者的辩护中豁免没收,这表明美国在管制货物进口方面具有强烈的政策利益。尽管如此,如果《国家被盗财产法》是"违反法律"条款中的基本法律,那么根据《美国法典》第 19 编第 1595a(c)条的规定,没收仍要求政府对参与进口过程的人员有所了解。

▍第四节　威慑作用和恢复方式转变：意外结果

如上所述，"第一代"文化财产归还案件除了相对较少的刑事起诉外，似乎主要涉及外国或被盗财产的机构作为被盗财产的原始物主提起的民事诉讼。① 尽管没有必要确定目前的所有者知悉财产是被偷的，但是这种私人诉讼使原告承担民事标准下的举证责任，以确定财产是被偷的。此外，原告必须遵守诉讼时效，在某些司法管辖区，还必须遵守对疏忽行为的公平辩护，这些案件往往是根据这些程序问题作出裁决的。克服基于诉讼时效和疏忽的抗辩可能给原告带来相当大的负担，特别是由于此类盗窃和财产的当前位置往往难以确定，需要花费多年时间并提出简便程序辩护。这意味着一个寻求追回其被盗文化财产的国家承担了相当大的负担，包括诉讼费用、聘请律师、调查盗窃情况、获取证据和证人以及学习外国法律制度。

在过去的 10 年间，这一情况发生了巨大的变化。研究显示，一个国家或外国机构为追回被盗文物而提起的私人诉讼越来越少。② 相反，追回这些文

---

① *Republic of Turkey v OKS Partners*，1994 U. S. Dist. LEXIS 17032（D. Mass. 1994）（该案件分析了土耳其的国家所有权法）；*Republic of Turkey v Metro. Museum*，762 F. Supp. 44（S. D. N. Y. 1990）（该案件认为土耳其要求收回利比亚宝藏的主张并未受到诉讼时效的限制）；*Autocephalous Greek-Orthodox Church of Cyprus v Goldberg & Feldman Fine Arts, Inc.*，917 F. 2d 278（7th Cir. 1990）（分析了印第安纳州的诉讼时效，认为教堂主张追回被盗的拜占庭镶嵌画并未被禁止）；*Greek Orthodox Patriarchate v Christies, Inc.*，1999 U. S. Dist. LEXIS 13257（S. D. N. Y. 1999）（另一种观点认为，在疏忽辩护下，禁止追回被盗的阿基米德重写本）。

② 一个重要的例外是，秘鲁提起诉讼，要求收回近一个世纪前海拉姆·宾厄姆（Hiram Bingham）从马丘比丘由拿走的文化艺术品。Republic of Peru v Yale Univ.，Compl. filed 5 Dec. 2008，Case 1：08-cv-02109-HHK（D. D. C. 2008）。尽管如此，该案件所依据的理由并不是违反国家所有权法律或进口规定，因为这些文物是在秘鲁许可的情况下被移走的。这项争议的解决办法是归还一些文物，并承诺归还其余部分。Roman，'Peru-Yale Center for the Study of Machu Picchu and Inca Culture Opens'，Yale NEWS，6 Oct. 2011，available at < http://news. yale. edu/2011/10/06/peru-yale-center-study-machu-picchu-and-inca-culture-opens >（last accessed 4 February 2013）。可根据诉讼时效得到解决的最新文化财产争端有关从泽特恩福音书中取下的几页内容，亚美尼亚东正教会声称对这些福音书页面拥有所有权，目前收藏在 J. 保罗盖蒂博物馆中，该博物馆于 1994 年以 95 万美元的价格购买了这些书页。Boehm，'The Getty Museum Is in a Legal Fight over Armenian Bible Pages'，L. A. Times，4 Nov. 2011，available at < http://www. latimes. com/entertainment/news/la-et-armenian-bible-20111104，0，4956662. story >（last accessed 4 February 2013）。私人诉讼减少的说法并不包括大屠杀受害者的后代和继承人为追回大屠杀期间被掠夺的艺术品而采取的私人诉讼的众多案例。正在进行的关于一件古代手工艺品的 In re Flamenbaum 案（945 N. Y. S. 2d 183（App. Div. 2012））更容易被归类为大屠杀期间被掠夺的艺术品。另一方面，外国有可能提起民事诉讼，宣称古物盗窃行为违反国家所有权法，导致了近年来相当数量的文物从美国博物馆自愿归还至意大利和希腊。

物的大部分行动都是美国政府采取的民事没收诉讼。① 一个显著的优势是，当美国政府提起民事没收诉讼时，诉讼时效是从美国政府获悉非法进口或跨国际或跨州转移被盗财产之日算起的五年时间。② 此外，法定期限从非法进口或跨州转移之日起计算，而不是从最初盗窃之日起计算。这大大降低了因为诉讼时效期间主张受阻的可能性。反过来，这实际上意味着，美国政府现在承担了大部分涉及考古文物的诉讼费用，而外国则免于必承担此类诉讼中产生的费用及其他困难。③

美国政府对位于圣路易斯艺术博物馆的卡内弗·内弗面具（Ka-Nefer-Nefer Mask）所提起的没收诉讼就是这一点的例证。在该案件中，大家似乎一致同意，该面具是 1952 年在埃及出土的，放在埃及境内的塞加拉储藏设施里，后来被送到（或这副面具计划送到）开罗展出。④ 在某个时候，它被偷了，但是不确定是何时被偷。1998 年，圣路易斯艺术博物馆从阿布塔姆兄弟手中买下了这副面具。⑤ 在 2005 年底或 2006 年初，有关该面具的背景资料开始在互联网上流传，并声称面具被盗。在过去，针对这种类型的案件，埃及会对博物馆提起诉讼取回面具；埃及有可能将不得不就以下问题提起诉讼：博物馆在寻找面具时是否进行了尽职调查，或者疏忽辩护是否适用于博物馆。然而，博物馆知悉或意图的问题将无关紧要。

随着案件的发展，美国政府提起了没收诉讼，而埃及没有采取任何法律

---

① 近年来，随着《文化财产公约执行法案》下双边协议的数量急剧增加，通过民事没收诉讼追回的文物数量显著增加。例如，可以注意到 14 件艺术品被没收并送回中国，其他艺术品则被送回秘鲁。Dep't of Homeland Sec., ICE-HSI, 'Priceless Chinese Antiquities Unlawfully Imported to U. S. Returned to Chinese Government', 13 Mar. 2011, available at < http://newsroom-magazine. com/2011/executive-branch/homeland-security-department/ice-hsi/priceless-chinese-antiquities-unlawfully-imported-to-u-s-returned-to-chinese-government/ > (last accessed 4 February 2013) ; 'ICE and CBP Officials Return Cultural Artifacts to Peru', 12 May 2011, available at < http://www. ice. gov/news/releases/1105/110512washingtondc. htm > (last accessed 4 February 2013).

② 19 U. S. C. § 1621（规定提起任何财产没收诉讼的时间不得超过"发现涉嫌犯罪后五年提起，或在没收财产的情况下，发现财产涉嫌犯罪后的两年，这两种情况以较晚的日期为准"）。

③ 此外，如果根据海关法规提起诉讼，政府在立案时必须满足可能原因的标准，而私人原告必须符合证据优势的民事标准。

④ U. S. Complaint, see earlier note 80, paras. 8-17 ; Th e Art Museum Subdistrict of the Metro. Zoological Park and Museum Dist. of the City of Saint Louis & the County of Saint Louis v United States of Am. , Case 4 :11-cv-00291, fi led 15 Feb. 2011, paras. 10-11（E. D. Mo. 2011）（声明面具是 1952 年穆罕默德·扎卡里亚·戈内姆在埃及境内的塞加拉墓地挖掘的，但没有解释面具后来如何被转移到欧洲的收藏品中）; see also Gay, 'Out of Egypt : From a Long-Buried Pyramid to the Saint Louis Art Museum : The Mysterious Voyage of the Ka-Nefer-Nefer Mask', *Riverfront Times*, 15 Feb. 2006.

⑤ Art Museum Complaint, see earlier note 87, para. 11.

措施来追回该面具。这起案件可能对诉讼时效的计算提出了一个有趣的问题，因为博物馆声称，美国政府接到该面具通知的时间是在 2005 年末和 2006 年初，因此据美国政府宣称得知该面具的非法进口和没收申诉之间已过去了 5 年。① 另一方面，原盗窃案的时间失效问题与此无关。然而，政府的没收申诉被驳回，因为它没有提出足够具体的必要事实，包括涉嫌盗窃的情况和政府没收所依据的确切法律。②

美国政府广泛使用民事没收诉讼（被称为"抓捕与释放"法）而产生的一个更为显著的影响和意外结果是，民事没收的相对容易程度可能会不利于刑事案件的起诉。另一个潜在的不利因素是这些被告受到的判决相对较轻。刑事案件很难胜诉，因为政府需要在无合理怀疑的情况下明确知情或犯罪意图。③ 在涉及无证文物的案件中，其实质是，无证文物很难在没有合理怀疑的情况下确定有人知道某一具体文物被盗。

在某种程度上，通过使用基于有意识回避原则的陪审团指令可以克服这一障碍，这也被称为"鸵鸟"指令，其目的是"扩大对'知情'的传统理解，以确定被告是否'故意'犯下某种行为"。④ 在 Schultz 案的起诉中，陪审团接到的指令如下。

被告不得故意对事实或者法律一无所知，以逃避相应的法律后果。因此，如果你（指代陪审团）发现被告不是出于疏忽或轻率，而是出于主动选择有意识地避免学习埃及法律关于埃及古物所有权的规定，你可以（推断，若愿意）他这样做是因为他已经知道埃及法律很有可能将这些古董的所有权赋予埃及政府。除非你发现被告实际上认为这些文物不是埃及政府的财

---

① Art Museum Complaint, see earlier note 87, para. 15-16.

② *United States v Mask of Ka-Nefer-Nefer*, 2012 U. S. Dist. LEXIS 47012, at ＊8-10（E. D. Mo. 2012）.

③ 为执行联合国安理会第 1483 号决议而通过的英国 2003 年第 1519 号法律文书，撤销了从伊拉克非法转移文物的举证责任，文件指出，"对［从伊拉克］非法移走的文化财产中任何物品的交易任何人犯本命令所订罪行，除非其证明其不知道而且没有理由怀疑有关物品是非法移走的伊拉克文化财产"。Iraq（United Nations Sanctions）Order 2003, § 8（3）（emphasis added）. 凯文·张伯伦（Kevin Chamberlain）分析了这一条款是否符合《欧洲人权公约》的问题，其结论是伊拉克劫掠的异常情况证明了举证责任撤销的正当性，参见 The Iraq（United Nations Sanctions）Order 2003—Is It Human Rights Compatible？, 8 Art Antiquity & L.（2003）357-368, at pp. 361-368.

④ *United States v Caliendo*, 910 F. 2d 429, 433（7th Cir. 1990）; see also *United States v Hooshmand*, 931 F. 2d 725, 734（11th Cir. 1991）（为了证明有意识回避指令是正当的，事实必须"指向故意忽视的方向"［引自 *United States v Aleman*, 728 F. 2d 492, 494（11th Cir. 1984）］）.

产,你可以将此视为故意回避知情。①

基于"有意回避"的陪审团指令要求陪审团认定被告知道某一特定事实存在的高度可能性,除非被告实际认为该事实并不存在。在讨论 Schultz 基于美国法律错误的辩护时,法院审查了 Schultz 作为古代、东方和原始艺术全国经销商协会前主席的职位,以及有关 Schultz 知道 McClain 案件的决定和《国家被盗财产法》对违反国家所有权法古物的适用的证据。② Schultz 案的结果以及特别是法院对于刑事诉讼中如何建立知情以满足犯罪故意要求的讨论表明,经销商知道得越多,经销商越难证明其不懂法律,因此政府理应越容易提起刑事诉讼。

尽管如此,这似乎表明政府将例行选择这种途径来归还,但这不会给刑事起诉带来额外的麻烦。还需要考虑的问题是,因为原告很难了解法律中一个相当模糊的领域。除非原告位于美国艺术品市场的中心——纽约,否则不太可能再次遇到同一问题。缺乏刑事起诉似乎表明这是正确的。③

当政府提起民事没收诉讼时,在大多数情况下,当前的所有者或进口商似乎会毫无异议地"远离"财产。有时这可能是为了换取政府的承诺,即政府不会追究刑事责任,有时可能没有经济价值让所有者或进口商为没收作斗争。还有可能,如果没收得到质疑,所有者不希望冒着收到所有商业记录传票的风险。无论出于何种原因,民事没收可能已成为刑事起诉的"替代选择"。

如果这是正确的,这也是不幸的。如前所述,只要这些信息是可用的,与古董在国际市场上可出售的价格相比,在外国购买古董的成本相对较小。④ 通过无可争辩的没收来弥补一些文物的损失,这可能仅被视为经商成本。因此,没收并没有对掠夺文物贸易产生重大的不利影响。

西蒙·麦肯齐(Simon Mackenzie)对艺术品市场参与者的研究是基于广泛的采访,该研究揭示,在决定是否从事犯罪行为时,准白领罪犯会考虑以下几个因素。第一个因素是门槛因素,即麦肯齐所称的"实际资产负债表";也就是说,对犯罪者被抓住并受到惩罚可能性的判断。正如麦肯齐所描述

---

① Schultz,333 F.3d at p.413.

② Schultz,333 F.3d at p.412 and n.12.

③ 事实上,在对南加州博物馆的突击搜查中,似乎有可能受到刑事起诉,并且进行了数年的秘密调查,表明投入了大量资源,但尚未发出起诉书,这可能支持这一结论。

④ Gerstenblith,'Controlling the International Market in Antiquities',see earlier note 1,at pp.180-181.

的：市场调查样本显示，人们对购买未经证实的古董的欲望很高，对其不利后果（刑罚和其他）的看法为零或接近零，该研究也反映出购买未经证实的古物的常规方法，这表明该法案在其诉讼"舒适区"有一个既定位置。

如果一个主体的实际资产负债表获得盈余，那么其有能力进行违规购买。他不可能因实施该行为而遭受任何实际的恶果，或他实施该行为的愿望超过任何被认为不利的后果。①

"实际资产负债表"构成了犯罪行为的门槛。只有一个潜在的犯罪者"通过"了这个门槛，才会考虑其他两个因素，即"道德资产负债表"和"社会资产负债表"。② 通过起诉受到惩罚的可能性是计算实际资产负债表的主要决定因素。

麦肯齐已经证明，涉及掠夺或被盗文物的犯罪是白领罪犯所为，白领罪犯更容易受到可能的刑事起诉的威慑作用，因为犯罪对他们的威望和社会地位影响更大。③ 麦肯齐总结道：尽管在交易过程中传递的货源信息一直处于匮乏的状态，（潜在购买者）仍可以通过各种方式改变其个人资产负债表，从而始终就是否购买任何给定对象的问题得出资产结果，那么只要他们想要交易，他们将继续这样做，除非：（1）制定了影响他们实际资产负债表计算的立法，使他们在考虑购买古董时无法再得出资产结果。为了达到这一目的，与购买相关的风险必须变得巨大，以至于超过从购买中获得的可能的情感和财务收益（目前，现行法律尚未达到这一程度）……④

影响潜在不法分子是否从事犯罪行为的最佳方法是改变"实际资产负债表"的计算。只有当刑事起诉和处罚的可能性相对较大时，法律才能起到有效的威慑作用。因此，问题是如何增加刑事诉讼的"风险"？

麦肯齐强调，有必要通过新的立法来解决刑事诉讼不足的问题。⑤ 他认为，由于难以确定必要的意图或知情，很少使用刑事处罚。某种程度上，麦肯齐的观点是正确的，因为缺乏出处信息通常会使最终买家和中间人免于刑事责任。然而，由于有可能颁布新的立法，而且在采用麦肯齐提出的具体

---

① Mackenzie, see earlier note 69, at p. 213.

② Mackenzie, see earlier note 69, at pp. 213-226.

③ Mackenzie, see earlier note 69, at pp. 149-256.

④ Mackenzie, see earlier note 69, at p. 227.

⑤ Mackenzie, see earlier note 69, at pp. 243-246（建议立法设立古物登记处，并将持有未登记的古物定为犯罪）。

方案方面存在实际困难,因此他的建议不是一个合适的解决办法。① 与其关心是否有足够的法律来打击被掠夺文物的贸易,还不如把重心放在集中精力通过更确定地执行现有法律来改变"实际的资产负债表"的计算。

执法力度不够这一观点的理由如下。一是执法人员缺乏资源,特别是政府在起诉文化遗产资源犯罪方面的优先级相对较低。这种优先次序应当有所改变,以与以下认识相一致:国际文化遗产保护是美国外交关系中日益重要的组成部分,尤其是在公共和文化外交领域。然而,如果一个外国更关心文物的归还,而不是对不法分子的惩罚,那么对外关系和外交关注点将不会在鼓励更多的起诉方面发挥重大作用。

第二个因素包括美国助理律师在内的执法人员对似乎缺乏足够的有关起诉此类罪行的现有法律的知识、培训和意识。例如,人们可以假定,建立国家管辖权的好处是,授权一组检察官在全国任何地方起诉文化遗产资源犯罪。联邦调查局于 2004 年成立了艺术品犯罪小组,②并在全国各地派驻了几名专门接受文化遗产资源犯罪培训的特工。然而,目前只有一名助理美国检察官被派往该小组,③并且现在联邦海关与边境保护局或在国土安全部内的移民和海关执法/国土安全调查中没有相应的小组。由于大多数非法文物的国际贩运案件都涉及非法进口罪,因此在海关有关机构内缺少有关小组的这一失误是一个重大缺陷。起诉也可以在州和地方各级进行,至少是在被盗文物有关的地方。④ 可以制定更多的方法,以鼓励对有关罪行提

---

① 人们也可能会批评麦肯齐的提议,因为该提议"粉饰"了许多过去被盗的古董。此外,对这些古物给予"特赦"可能会鼓励非法行为继续发生,因为该提议对在未来某一天可能会重新浮出水面的古物给予了"特赦"。

② 参见 < http://www.fbi.gov/about-us/investigate/vc_majorthefts/arttheft/art-crime-team > (last accessed 4 February 2013).

③ 联邦调查局艺术品犯罪小组根据其管辖范围,更多地关注盗窃艺术品和其他类型的文物,如历史文件和欺诈案件,而不是涉及国际走私的案件。尽管存在这些限制,联邦调查局仍参与了伊拉克古董的回收工作,并参与了根据《消费者保护法》对两幅来自秘鲁的西班牙殖民时期绘画作品的民事没收。Flegel, 'Iraqi Artifacts Going Home', CNN, 7 July 2011, available at < http://articles.cnn.com/2011-07-07/us/iraqi. artifacts_1_iraqi-artifacts-iraqi-museum-iran-iraq-war? _s = PM; US > (last accessed 4 February 2013); United States v Eighteenth Century Peruvian Oil on Canvas Painting, 597 F. Supp. 2d 618 (E. D. Va. 2009).

④ 最近两起有关涉嫌盗窃文物的国际运输的起诉是由纽约县检察官而不是联邦检察官提起的。其中一起案件涉及涉嫌从意大利窃取的硬币,违反了该国的国家所有权法,并以认罪协议告终。Wartenberg Kagan, 'An Editorial Comment on Caveat Emptor', ANS Mag. (2012) 32-3. 第二起案件,曼哈顿地区检察官发出逮捕令,指控 Subhash Kapoor 接收来自印度和亚洲其他地方的宗教场的被盗文物。Pogrebin and Flynn, 'Museums Studying Dealer's Artifacts,' N. Y. Times, July 28, 2012, at C1.

起更多的诉讼。

　　这项简短的研究试图表明，美国政府已经加大了对非法文物的追查力度，在相当程度上取代了10年前甚至更早的时候所常见的民事诉讼。虽然这在一定程度上是一个可喜的进展，但美国执法机构似乎也选择了相对容易的途径，通过民事没收文物来实现归还。它引起了人们对美国政府努力的关注，并赢得了外国的青睐。这些文物被归还给外国国家，但是未能在更重要的执法基本目的上提供足够的威慑作用，以促使潜在犯罪者作出不从事被禁止活动的决定。没有这种威慑作用，就不可能最大限度地实现减少对考古遗址的掠夺和随之而来的对全社会的负面影响的目标。

第三部分

执法的替代方法

第九章
文化遗产争端解决方法的多元性与协调性

亚历山德罗·切奇(Alessandro Chechi)[①]

第一节 引言

过去40年的国际实践表明,有关归还[②]文化资产的各种争端层出不穷。这些争议中的很大一部分源于战争时期对文物的掠夺。在和平时期,非法贩运艺术品是引起争端的另一个原因。

通过审查替代国内法院诉讼的非对抗性争端解决程序的作用,本章讨论了文化资产归还主张引起的争端解决问题。然而,本章并不认为,在处理争议时,非对抗性程序优先于诉讼。正如下文所述,这两种途径都有重要的缺点。此外,由于文化遗产争端种类繁多,主张一种争端解决方式是不合理的。[③] 相反,国内法院越来越多地认可诉讼当事人通过非司法手段以实现针对文化敏感的解决办法。至关重要的是,这些解决办法通常基于经典的政府间立法程序之外产生的模式。的确,现有的实践证据表明,国内法院似乎越来越热衷于通过诉诸各种工具来偏离法律条文的机械适用,例如公共政策,从而作出对文化敏感的决定。综上所述,本章旨在展示非司法人员和司法裁决人[④]在加强文化遗产法执行方面的共识。

[①] 瑞士日内瓦大学艺术法律中心博士后研究员、欧洲大学学院博士。

[②] 在本章中,术语"返还"、"归还"和"遣返"将互换使用。

[③] Byrne-Sutton, 'Introduction:Alternative Paths to Explore', in Q. Byrne-Sutton and F. Geisinger-Mariéthoz(eds), *Resolution Methods for Art-Related Disputes*(1999)3, at p.12.

[④] "裁决人"一词将用于指受一个或多个诉讼当事人委托对争端作出裁决的任何个人或机构,包括司法手段和非(或准)司法手段。

为此,本文第一点介绍了现行法律框架的主要特点。第二点和第三点解释了现有制度的复杂性,并对其优缺点进行评估。接着,对现有的争端解决方法进行了概述和批判性评估,并确认了诉讼的替代性争端解决方法通常更适合于裁决归还案件(第四点和第五点)。同时也指出,国内法院对文化遗产法的执行作出了决定性的贡献。第六点审查了现有的司法实践,并调查了国内法院工作背后的基本原理和目标。最后,第七点的结论是,基于保护文化遗产免遭分散风险的需要以及保证归还被错误移走艺术品的需要,国际公共政策得到了巩固,从而形成了对文化敏感的法学趋势。

第二节　文化遗产保护的法律框架

自 19 世纪末以来,各国和国际上采用了多种法律手段,以保护文化遗产。值得注意的是,因为人们认为,国内法不足以应付文化遗产领域的不同挑战,所以国际社会试图通过运用国际准则进行协调。本节描述了法律的现状,并指出了其优点和缺点。但是,本章篇幅有限,不可能详细审查现有的法律框架。因此,它分析了一些国内立法相关的类型和最相关的条约,以便为研究文化遗产法的实施问题和文化归还纠纷的解决等相关问题提供必要的背景。

一、国内法

其一,几乎所有国家都通过立法承认文化物品的独特性,并决定这些材料是否以及在何种程度上应受具体法律制度的约束。它们的内容各不相同,但有一些共同的特征。例如,它们旨在保护文化遗产免受非法贩运的侵害,并提供更多保护性的规则,更少以贸易为导向的规则。[1] 更具体地说,通过执行两种立法,来源国[2]试图制止可移动文化材料的非法贩运。第一种是

---

① Carducci, 'The Growing Complexity of International Art Law: Conflict of Laws, Uniform Law, Mandatory Rules, UNSC Resolutions and EU Regulations', in B. Hoff man (ed.), *Art and Cultural Heritage* (2006) 68, at pp. 69-70.

② 关于"来源国"("或"出口国")和"市场国"("或"进口国")之间的区别,参见 Merryman, 'Two Ways of Thinking About Cultural Property', *AJIL* (1986) 831, at p. 832.

遗产法。这些规则规定,某些种类的文化物品的所有权依法属于国家。国家的角色为独占所有人。这就意味着,未经允许移走这些物品的人是小偷,这些物品是被偷的财产。第二种是出口法规。这些规定禁止或限制属于国家遗产或私人所有的文化材料的出口。

如上对遗产法和出口条例之间的正式区分至关重要,因为只有遗产法才具有域外效力。这是因为世界各国普遍认为盗窃是一种犯罪,应受到刑事制裁。相反,在没有条约或法规的情况下,一国没有义务认定和执行另一国的出口条例。换言之,尽管来源国可以合法地颁布出口管制法,但它们不能将承认和执行这些措施规定为一项国际义务。

不过,一些文物进口国已通过了有关立法,以协助来源国执行其国内法。例如,2003 年英国通过了《文物(犯罪)交易法案》。该法案规定了新的犯罪。它规定,禁止明知在英国境内外被非法移走或挖掘物品的处理,而不论所违反的是国内法律还是国外法律。① 在美国,即使《国家被盗财产法》② 没有被用于打击被盗艺术品的贸易,但是政府已经多次适用该法案,以扣押被盗物品,从而实现外国遗产法的域外执行。

其二,禁止采取法律行为的法律规范也与本章内容有关。这些规范包括使司法程序的启动受到一定时间限制的程序规则,③或规定时效④或地位的程序规则,⑤以及对暂时从国外借来的物品授予羁押豁免的法规。反羁押立法的主要功能是保护艺术品的国际交换。由于国际展览向公众展示艺术,并不可避免地受到潜在主张者的审查,这些法规旨在消除关于可能获得豁免的物品和行为类别的任何疑问。⑥ 因此,反羁押法至少产生两个法律效

---

① 文化、媒体和体育部门,《2003 年文物(犯罪)交易法案的解释性说明》,见 < http://www. culture. gov. uk/what_we_do/cultural_property/3295. aspx > (最后访问于 2013 年 2 月 4 日)。

② 18 U. S. C. §§ 2314-2315(1934).

③ 诉讼时效规定,诉讼程序的开始受到一定的时间限制,如从偷盗或从发现物品所在位置时开始。Redmond-Cooper, 'Limitation of Actions in Art and Antiquity Claims', Art Antiquity & L. (2000), at 185 ff.

④ 规定时效规则(或反向占有)有助于国家使对被遗弃财产或违背真正所有人意愿而丧失占有权的财产的占有合法化。这些规则允许拥有者在相当长的时间内公开持有一个物体以取得所有权。

⑤ 根据这些规则,只有法院地法官承认主张者是根据法院地法律能够提起诉讼的法人,才可将其视为适当的原告。

⑥ Siehr, 'Commercial Transactions and the Forfeiture of State Immunity Under Private International Law', Art Antiquity & L. (2008) No. 4, 339, at p. 349.

力:一是在借入国,不得就出借文物提起任何司法诉讼①——通过这种方式,以牺牲主张者(所谓)的所有权及其诉诸法院的权利为代价,文化交流的安全性得到保障;二是为制止文物非法贸易而制定的国际法律文书的效力受到损害。

鉴于文化遗产争端的跨国界本质,必须考虑的另一类规范是国际私法。② 国际私法包括界定国家管辖范围的国内规则,并帮助法官在涉外争端中选择适用的法律。涉外因素可能与当事人、事实或诉讼标的有关。物所在地法是最有问题的规则之一。根据这一规则,动产转让的合法性受最后交易时该财产所在国家法律的规定。考虑到大陆法系国家与英美法系国家之间的差异,这一规则带来了不可预测的结果。在大陆法系管辖区,其关切商业交易的安全性,国内关于保护善意购买人的规则规定,一旦占有人满足善意要求(假定由主张者证明占有人的恶意)并且法定期限届满,占有人就获得了善意所有权(即使文物来自小偷),而原来的主人失去了追讨的权利。相反,在普通法系管辖区,其遵循 nemo dat quod non habet 原则(意为任何人都不能转让被盗财产的所有权),根据这一原则,一个人善意获得被盗物品的事实并不会消除真正所有者的所有权。

二、国际公约

其一,第二次世界大战期间,城市和纪念碑遭到大规模破坏,纳粹系统性掠夺的规模,使得联合国教科文组织适用了《关于发生武装冲突情况时保护文化财产的公约》(以下称 1954 年《海牙公约》)。③ 该公约责成缔约国特别注意避免针对"对每个民族的文化遗产具有重大意义的动产或不动产"的损害[第1(a)条]。因此,文化财产受到特别的法律保护。该公约禁止在武装冲突期间和交战占领期间破坏文化财产(第 4 条和第 5 条),并对从被占领领土移走文化财产作出其他规定。第 4 条第 3 款规定,缔约国必须禁止、防止和在必要时制止任何形式的盗窃、抢劫或盗用文化财产。但是,公约不涉及文化遗产归还的问题。该问题由 1954 年第一议定书规定。④ 该议定书规定,占领国有义务防止和避免任何从被占领土出口文物,并在可能发生这

---

① Weller,'Immunity for Artworks on Loan? A Review of International Customary Law and Municipal Anti-Seizure Statutes in Light of the Liechtenstein Litigation', *Vand. J. Transnat' l L.* (2005)997,at 1013 ff.

② 在英美法系国家,倾向于使用"法律选择"和"法律冲突"这两个表述。

③ 14 May 1954,249 U. N. T. S. 215.

④ 14 May 1954,249 U. N. T. S. 358.

种出口的情况下,提供归还(第1条第3款)。此外,该议定书还编纂了文化财产"不得作为战争赔偿保留"的原则(第1条第3款)。1999年,通过第二议定书的内容是,1954年《海牙公约》的体系建构完成。① 第二议定书的内容是:第一将该制度的范围扩大到非国际武装冲突(第22条);第二引入新的"加强保护"制度(第10条及其后各条);第三针对严重违规设立了个人刑事责任(第15条及其后各条);第四设立武装冲突事件文化财产保护委员会,以监督该议定书的执行情况(第24条)。

其二,第二次世界大战结束后的几十年里,出现了两个重要的事态发展,决定了对可移动文物的国际法律制度的进一步改革:第一,对艺术品的需求激增,导致非法贩运的恶化;第二,许多殖民地的独立,导致了归还殖民时期被移走文物的主张成倍增加。为了应对这些挑战,联合国教科文组织通过了《关于禁止和防止非法进出口文化财产和非法转让其所有权的方法的公约》。②

1970年《联合国教科文组织公约》旨在防止原籍国的文化遗产在和平时期变得贫瘠,其主要做法是加强缔约国的义务。就文物归还而言,1970年《联合国教科文组织公约》不规定要归还非法移走文物的一般义务。这是第7条和第13条的规定。后一项规范对缔约国规定了几项一般义务,"防止试图促进文化财产非法进出口的所有权转让""以确保……归还非法出口的文化财产""承认为追回丢失或被盗物品而采取的行动""承认本公约各缔约国有不可剥夺的权利将某些文化财产分类并宣布其为不可剥夺的一部分……,并协助追回这些文物……"。但是,这些义务是有限的,因为缔约国应按照其各自的市政法律行事。根据第7(a)条,缔约国承诺采取措施阻止国内博物馆获取从另一缔约国非法出口的文化财产。第7(b)(i)条规定,归还盗自"博物馆、宗教或世俗公共纪念碑或类似机构"文物的责任,"但前提是有文件证明这些财产是该机构的存货"。此外,归还的义务取决于请求国是否向无辜的买方或对该物品拥有有效所有权的任何人支付"公正赔偿"[第7(b)(ii)条]。最后,归还程序基于政府间行动,因为只有缔约国才能触发这一程序。正是由于这些缺陷,第7条经常受到批评,说它不符合保护文化遗产免受分散危险的普遍利益。

---

① 26 Mar.1999,(1999)38 I.L.M.769.
② 17 Nov.1970,823 U.N.T.S.231.

其三,应联合国教科文组织要求,1995 年《国际统一私法协会公约》通过。① 国际统一私法协会是协调各国法律的专门组织,要求其制定一项自我执行的条约,旨在通过解决各国规则差异和 1970 年《联合国教科文组织公约》的弱点而产生的问题的方式,改善对文化物品的国际保护。

具体地说,1995 年《国际统一私法协会公约》适用于国际主张,并解决盗窃和非法出口问题。就盗窃而言,1995 年《国际统一私法协会公约》明确规定了归还被盗物品的义务,即使这些文物在保护善意拥有者的法律体系中被追回[第 3(1)条]。任何归还主张必须在特定期限内提出[第 3(3)条和第 3(4)条]。关于收回所主张的实物,如果证明善意购买人"在获取文物时进行了尽职调查",则公约赋予善意购买人"公平和合理的赔偿"(第 4 条)。至于非法出口,1995 年《国际统一私法协会公约》规定,"一国可请求另一缔约国的法院或其他主管当局下令归还从请求国领土非法出口的文化物品"[第 5(1)条]。因此,1995 年《国际统一私法协会公约》的前提是以起源国法律为控制法律。因此,该公约没有针对国际艺术品贸易制定一项独立的超国家政策,但不论所在地国的法律有何规定,该公约规定了执行起源国的出口禁令。

其四,2001 年,联合国教科文组织全体大会通过了《保护水下文化遗产公约》。② 联合国教科文组织制定这项新条约的主要原因有三。第一,人们日益认识到,对考古遗产的掠夺和分散已不再局限于陆上遗址。由于技术进步,寻宝者对水下遗址的掠夺和破坏正在迅速增加,目前已导致了人类对海底前所未有的探索。③ 第二,由于水下文化遗产的特殊性质和位置,现有的国家法律显然不足以保护它。国内立法只能对位于领海内的地点给予法律保护,即属于沿海国专属管辖范围内的毗邻领土的海域部分。相反,在公海上没有国家管辖。第三,2001 年《保护水下文化遗产公约》的通过,是因为《联合国海洋法公约》(UNCLOS)④没有明确规定足够的保护水平。

2001 年《保护水下文化遗产公约》受到第 2 条所列的目标和一般原则的启发:一是"缔约国应以造福人类为目的的保护水下文化遗产"(第 2 条第 3 款);二是"就地保存……应视为第一选择"(第 2 条第 5 款);三是"水下文化

---

① 24 June 1995,(1995)34 I. L. M. 1322.

② 2 November 2001,(2002)41 I. L. M. 37.

③ UNESCO, *Information Kit for the 2001 UNESCO Convention on the Protection of the Underwater Cultural Heritage*4-5,available at < www. unesco. org/en/under water-cultural-heritage/ >.

④ 10 December 1982,(1982)21 I. L. M. 1261.

遗产不得用于商业开发"（第 2 条第 7 款）。2001 年《保护水下文化遗产公约》还建立了具体的国际合作机制，包括保护措施实施中的报告、磋商和协调（第 9 条至第 11 条）。义务包括对非法贩运文化遗产的防止和管制（第 14 条）、羁押和处置（第 18 条）、合作和信息共享（第 19 条）、公众认识培养（第 20 条）、培训（第 21 条）和设立国内主管当局（第 22 条）。

第三节　对法律参数的批判性评估

　　前几部分论证了近百年来，文化遗产法在国内外的发展历程。联合国教科文组织的行动使保护文化遗产成为当代国际法的一项基本内容。这一演变的显著推论是，一些一般原则已成为国际法的一部分，对所有国家都具有约束力，而不受教科文组织条约的约束。这些一般原则包括：禁止对文化遗产的暴力行为，以及履行相应的义务，以保护文化遗产免遭武装冲突变迁的影响，禁止掠夺艺术品和随后的归还义务，以及禁止以战争赔偿的形式保留文物。[①]

　　相比之下，归还在和平时期被错误移走艺术品的义务的习惯性质令人怀疑。由于本章目的和篇幅有限，没有必要对禁止这种义务的论点进行深入研究。但是，可以指出最麻烦的障碍。

　　第一个问题是，事实证明，国内的遗产法和出口条例难以执行。事实上，这些规则既没有威慑也没有制止非法贩运，主要原因是：一是这些规则过于广泛和严格，没有一个政府能够管辖其国内的每一个考古遗址，抑或是能够监控每一个过境处以执行出口管制；二是文物交易市场所在国家没有系统地认定和执行这些措施。同样的问题与国际文书有关：各国政府和国内法院往往排除条约规范的直接适用性，因为据称其特征是不确定的，其性质也不能自行执行。执行问题尤其影响了赋予个人权利的国际条约。如果这些条约没有在全国范围内执行，个人就不能援引这些权利，因此，法官有

---

　　① Francioni,'Au-del à des traités:l'émergence d'un nouveau droit coutumier pour la protection du patrimoine culturel', RGDIP（2007）; W. Sandholtz, *Prohibiting Plunder. How Norms Change*（Oxford 2007）; M. Frigo, *La circolazione internazionale dei beni culturali*（2001）, at p. 84; Siehr,'International Art Trade and the Law', RCADI（1993-VI）, at p. 120.

义务驳回基于其规定的法律诉讼。[①] 第二个问题在于,国内法和国际条约不溯及既往。因此,国内法和国际法都不适用于有关已经被移走文物的主张,例如在遥远的殖民时期被移走的文物。第三个问题是,联合国教科文组织的条约既没有规定适用法律的问题,也没有规定国内法的适用范围。这意味着,窃贼和走私者可以从他们的不法行为中获利,在那些通过保护善意购买人的国内规范清洗了受污染物的所有权,或由于法定时效期满而禁止采取法律行动的国家,转移和销售被盗物品。[②] 反过来,这意味着,现有法律框架的不协调部分助长了本应防止的非法活动,从而助长了争端的增多。第四个所存在的问题是,文化遗产法律缺乏解决争端的具体和有效的程序。现有的任何条约都没有设立特别法庭或充分的管制制度,以确保其规范的一致适用。1954 年《海牙公约》仅规定,"各保护国应在一切可能对文化财产有利的情况下进行斡旋"(第 22 条),然而各条例规定了对文化遗产特别保护登记提出异议的仲裁。1954 年《海牙公约》第二议定书提出了一些解决争端的可能性。第 35 条和第 36 条详细规定了保护国和总干事的和解和仲裁权。1970 年《联合国教科文组织公约》只在一个方面具体处理了解决争端的问题:第 17 条第 5 款规定,当公约的两个缔约国就公约的执行发生争端时,联合国教科文组织可以"进行斡旋,使两缔约国之间达成一项解决办法"。1995 年《国际统一私法协会公约》的唯一有关规定是第 8 条。该条规定,有关其申请的主张可向"文物所在缔约国的法院或其他主管当局提出,此外,还可向根据缔约国现行规则具有管辖权的法院或其他主管当局提出"。此外,根据第 8 条第(2)款,允许当事各方将其争端提交仲裁。遗憾的是,这项规定没有就如何设计仲裁程序提供指导。2001 年《保护水下文化遗产公约》第 25 条第(1)款第(2)项规定,缔约国陷入涉及该公约解释和适用争端时,各缔约国应采用它们自己选择的和平解决办法。如果未达成解决办法,第 25 条第(3)款第(4)项授权各缔约国("不论它们是否也是《联合国海洋法公约》缔约国")在《联合国海洋法公约》第 287 条第(1)款所列的四

---

① *Autocephalous Greek Orthodox Church in Cyprus v Willem O. A. Lans*(District Court, Rb Rotterdam, 4 Feb. 1999; confirmed in Appeal, Hof Den Haag, 7 March 2002, 99/693); *République fédérale du Nigeria c. Montbrison*(Court of Cassation, 2006, JCP 2006, IV, 3005, 1917).

② Siehr,' The Protection of Cultural Heritage and International Commerce', *IJCP*(1997), at 304 ff.

种争端解决程序中作出选择。① 然而,这一争端解决制度只包括国家间的主张,而对于国家与非国家实体之间的争端,在该条约规定的范围之外,非国家实体例如商业打捞公司。②

上述情形的唯一例外体现在关于归还土著人民文化遗产和与大屠杀相关艺术品的国内法中。在归还土著人民文化遗产的情况下,大多数拥有重要土著人民的国家都通过了有关立法,规定了非法庭程序,旨在促进归还以及土著人民对与其遗产有关的所有决定的参与。③ 关于纳粹掠夺的艺术品,各国设立了专门的非法庭委员会,其任务是评估争端的法律和道德方面,并建议归还或其他形式的救济。

这种情况的明显后果是,争端应通过政治或外交谈判加以解决,如果这些谈判失败或无法解决,则应通过传统的争端解决机制,包括调解、仲裁和在国内法院或国际法庭进行诉讼。这种处理文化遗产争端的特定方式要求最终解决主要取决于法院的选择和适用的法律的选择(法院选择决定了结果),而这两者的选择往往取决于物品发现所在地的任意情况。这还可能导致适用不一致的决定、建立有害的先例和法律零碎发展等风险。

第四节　通过争端解决方法执行文化遗产法

一般而言,解决争端的方法可分为两类:一是法律方法(仲裁和司法解决),这会导致具有约束力的决定;二是外交方法(谈判、斡旋、和解和调解),据此,各方可以接受或拒绝提议的解决方案,并保持对程序的控制权。④

---

① 这些选择包括:(1)根据《联合国海洋法公约》附件六设立的国际海洋法法庭;(2)国际法院;(3)根据《联合国海洋法公约》附件七设立的仲裁庭;(4)根据《联合国海洋法公约》附件八对其中规定的一项或多项争端设立特别仲裁庭。

② E. Boesten, *Archaeological and/or Historic Valuable Shipwrecks in International Waters*(2002).

③ Canadian First Nations Sacred Ceremonial Objects Repatriation Act(RSA,Ch. F-14,2000);United States Native American Graves Protection and Repatriation Act[25 U. S. C. § 3001 et seq. (1990)],*commented in*Nafziger, 'Cultural Heritage Law:The International Regime', in J. A. R. Nafziger and T. Scovazzi (eds), *The Cultural Heritage of Mankind*(2008),at pp. 213-214.

④ Von Schorlemer, 'UNESCO Dispute Settlement', in A. A. Yusuf (ed.), *Standard-Setting in UNESCO*, *Normative Action in Education*, *Science and Culture*(Vol. I)(2007)73,at 74 ff.

接下来的调查旨在描述这些程序的主要特征,并探索可用的实践方法,以评估法律和外交方法在解决归还主张方面的效力,从而评估文化遗产法的执行情况。的确,正如纳夫齐格(Nafziger)所指出的那样,国际文化遗产法的执行主要依赖于对非犯罪性的"制裁",例如归还不公正转移的资产。①

诉讼和仲裁将不在同一情况下处理。即使它们具有某些共同特征(两者都是决定性的,他们不寻求解决争端,他们的决定是最终的和有约束力的),但仲裁仍被视为诉讼的替代性争议解决方法之一。此外,本次调查将仅考虑在国内法院进行的诉讼,从而排除了对国际法庭的作用的讨论。这不仅是由于缺乏国际决定而引起的。② 最具决定性的原因是,现有的国际法庭在结构上无法授予个人、博物馆和社区等非国家实体一定地位,也无法满足他们在跨国归还案件中的利益。

一、法律方法——国内法院的诉讼

在国内法院提起法律诉讼是解决大多数跨国艺术品案件的主要途径。最明显的原因是,诉讼以一个可以通过国家机构执行的最终裁决而告终。

各国通常依靠继承法或出口法规在国外法院提起诉讼。另一方面,诸如收藏家和博物馆之类的非国家实体则诉诸国内法院,这些法院大多将归还作为对侵犯财产权的一种补救。刑事案件也并不罕见。但是,司法实践表明,由于艺术品市场的暗黑行径,不容易证明被告卷入了盗窃或非法贩运活动,或者证明其故意获得了被盗物品。

话虽如此,但必须强调的是,国内法院能够通过适用现有规则,保证归还有争议的文化遗产。③ Goldberg 案就是一个突出的例子。④ 在这起案件中,印第安纳州上诉法院裁定,四个拜占庭镶嵌图案必须由原告所有,即塞浦路斯的希腊东正教教堂和塞浦路斯共和国,而非作为被告的艺术品交易

---

① Nafziger, 'International Penal Aspects of Protecting Cultural Property', *Int' l Law*. (1985) 835 ff.

② 例如,国际法院自成立以来只处理了两次归还要求,例如 *Temple of Preah Vihear*(*Cambodia v Thailand*), Judgment of 15 June 1962, ICJ Reports, 1962, at p. 6, 其中归还文化资产的问题与划定国家边界的问题是伴随发生的,以及 *Liechtenstein v Germany* 案(Preliminary Objections, Judgment of 10 February 2005, ICJ Reports, 2005, at p. 6),此案中,没有根据案情进行讨论,因为申请人的请求因缺乏时间限制管辖权而被驳回。

③ 其他案例在本文第六点、第七点中进行了描述。

④ *Autocephalous Greek Orthodox Church of Cyprus v Goldberg*, 717 F. Supp. 1374(S. D. Ind. 1989), *aff 'd*, 917 F. 2d 278(7th Cir. 1990).

商佩格·戈德堡(Peg Goldberg)所有。在 1974 年土耳其入侵之后,位于利瑟兰科米(Lythrankomi)的 Panagia Kanakaria 塞浦路斯教会的四幅镶嵌图画被偷。Elicofon 案①是关于 1945 年盗自德国 Schwarzburg 城堡由阿尔布雷特·丢勒(Albrecht Dürer)所作的两幅肖像。当美军占领城堡时,这两幅画消失了。1966 年,在纽约收藏家爱德华·埃里科丰(Edward Elicofon)的藏品中发现了它们,爱德华·埃里科丰于 1946 年从一名美国军人那里购买了这两幅画。1966 年,得知丢勒绘画的位置后,德意志联邦共和国和魏玛艺术博物馆(Weimar Art Collection)向法院提起诉讼,要求返还这两幅绘画。1981 年,美国纽约东区地方法院裁定,丢勒作品已经被盗,魏玛艺术博物馆是应有的所有人,埃里科丰必须将这些画作交付魏玛艺术收藏馆。

二、外交方法

(一)谈判

谈判是解决文化资产归还争端的更常用手段。这是一种自愿的,不具有约束力的机制,该机制允许各方保留对过程的控制权,而无须任何中立第三方的调解。因此,它允许类似的争端者创造双赢的解决方案,其中设想了创造性并且相互满意的结果,②并排除了现有的法律障碍。③

各案例表明,谈判已在返还请求中被广泛使用。但是,鉴于当前几乎每个星期都有新的案件见诸报端,因此本章仅讨论最具代表性的例子。④ 关于大屠杀相关艺术品,值得考虑的案例涉及绘画《麦当娜和孩子在一个风景》,该作品由卢卡斯·克拉纳赫(Lucas Cranach)绘成。2000 年,北卡罗来纳艺术博物馆在收到来自维也纳收藏家菲利普·冯·贡佩兹(Philipp von Gomperz)的证据后,立即归还了这幅画,这让艺术界感到惊讶。因此,博物馆没有强迫继承人在法庭上证明其主张。贡佩兹继承人甚至不必雇用律师,他们对博物馆的回应非常满意,以至于他们同意以远低于市场的价格将画作卖

---

① *Kunstsammlungenzu Weimar v Elicofon*, 478 F. 2d 231(1973),536 F. Supp. 829(E. D. N. Y. 1981),*aff'd*,678 F. 2d 1150(2d Cir. 1982)。

② I. Fellrath Gazzini,*Cultural Property Disputes: The Role of Arbitration in Resolving Non-Contractual Disputes*(2004),at p. 62。

③ Cornu and Renold,'Le renouveau des restitutions de biens culturels: les modes alternatifs de règlement des litiges',*JDI*(2009)493,at p. 517。

④ 参见 *ArThemis* 数据库中列出的案例,该数据库网址: < http: //unige. ch/art-adr > (最后访问于 2013 年 2 月 4 日)。*ArThemis* 由日内瓦大学艺术法律中心设立于 2011 年。

给博物馆。① 相比之下,关于埃贡·席勒(Egon Schiele)的作品《沃利肖像》的争议经过 12 年的谈判和诉讼之后才得以解决。② 2010 年 7 月,各当事方(Lea Bondi 庄园、美国政府和维也纳利奥波德博物馆)宣布了该案的庭外和解。该协议的主要条款包括:第一利奥波德博物馆向庄园支付 1900 万美元;第二庄园放弃对画作的主张;第三美国政府驳回了民事没收诉讼;第四利奥波德博物馆在其真实出处的绘画旁边设永久展示标牌。③

事实证明,谈判也有助于防止(或结束)关于被盗或非法出口的文物的昂贵且漫长的法律斗争。来源国和市场国之间以及来源国与外国博物馆之间达成的众多双边协议证明了这一点。在现有的各案例中,值得考虑的是意大利和美国之间的协议。④ 根据《文化财产公约执行法案》,此协议达成。《文化财产公约执行法案》于 1983 年被美国通过,旨在实施 1970 年《联合国教科文组织公约》。《文化财产公约执行法案》提供了一种机制,即美国和1970 年《联合国教科文组织公约》的其他缔约国可以通过该机制订立双边协议,对受抢劫的考古或民族学材料实行进口限制。一方面,意大利-美国协定有助于保护意大利的文化遗产,因为指定的材料只有在获得意大利政府颁发的出口许可证或可证明出口发生在 2001 年 1 月 19 日之前的验证文件下才能进入美国。另一方面,该协议通过研究教育计划和文物出借,丰富了美国的文化生活。重要的是,该协定明确规定,通过由美国和意大利博物馆(……)逐项达成的"长期出借协议(……)""意大利允许以文化、展览、教育和科学目的交换考古资料"(第二条(E)款)。

---

① Yellin, 'North Carolina Art Museum Says It Will Return Painting Tied to Nazi Theft', *N. Y. Times*, 6 February 2000.

② *United States v Portrait of Wally*, 105 F. Supp. 2d 288 (S. D. N. Y. 2000), 2000 U. S. Dist. LEXIS 18713 (S. D. N. Y. 28 Dec. 2000), 2002 U. S. Dist. LEXIS 6445 (S. D. N. Y. 2002), 663 F. Supp. 2d 232 (S. D. N. Y. 2009), No. 99-CV-09940 (S. D. N. Y. filed 29 July 2010). For the details of the case, see Spiegler, 'What the Lady Has Wrought: The Ramifications of the Portrait of Wally Case', *Art & Advocacy*, The Art Law Newsletter of Herrick, Feinstein LLP. (2010), vol. 7, at 1-5; and Dobrzynski, 'The Zealous Collector: A Singular Passion for Amassing Art, One Way or Another', *N. Y. Times*, 24 December 1997.

③ Press Release, The Art Law Group of Herrick, Feinstein LLP, 'The United States of America, the Estate of Lea Bondi Jaray and the Leopold Museum Settle the Long-Standing Case Involving "Portrait of Wally" by Egon Schiele', 20 July 2010, 网址为参见 < http://info. herrick. com/rs/vm. ashx? ct = 24F76A15D4AE4EE0CDD881AFD42F921E91907ABFDA9818CF5AE175767CEAC80BD F416 > (最后访问于 2013 年 2 月 4 日)。

④ 'Agreement Concerning the Imposition of Import Restrictions on Categories of Archaeological Material Representing the Pre-Classical, Classical, and Imperial Roman Periods of Italy', 19 January 2001, (2001) I. L. M. 1031 ff. 2011 年,该协议延长了 5 年,直至 2016 年 1 月。

意大利-美国协定所包含的基本原则已经被纳入 2006 年至 2008 年间意大利政府与中国、瑞士等国政府①以及其他一些外国博物馆缔结的协定中，包括波士顿美术馆、纽约大都会艺术博物馆和洛杉矶保罗·盖蒂博物馆等。此外，各来源国也签署了类似的协定。②　总而言之，这些协定构成了有效的庭外和解，其允许：第一，返还一些珍贵的古物，尽管意大利政府几乎没有任何法律手段强迫博物馆返还主张的物品；③第二，发展一项文化合作的持续性项目，包括文物互惠出借、文物研究、保护和考古调查等领域的合作。实际上，这些协定旨在促进合作，而不仅仅是归还文物。

（二）调解

调解是中立的第三方在争端中的干预，目的是通过考虑法律外的因素，以灵活、迅速、机密且成本较低的方式协助诉讼当事人达成双方满意的协议。当双方之间的对立阻碍了直接谈判时，调解员的作用至关重要，以协助双方缓和争端，促进价格协商与互惠让步，以维持商业关系。正如帕默（Palmer）建议的那样，"调解不是根据对过去行为的法律分析和补救来解决争端，而是根据双方共同点的确定、未来关系的发展和未来目标的实现，以解决争端"。④

要发现调解主张的存在并不容易。这是因为调解保证了当事人的保密性。以下案例表明，调解是解决归还主张的有用方法。第一个案例涉及瑞士苏黎世州和圣加仑州之间关于 1712 年维尔默根战争期间被盗的大约一百件手稿、书籍和其他手工艺品的争议。鉴于所有尝试均未能达成和平的解决方案，双方于 2006 年 4 月签订了一项协议。除其他外，该协议规定：（1）苏黎世州是各项物品的合法所有人；（2）圣加仑州承认苏黎世的权利；（3）三十五件珍贵的手稿借给圣加仑州，为期 38 年，并且可以续签；（4）圣加仑州将得到一个天球的复制品，以作为苏黎世州付出的代价。尽管它涉及一个国家内部的争端，但这种调解解决方法是值得注意的，因为它考虑到有争议的

---

①　意大利与中国的协定见网址：< www. rio. beniculturali. it/index. php？ it/129/furti-scavi-illeciti-importazione-ed-esportazione-illegale >。

②　例如，秘鲁政府与耶鲁大学之间的协定缔结于 2010 年 11 月。见 < http://opac. yale. edu/peru/english/mou. html >（最后访问于 2013 年 2 月 4 日）。

③　Scovazzi,' *Diviser c'est détruire*: Ethical Principles and Legal Rules in the Field of Return of Cultural Properties', *Rivista di diritto internazionale*(2010)341, at p. 380.

④　N. Palmer, *Museums and the Holocaust: Laws, Principles, and Practice*(2007), at p. 107.

文物与两个州的历史和文化遗产都有相关性的情况。①

尽管不涉及文物,但有关伦敦自然历史博物馆归还大量人类遗骸争端的解决表明,调解可以相对迅速地找到解决方案,且无须支付高昂的费用。这些遗体在 1850 年前后从塔斯马尼亚的墓地被移走,随后被运到英国。塔斯马尼亚原住民中心从 20 世纪 80 年代开始提交了各种归还请求,但博物馆始终拒绝这些主张。因此,塔斯马尼亚中心在伦敦针对该博物馆提起诉讼。该中心试图防止对遗体进行侵入式的科学检查,包括 DNA 提取、骨头碎片的化学分析,因为这些将侵犯土著人民习惯权利。考虑到冗长的审判和不断增加的法律费用,博物馆的董事会同意通过调解的方式解决争端。经过三天的调解,争端于 2007 年 5 月得到解决,在此期间,中心和博物馆代表共同决定,在人类遗骸返回塔斯马尼亚之前,对人类遗骸的科学调查许可范围。②

关于大屠杀的主张,有必要考虑到,自从 20 世纪 90 年代末爆发归还运动以来,各种非法庭机构陆续建立,以解决争端。其中包括法国归还委员会和英国政治咨询小组。重要的是,建立这种委员会的国内法是由大屠杀时期资产华盛顿会议通过的原则推动的。③ 尽管这些原则不具有约束力,但这些原则要求有一个公正的解决办法,并要求各国作出道义承诺,协助将被盗艺术品归还其原始所有者。例如,原则 11 规定,"鼓励国家发展……解决所有权问题的替代性争端解决机制"。

在过去的 20 年中,所有非法庭国内机构都取得了重大现实意义,尽管其决定仅仅是不具约束力的建议。例如,英国政治咨询小组提供了一种制度化的调解形式,以解决在 1933 年至 1945 年之间失去文物所有权的人或其后代提出的主张,这些文物现在被国家收藏。④ 尽管其权力仅是咨询性的,但是该小组有责任评估争端的法律、事实和道德等方面,例如行为、收购的情况、收购中表现出的谨慎程度以及对被抢材料提出主张的努力程度。⑤ 此外,由于英国政治咨询小组不受法律上的证据规则约束,因此它可以考察法

---

① B. Schönenberger, *The Restitution of Cultural Assets* (2009), at pp. 10-11.

② L. V. Prott(ed.), *Witnesses to History. A Compendium of Documents and Writings on the Return of Cultural Objects*(2009), at 401 ff.

③ 参见 < http://www. lootedart. com/MG7QA043892 > (最后访问于 2013 年 2 月 4 日)。

④ Spoliation Advisory Panel, 'Constitution and Terms of Reference',参见 < http:// www. culture. gov. uk/what_we_do/cultural_property/3296. aspx > (最后访问于 2013 年 2 月 4 日)。

⑤ 截至 2012 年 7 月,英国政治咨询小组已针对 12 个案例提出了建议。

院可能无法触及的事实。Art Resolve 是另一家提供调解服务的机构,以解决关于真实性和归属、所有权和出处或任何其他与文化物体有关问题的纠纷。[1] 这是一家非营利性公司,成立于 2000 年,除了调解外,还提供解决争端的其他机密和有效庭外选择,包括早期中立评估、专家裁定和仲裁。

可能有人争辩说,越来越多地使用调解是由于联合国教科文组织促使文化财产送回原有国或归还非法占有文化财产的政府间委员会(ICPRCP)章程修正案。ICPRCP 成立于 1978 年,其任务是协助联合国教科文组织成员国处理超出 1970 年《联合国教科文组织公约》时间限制范围的案件。但是,这个常设机构并未获得管辖权来处理国家间争端。相反,它可以简单地以顾问身份行事,为双边讨论和谈判提供框架。因此,国家既不被迫提起诉讼,也不必遵守其建议。如前所述,联合国教科文组织全体大会于 2005 年修订了 ICPRCP 会议规约。现在,通过实现无约束力的调解(与和解)功能,ICPRCP 还负责"为归还起源国文化财产而寻求促进双边谈判的方法"。诚然,其目标是加强 ICPRCP 作为解决归还主张专门对话平台的作用。实际上,多年来委员会也仅解决了八起案件。[2]

(三)仲裁

仲裁是解决国际争端的主要非法庭手段之一。如果争端各方依靠一般承诺(例如条约或合同)中包含的仲裁条款,或通过规定提交协定(国际争端解决协议),则可以通过仲裁解决该争端。

尽管可以采取一定形式,但仲裁的主要好处在于当事方有权根据自己的需要制定程序。除此之外,争端各方可以在选择一名或多名仲裁员、适用法律和适用证据规则等方面达成协定。[3] 如果当事各方未能使该协定服从于他们选择的法律,法院地法即仲裁所在地的法律作为附属规则适用。[4] 允许诉讼人加入一些条款,使仲裁员可以根据"平等""良心"以及所选择的法

---

① 参见 < http://www. artresolve. org/index. htm >(最后访问于 2013 年 2 月 4 日)。

② 参见 Prott,'The History and Development of Processes for the Recovery of Cultural Heritage', in Prott(ed.)。但争议最大的案件仍在审理中:希腊要求大英博物馆归还帕特农神庙大理石。然而,当该案提交比利时法院审理时,ICPRCP 委员会已暂停对 Khorvin 案的审查,直到当时已用尽所有的内部补救手段为止。Khorvin 案是伊朗于 1985 年提交给 ICPRCP 的,涉及一个私人收藏者拥有的一系列考古文物。见 ICPRCP,Final Report of the Seventeenth Session,UNESCO Doc. CLT-2011/CONF. 208/COM. 17/6,May 2011,at p. 6.

③ N. Palmer,Art Loans(1997),at 373 ff.

④ Shengchang and Lijun,'The Role of National Courts and Lex Fori in International Commercial Arbitration',in L. Mistelis and J. D. M. Lew(eds),Pervasive Problems in International Arbitration(2006).

律体系的规则所未包含的其他原则进行裁决。这不仅适用于没有合适的国家法律体系情况下,而且也适用于有必要考虑超国家规则的情况下。①

鉴于这些考虑,仲裁可被视为有利于解决各种文化遗产纠纷的适宜方式。首先,仲裁适合于解决有关真实性的合同索赔案件。这是因为仲裁具有保密性,这对有关的专业人员很重要。其次,在涉及起源国所要求物品的争端中,仲裁可能具有很大的优势,因为仲裁员处于中立地位,可以决定主权、国家和国际法等问题以及道德和伦理论点。意大利文化遗产部与大都会艺术博物馆签订的上述协定中第9(2)条证实了这一点,根据该条规定,"有争议的问题应通过仲裁私下解决"。再次,仲裁可能有助于解决国际文物出借问题,国际文物出借所出现的问题不仅是因为各国法律的不同,而且还因为文物借出方和借入方通常没有在其出借协议中阐明最重要的事项,例如与借出方所有权、展示义务和真实性有关的事项。② 最后,仲裁为解决与大屠杀相关的艺术纠纷提供了有效的方法。玛丽亚·阿尔特曼(Maria Altmann)诉奥地利共和国案证明了这一点。③ 该争议有关古斯塔夫·克里姆特(Gustav Klimt)的六幅画作,这六幅画作于1938年被纳粹从主张人的犹太叔叔费迪南德·布洛赫·鲍尔(Ferdinand Bloch-Bauer)手中没收。玛丽亚·阿尔特曼在美国对画作持有者提起诉讼,即奥地利国家美术馆。但是,该案并非通过司法裁决的方式解决。争端各方达成协定,以终止诉讼并将争端提交奥地利仲裁。根据该协定,3名奥地利仲裁员组成的小组适用了奥地利的实体法和程序法。仲裁小组于2006年1月得出裁决,裁定奥地利有义务将克里姆特的杰作归还给费迪南德·布洛赫·鲍尔的唯一后代,即玛丽亚·阿尔特曼。

第五节　争端解决方法的批判性评价

诚然,本章所进行的分析可能会给人一种印象,即法律途径和外交途径都可以被用于裁定归还案件。但是,应该明确的是,正如许多争端一样,普

---

① Palmer, see earlier note 54, at 380 ff.

② Palmer, see earlier note 54, at 11, pp. 405-406.

③ *Maria Altmann v Republic of Austria*, 142 F. Supp. 2d 1187 (C. D. Cal. 1999), *aff'd*, 317 F. 3d 954 (9th Cir. 2002), *as amended*, 327 F. 3d 1246 (9th Cir. 2003), 541 U. S. 677 (2004).

通法院的诉讼程序是不可能替代的,尤其是考虑到国内法院的执法和制裁权,不太可能所有争议都通过替代性争端解决方法得到有效解决。而且,法律手段和外交手段都存在阻碍主张解决的缺陷。本文旨在指出此类缺点。

第一,从诉讼开始,能否进入市政法院。尽管诉诸法院的决定是针对诉讼方的,但诉讼可能会受到时效期限届满或适用反羁押立法或国家豁免规定的限制。第二,诉讼作为一种对抗性的制度,其解决方案往往会造成赢家和输家之间的对立,特别是在涉及盗窃受害者和无辜购买者的案件中。在这些案件中,法官受适用法律的约束,会将经济损失分配给被处置所有者或当前的善意拥有者。[①] 第三,诉诸诉讼的方式需要大量的经济和人力支出。诉讼人不仅可能浪费时间,而且由于涉及错综复杂的事实和法律问题,还可能负担昂贵且冗长的诉讼法律费用。第四,法官缺乏艺术和文化事务经验。法官不仅可能会将文物等同于动产来考察,而且对古物非法贸易的动态还缺乏足够的了解。实际上,在许多判决中,为普通货物制定的国内规则被适用于涉及杰出文化珍品和证据、伦理和道德等特殊问题的争端。[②]

这些缺点表明,在国内法院进行诉讼不是完全有效的。因此,律师建议客户庭外和解。[③] 在这方面,令人回想起丹宁大法官在 Ortiz 案中所作的一项陈述,即取回位于国家领土之外的艺术品"必须通过外交手段实现"。[④] 此外,值得强调的是,文化遗产争端不适合采用经典的对抗方式解决。保护文化资产中所包含的非经济价值需要的不仅是确定的和可执行的裁决。诉讼可以使中立的法官根据严格的法律额外强加和解的事实不一定是有利的。实际上,即使公正地运用普通法律和程序中的文化敏感性,也可能带来负面结果。

然而,诉诸替代性争端解决方法并不广泛。一方面,替代性争端解决方法解决争端的合同条款之所以稀少,是为了避免起草全面合同的法律费用。

① Minyard, 'Adding Tools to the Arsenal: Options for Restitution from the Intermediary Seller and Recovery for Good-Faith Possessors of Nazi-Looted Art', *Tex. Int' l L. J.* (2007-2008), at p.116.

② Paterson, 'Resolving Material Culture Disputes: Human Rights, Property Rights, and Crimes against Humanity', in J. A. R. Nafziger and A. M. Nicgorski (eds), *Cultural Heritage Issues: The Legacy of Conquest, Colonization, and Commerce* (2009), at p.379.

③ Lowenthal, 'Recovering Looted Jewish Cultural Property', in International Bureau of the Permanent Court of Arbitration (ed.), *Resolution of Cultural Property Disputes* (2004), at p.156.

④ *Attorney General of New Zealand v Ortiz* (1982) 3 QB 432, *rev' d*, (1984) A. C. 1, *add' d*, (1983) 2 All E. R. 93.

例如,博物馆官员宁愿避免处理纯粹的法律事务,这一点在艺术品出借的情况下尤其如此。人们坚信,博物馆可以通过诉诸专业忠诚和共同利益来解决彼此之间的争端。① 另一方面,如前所述,替代性争端解决方法并不常见,因为其自身存在某些缺点。

替代性争端解决方法的自愿本质是最重要的。在合同争端领域之外,在缺乏重大动机的情况下,诉讼人可能不愿诉诸谈判、调解或仲裁。Altmann案说明了这一点,在该案中,奥地利共和国拒绝了玛丽亚·阿尔特曼提出的将争端提交仲裁的初步建议。谈判和调解也是如此。

还有一个相关的问题是执法方面的问题。谈判不能保证争端将最终得到解决,也无法确保确定可立即执行的解决方案。同样,也没有一种机制可以迫使各方遵守调解协议。相反,仲裁裁决通常对当事方具有约束力。这是因为,150多个国家已经签署了1958年《纽约公约》。② 该公约规定了签署国法院实际上可以自动执行仲裁裁决。但是,败诉方可能仍然无法兑现裁决。在这种情况下,胜诉方将不得不通过败诉方的法院系统要求其承认并执行裁决。同样,败诉方可以反对这一动议,或者可以尝试通过国内司法机构撤销或者废除该裁决。③

此外,通常假定,替代性争端解决方法比诉讼更便宜,且更省时间。就谈判和调解而言,这一点确实是正确的。然而,并非总是可以通过仲裁获得这种利益。整个仲裁过程,包括裁决的承认和执行,并不总是迅速实现的。在一定程度上,解释了仲裁和解的稀有性与谈判和调解协定的丰富性之间的鲜明对比。最后,仲裁带来了局部性的风险。该主张并非源于以下事实:每一方均有权选择其仲裁人,并且这将有助于支持任命他们的那一方的利益。更具体地说,这个问题与这样一个事实有关,即仲裁员可能倾向于青睐将来最有可能需要其服务的一方,而与所涉及的其他利益无关。④ 在这方面,拉莱(Lalive)甚至说替代性争端解决方法可能会被不道德的艺术

① Palmer, 'Extra-Curial Resolution of Contract Issues Involving Art and Antiquities: The English Experience', in Byrne-Sutton and Geisinger-Mariéthoz (eds), see earlier note 2, at p. 55, pp. 56-57.

② Convention on the Recognition and Enforcement of Foreign Arbitral Awards, 10 June 1958, 330 U. N. T. S. 38.

③ 1958年《纽约公约》第五条列举了拒绝承认或执行裁决的理由。

④ Shapiro, 'Litigation and Art-Related Disputes', in Byrne-Sutton and Geisinger-Mariéthoz (eds), see earlier note 2, at p. 17, p. 32-33; G. van Harten, *Investment Treaty Arbitration and Public Law* (2007), at pp. 152-153.

专业人士或不顾后果的收藏家所利用,以避免司法诉讼和随之而来的制裁。①

第六节　揭露司法部门对文化敏感判决的持续偏好

现有争端解决机制的固有局限性,加上现有法律制度的缺陷,要求确定解决艺术品争端的方法,这些方法既要考虑到艺术品和文化的特殊性,又要考虑到艺术市场的独特性,并可以调和所涉及的历史、道德、文化、金融和法律问题。

在这方面,一些学者认为,建立一个统一的争端解决机构,对文化遗产争端拥有专属的、强制性的管辖权,将是优先处理文化遗产问题的理想机制。② 协调麻烦的国内规则,例如关于善意购买、所有权有效转让手续、限制法规、出口限制、法律选择等,构成了另一种选择,可以凸显文化遗产的独特性,并排除适用于普通货物的规则。

但是,这些选项暂时都无法实现。缺乏意愿以及出口国和进口国之间的差异使得这些发展更像是对未来的愿景,而不是目前的现实选择。

尽管如此,最近的实践表明,一项重要的进展正在进行中,在一定程度上可以替代不切实际的结构和法律改革。对当代实践的现实观察表明,面对现有的结构和法律约束,国内法院的确采取了对文化敏感的判决。结果,许多司法程序的最终结果与争议者诉诸替代性争端解决方法可能获得的解决方案并无不同。因此,人们可以看到司法和非司法裁判者观点的融合。

以下部分概述了司法实践提供的最重要的文化敏感裁决。这些裁决可

---

①　Lalive, 'Themes and Perspectives: Litigation—A Declining Solution to Holocaust-Related Claims?', Paper Presented at the Conference Dispute Resolution and Holocaust-Related Art Claims: New Principles and Techniques(London, 18 Oct. 2006).

②　Parkhomenko, 'Taking Transnational Cultural Heritage Seriously: Towards a Global System for Resolving Disputes over Stolen and Illegally-Exported Art', *Art Antiquity & L.* (2011) 145 ff.; Anglim Kreder, 'A Nazi-Looted Art Tribunal', *World Arb. & Mediation Rev.* (2007) 693 ff.; Pell, 'Using Arbitral Tribunals to Resolve Disputes Relating to Holocaust-Looted Art', in International Bureau of the Permanent Court of Arbitration(ed), see earlier note 62, at 307 ff.; Prunty, 'Toward Establishing an International Tribunal for the Settlement of Cultural Property Disputes: How to Keep Greece from Losing Its Marbles', *Georgetown L. J.* (1983-1984) 1155 ff.

以反映出,执行国际法(包括国际文化遗产法)的最有效方法是在国内。此外,这一判例法证明,此处所分析的法学发展的主角主要是进口国的法院,即发现被盗或非法出口物品和提起诉讼的国家法院。判例法分为以下四大类。

第一类包括司法裁决,命令归还战时被掠夺的文物。重要的是,该判例法应被视为 19 世纪末以来通过的条约所载的归还义务的习惯性质证据之一。首先要提及的裁决涉及著名的 Menzel 诉 List 案,1941 年,纳粹羁押的 Chagal 油画的比利时所有权者在美国起诉了这幅油画的拥有者。① 纽约最高法院依据 1907 年《海牙公约》附属规则以及一项国外判例法,例如纽伦堡法庭判决和 Mazzoni 诉 Finanze dello Stato 案的判决,下令归还这幅画。②

Altmann 案的裁决与本分析高度相关。如前所述,玛丽亚·阿尔特曼在加利福尼亚中央区起诉了奥地利共和国以及奥地利国家美术馆,要求其归还 Klimt 的画作,并指控其没收财产的行为违反了国际法。为了确立标的物管辖权,阿尔特曼依据《外国主权豁免法》的没收例外规定。③ 这明确豁免了涉及"违反国际法取得的财产权"的所有案件,前提是该财产与美国有商业联系,或拥有该财产的机构或媒介"在美国从事商业活动"。④ 奥地利共和国及其美术馆提出驳回申请,除其他外,声称缺乏主权豁免原则下的管辖权。地方法院驳回了奥地利的申请。奥地利对该裁决提出上诉,此事已提交美国最高法院。这最终使得《外国主权豁免法》追溯适用于该法颁布(1976年)之前发生的事件,从而否决了外国主权豁免。Altmann 案之所以具有重大意义,是因为它反映了美国司法机构的意愿,即扩大法律解释的范围,以便创造一个可提供更大机会来回收被掠夺艺术品的环境,即使外国主权者及其代理人拥有该艺术品。⑤ 通过这样做,美国法官确认了与大屠杀有关的艺术主张的独特性质,并认为,必须归还纳粹夺取的物品,不管现在的拥有者可能提出何种防御措施。⑥ 由于纳粹掠夺艺术品是有计划地剥夺犹太种

---

① 267 N. Y. S. 2d 804,809(Sup. Ct. N. Y. 1966), *rev' d*, 246N. E. 2d742(N. Y. 1969).

② *Tribunale di Venezia*, 8 Jan. 1927, Foro It., 1927, I, 961 ff.

③ 28 U. S. C. § § 1602-1607(1976).《外国主权豁免法》为美国法院针对外国政府的民事诉讼提供了专属管辖权。

④ 28 U. S. C. § 1605(a)(3).

⑤ Altmann 案例在后来的案例中引起了共鸣,包括 Malewicz et al. 诉 City of Amsterdam 案(U. S. Dist. LEXIS 46312, D. D. C., 27 June 2007)和 Claude Cassirer 诉 The Kingdom of Spain and the Thyssen-Bornemisza Collection Foundation 案[461 F. Supp. 2d 1157(C. D. Cal. 2006)].

⑥ Paterson, see earlier note 61, at p. 373.

族生命的一个方面,纳粹的掠夺不能被视为"传统"战争战利品,因此与大屠杀有关的主张不能仅仅被视为所有权主张。①

有趣的是,罗德岛区法院在 Vineberg 案②中认可了这一论点,该案涉及温特哈尔特(Winterhalter)创作的绘画《萨宾山的女孩》,该画作的原所有者在 1935 年被迫偿还债务。法院下令归还这幅画,并确立了以下原则:犹太人所有者在 1933 年至 1945 年之间进行的所有买卖被推定为在威胁下进行,因此是无效的,且应被视为盗窃。法院承认,被告没有通过任何不当行为获得艺术品,但由于被告的前任利益方没有该画的所有权,因此,被告无法对该画主张有效所有权。

2011 年,两个纽约法院通过缩小《外国主权豁免法》的适用范围解决了一件与梵高画作有关的案件。③ 该案件涉及的画作为《圣马迪拉莫海景》,犹太血统的德国人玛格丽·毛特纳(Margare Mauthner)声称该画是在纳粹时期被胁迫出售的。区法院和上诉法院驳回了该主张,并确认上述《外国主权豁免法》对国家豁免的例外不适用于此案,因为该画作不是由主权实体"取走"的,而是由私人个人所为,该私人其后将该画作遗赠给瑞士联邦。换句话说,法院驳回了这一诉讼,理由是缺乏标的物管辖权,认定《外国主权豁免法》例外只能由主权国家行为触发,而非私人行为。④

第二类包括法院承认且执行的来源国法律的判例,尽管存在的默认规则违背出口法的域外性。在 Schultz 案中,⑤纽约一法院根据《国家被盗财产法》判定艺术品交易商密谋接收了被盗的埃及文物。由于美国法院传统上不执行其他国家的出口管制,因此辩方认为,相关的埃及法律并未授予国家所有权,因此没有盗窃行为,仅违反了埃及的出口管制。但是,在听完埃及官员的证词后,Schultz 案的法院认定埃及法律是真正的遗产法。因此,法院确认,《国家被盗财产法》适用于违反外国遗产法的被盗物品。Schultz 案的

---

① M. J. Kurtz, *America and the Return of Nazi Contraband* (2006), at 26 ff.

② *Vineberg et al. v Maria-Louise Bissonnettee al.*, 529 F. Supp. 2d 300, 301 (27 December 2007).

③ *Andrew Orkin v The Swiss Confederation, et al.*, 2011 U. S. Dist. Lexis 4357 (13 January 2011); *Andrew Orkin v The Swiss Confederation, et al.*, 770 F. Supp. 2d 612, 2011 U. S. Lexis 24507 (S. D. N. Y. 11 March 2011), aff'd, *Andrew Orkin v The Swiss Confederation, et al.*, 2011 U. S. App. (12 October 2011).

④ *Orkin v The Swiss Confederation* (S. D. N. Y. 11 March 2011), at p. 7.

⑤ *United States v Schultz*, 178 F. Supp. 2d 445 (S. D. N. Y. 2002), aff'd, 333 F. 3d 393 (2d Cir. 2003).

判决①还表明,美国法院允许对外国出口法规进行某种"隐性"适用。实际上,美国法院倾向于执行外国法律,无论国家先前是否拥有。这并非意味着美国法院不会区分"盗窃"和"非法出口"。相反,这意味着美国承认并认为值得保护的情形与类似所有权的地位有联系。

在美国,另一项立法已经被用于实施保护考古遗址的外国法律:《考古资源保护法》。② 尽管该法令所宣称的目的是保护源自美国的考古资源,但自 1996 年以来,联邦检察官至少在三种情况下将《考古资源保护法》应用于从国外偷来的古物:第一种情况有关一个古代花瓶,③第二种情况有关秘鲁人工制品,④第三种情况为亚洲古物。⑤

伊朗诉 Barakat 案的上诉判决使英国的法律与美国的法律和判例相符。⑥ 在此案中,伊朗起诉了位于伦敦的巴拉卡特美术馆,以追回其古物藏品,认为这些收藏品在违反其国家所有权法的情况下被拿走。上诉法院裁定,英国法院应承认伊朗的国家所有权法,以使伊朗能够返还其文物。值得注意的是,上诉法院是根据美国诉 Schultz 案和公共政策论点得出这一结论的:(……)有一些积极的政策理由,说明为什么一个国家主张返还构成其国家遗产一部分的文物这一行为(……)不应被拒之门外(……)。国际公认,各国应相互协助,以防止包括古物在内的文物被非法转移。

法院认为,根据旨在防止非法财产交易的文书,各国必须互相帮助,⑦尽管这些文书并不直接适用于该案,因为这些文书:说明了国际社会对保护国家遗产的可取性的认可。在大多数情况下,一个国家拒绝承认另一外国根据其法律授予的对文物的所有权,这一行为将会导致该国将不可能承认其归还该国非法出口古物的任何主张,除非这些文物是该国拥有的。

最后,与梅赛德斯夫人号有关的案件一定程度上与本文分析相关,一个

---

① Among the cases leading up to it there are: *United States v McClain*, 545 F. 2d 988, 991-992 (5ᵗʰ Cir. 1977); *United States v Hollinshead*, 495 F. 2d 1154 (9th Cir. 1974); United States v Pre-Columbian Artefacts, 845 F. Supp. 544 (N. D. Ⅲ. 1993).

② 16 U. S. C. § § 470aa-470mm (1979).

③ *United States v An Archaic Etruscan Pottery Ceremonial Vase C. Late 7th Century*, B. C., No. 1: 96-cv-09437 (S. D. N. Y. 24 March 1997).

④ Glod, 'Arlington Man Pleads Guilty to Selling Protected Artifacts', *Wash. Post*, 25 September 2003.

⑤ Wyatt, 'Four California Museums Are Raided', *N. Y. Times*, 25 January 2008.

⑥ *Government of the Islamic Republic of Iran v The Barakat Galleries Ltd* (2007) EWHC 705 QB, *rev'd*, (2007) EWCA Civ. 1374.

⑦ 法院参考 1970 年《联合国教科文组织公约》、1995 年《国际统一私法协会公约》、关于归还从一成员国领土上非法出口文物的第 93/7 号指令以及 1993 年英联邦物质文化遗产保护计划。

国家是否可以对在国际水域发现的财产主张所有权,以及一个国家是否可以阻止救助公司该财产的探测。这一争端始于 2007 年,当时奥德赛海洋探险公司(Odyssey Marine Exploration)发现了代号为"黑天鹅"(Black Swan)的 19 世纪沉船残骸,并将一系列金币、银币和许多其他人工制品转移到佛罗里达。奥德赛没有透露沉船的确切位置;它只承认是根据救助法和《联合国海洋法公约》在国际水域发现的。西班牙政府怀疑这一发现来自梅赛德斯夫人号,即 1804 年被英国炮艇击沉的从秘鲁运回宝藏的护卫舰。在随后的法院案件中,奥德赛根据发现法宣称拥有宝藏,而西班牙则声称对该宝藏拥有主权豁免权。根据 2011 年 9 月 21 日的判决,[①]上诉法院裁定从"黑天鹅"沉船上带走的物品应立即归还西班牙,因此,该案开创了限制寻宝者活动的先例,并排除了对领海以外发现的遗产采取先到先得的办法。考古学家和遗产界对这一判决表示赞赏,他们认为寻宝行为与 2001 年《保护水下文化遗产公约》[②]的主旨相抵触,2001 年联合国教科文组织主旨为,"水下文化遗产不得作为商业物品进行买卖、出售、购买或交换"。[③]

第三类揭示了购买者加强对艺术品出处调查义务的趋势。购买者不进行询问和研究就意味着未达到尽职调查的标准。这一判例表明,尽职调查水平的提高影响了举证责任的分配:虽然主张人必须证明存在可疑情况,但被告也必须出示证明其已遵守所有尽职调查义务的证据。[④] 1995 年《国际统一私法协会公约》第 4(4)条构成了一份有用的国际尽职调查标准汇编,用于灵活评估收购情况:在确定拥有者是否进行尽职调查时,应考虑到收购的所有情况,包括当事方特征、所支付的价格、占有者是否查阅了任何可合理查阅的被盗文物登记册、任何其他可能合理获得的文件和相关信息,以及拥有者是否咨询了在这种情况下理性人是否采取了应采取的任何其他措施。

Goldberg 案和 Schultz 案是说明法官要求提高尽职调查程度的案例。然而,也还有其他案例要考虑。[⑤] 1996 年,瑞士联邦法庭裁定了一起有关被盗武器收藏的案件。该案裁定古物的购买者必须证明他已尽一切合理的努力

---

① *Odyssey Marine Exploration, Inc. v The Unidentified Shipwrecked Vessel*, No. 8:07-cv00614-SDM-MAP,21 September 2011.

② Sharpe,'Cache of Sunken Coins Returned to Spain',*Art Newspaper*,14 March 2012.

③ 2001 年《保护水下文化遗产公约》所附的《关于从事水下文化遗产活动的规则》第 2 条。

④ Schönenberger,see earlier note 47,at pp. 192-193.

⑤ 另见 *Demartini c Williams*,Tribunal Correctionnel,18th Chamber,6 July 2001,and *Porter v Wertz*,416 N. Y. S. 2d 254,259(App. Div. 1979)。

来确定卖方是否具有良好的所有权。仲裁庭认为,买方不仅在有具体怀疑的情况下,而且在有引起合理怀疑的情况下,有进行调查的一般义务。① 在 De Prevail 诉 Adrian Alan Ltd 案中,一家英国法院下令归还在古董商处发现的两个失窃的烛台。法院认为,被告没有善意行事,因为出于这两个独特特征,古董商本应注意到这些物品的可疑来源,并且本不应在未进一步确认卖方所有权的情况下购买这对烛台。②

最后一类判例法表明,国内法院已经找到了使主张人即使在违法行为发生多年后仍可以起诉的方法。如前文所述,由于艺术品往往是便携的并且易于隐藏,因此盗贼会将它们隐藏起来,直到超过时效限制。大多数限制法规规定,法院从诉讼理由产生之日起计算原告提起诉讼的期限。这样的法规对于时效期限的长度规定非常具体,但是通常将触发事件的问题留给法院来解决。在美国,法院利用这一"空白"制定了两个规则:"需求与拒绝"规则和"发现"规则。根据"需求与拒绝"规则,只有在真正的所有者提出要求归还被盗财产并且善意拥有者拒绝了该请求之后,诉讼理由才产生。③ 这意味着,在原始所有者要求返还之前,无辜购买者的占有行为不能被评判为对或者错。"发现"规则规定,只有在实际发现该物体的下落或拥有者的身份之后,才发生追回被盗物品的行为。④ 在 Goldberg 案中,法院认为塞浦路斯的主张是及时的,因为"发现规则"和"欺诈性隐瞒"学说阻却了诉讼时效的过期。"欺诈性隐瞒"学说源自衡平法原则:如果被告人以欺骗手段或违反职责的方式隐瞒了重大事实,从而阻却原告发现可能的诉因,那么该学说可以阻止被告提出诉讼时效抗辩。⑤

显然,这些规则会以牺牲善意购买者的利益为代价保护了被剥夺遗产所有者的利益,这与普通法系管辖区遵循的 nemo dat quod non habet 原则相符。此外,应将相同的司法解决方案视为限制使用时效法产生的严重后果的重要手段,从而为执行文化遗产法扫清了道路。

---

① *Insurance X v A. M.*, ATF 122 III 1, 5 March 1996, JdT, 1997, I, 157.

② *De Préval v Adrian Alan Ltd* (1997), unreported, commented by Redmond-Cooper, 'Good Faith Acquisition of Stolen Art', *Art Antiquity & L.* (1997), No. 1, at 55 ff.

③ *Solomon R. Guggenheim Found. v Lubell*, 567 N. Y. S. 2d 623 (Ct. App. 1991).

④ *Naftzger v American Numismatic Society*, 42 Cal. App. 4th 421 (1996).

⑤ *Autocephalous Greek Orthodox Church of Cyprus v Goldberg*, 717 F. Supp. 1374 (S. D. Ind. 1989), aff'd, 917 F. 2d 278 (7th Cir. 1990), at pp. 1387-1388.

第七节 在有关文化遗产法执行的争端解决中的
国际公共政策与协调

　　总体而言,前文所分析的文化敏感判决可以被看作一项正在发展的国际公共政策的具体化,其基于保证归还被错误移走艺术品的需要,进而保护文化遗产免受分散的风险。有时这种国际公共政策被称为"跨国公共政策",可以被描述为一套原则,可用来废除在国际社会中已形成广泛共识的违反某些基本价值或利益的协定和规则。①

　　在文化遗产领域,这一国际公共政策论点在许多案件中都得到了强调。除 Barakat 案以外,在 Nigerian mask 案中,德国联邦法院宣布航运保险合同无效,因为它违反了 1970 年《联合国教科文组织公约》规定的德国"良好道德",该公约代表了关于归还问题的新兴国际公共政策:为了维护文物国际贸易的道德准则,违反起源国出口禁令的文物出口不应当受到私法的保护,包括对违反外国出口管制法从该国领土运输文物的保险保护。②

　　同样,在 1997 年,瑞士法院下令将偷来的画作归还法国,并强调 1970 年《联合国教科文组织公约》和 1995 年《国际统一私法协会公约》均包含表示已生效或在制定过程中的"国际公共政策"的原则,这成了"一致的国际文化交流能力证书"。③

　　显然,这种跨国公共政策主要源于联合国教科文组织主持下所颁布的条约。因此,在过去几年中,许多艺术品市场活跃的国家都批准了 1954 年《海牙公约》和 1970 年《联合国教科文组织公约》。这一事实表明,这种保护性政策越来越普遍。④

---

　　① Mayer,'Effect of International Public Policy in International Arbitration', in Mistelis and Lew (eds), see earlier note p. 55, at pp. 61-69.

　　② *Entscheidungen des Bundeserichtshofs in Zivilsachen*, BGH, 22 June 1972, BGHZ 59 No. 14, p. 82.

　　③ *L. v Chambre d'accusation du Canton de Genève*, ATF 123 II 134, 1 April 1997, SJ 1997, p. 529.

　　④ 迄今为止,有 123 个国家是 1970 年《联合国教科文组织公约》的缔约国,有 126 个国家是 1954 年《海牙公约》的缔约国。最新列表可从 < http://portal. unesco. org/en/ev. php-URL_ID = 12025&URL_DO = DO_TOPIC&URL_SECTION = -471. html > 网址获得(最后访问于 2013 年 2 月 4 日)。而且,已有 33 个州批准了 1995 年《国际统一私法协会公约》。最新列表可在 < www. unidroit. org/english/implement/i-95. pdf > 网址中获得(最后访问于 2013 年 2 月 4 日)。

但是,鉴于现存的缺陷以及文化遗产条约所载的义务中只有少数能够得到国际执法执行,①似乎可以说,仅通过联合国教科文组织的标准制定活动,国际公共政策和在考虑中的文化敏感判决趋势并未受到启发。的确,判例法表明,国内法院采用的解决方案似乎对私人法规和其他利益相关者(包括(其他)政府间组织、各个国家、非政府组织以及博物馆)制定的非对抗模式作出了回应。其内容包括:第一,第二次世界大战期间为指导解决盗用文物有关主张而通过的文件,②或违反起源国法律而转让的文物有关主张的文件;③第二,博物馆、博物馆协会④和艺术品专业贸易协会通过的道德守则;⑤第三,国际和非政府组织针对解决文化遗产有关争端专门制定的规则和非对抗性程序;⑥第四,各国和各博物馆签订的众多谈判和调解协议。

总体而言,这些解决方案必须遵守现行的国际和国家法律标准,以及要么要求放弃过于法律化的做法,转而采取合乎道德的做法,要么要求进行立法改革。⑦

此外,非司法裁决者与国内法院所采用的方法之间逐渐趋同,这可以归因于国内法院参与跨领域实践的速度加快,也就是说,不论法官是否属于同一法律体系,法官参考并相互借鉴各自法律体系中的判例,以更好地处理其面前悬而未决的争端。这种司法互动的结果是一种全球性判决网络,使决策者能

---

① C. Forrest, *International Law and the Protection of Cultural Heritage*(2011), at p. 400.

② 1999 年欧洲委员会会议关于被掠夺的犹太文化财产第 1205 号决议;2003 年 12 月 17 日欧洲议会第 A5-0408/2003 号决议。

③ ICOM's General Assembly, Resolution No. 4, Preventing Illicit Traffic and Promoting the Physical Return, Repatriation, and Restitution of Cultural Property(2007); ICOM Legal Affairs & Properties Standing Committee, Report on the International Process for the Resolution of Disputes over the Ownership of Objects in Museum Collections(2005).

④ Code of the Association of Art Museum Directors; Codes and Guidelines of the American Association of Museums; Acquisition Policy of the J. Paul Getty Museum; Guidelines of the British Department for Culture, Media, and Sport; Code of Ethics of the UK Museums Association; see also ICOM Code of Ethics for Museums.

⑤ Code of Practice for the Control of Trading in Works of Art(British Code); Code of Ethics of the International Association of Dealers in Ancient Art(IADAA); Codes of Due Diligence for Auctioneers and Dealers of the Council for the Prevention of Art Theft(CoPAT); *Usages de l'Association des Commerçant d'Art de Suisse*; see also International Code of Ethics for Dealers in Cultural Property adopted in 1999 by UNESCO.

⑥ 参见 ICPRCP 调解或和解功能;世界知识产权组织(WIPO)的仲裁与调解中心以及艺术与文化遗产替代性争端解决方法服务;国际博物馆理会(ICOM)于 2011 年发起的艺术与文化遗产调解项目,以及 WIPO 艺术与文化遗产替代性争端解决方法服务。

⑦ 例如,第 1205 号决议的第 13 条呼吁"立法变更,特别关注:1)延长或取消法定时效期限(……)"。

够建立一个动态的法学解释和执法法律程序,以恰当地解决归还案件。①

　　总之,本章用另一种方法探讨了文化遗产法的执行问题,该方法强调了文化遗产环境的利益相关者和裁决者在建立良性循环中的作用:国际组织、各国和非国家实体越来越多地采用非对抗性解决方案来要求文物归还,这丰富了本章所讨论的国际公共政策;反之,这种跨国公共政策的逐步巩固影响到法外和司法裁定者的工作,司法裁定者也经常向外国当局寻求指导;最后,随之而来的判例法加强了所有利益相关者采用非对抗性解决方案作为加强文化遗产法执法的最佳方法的决心。

---

　　① 有关文化遗产跨领域实践概述,参见 Chechi, ‘The Role of Domestic Courts in Resolving Restitution Cases: Unveiling Judicial Strategies for Culture-Sensitive Settlements’, in M.-A. Renold, A. Chechi, and A. L. Bandle(eds), *Resolving Disputes in Cultural Property*(2012).

第十章
社会规范与非法文化遗产

德里克·芬钦(Derek Fincham)[1]

第一节　引言

防止艺术品和遗产被盗的斗争已发生了真正的改变。在 20 世纪 60 年代后期,人们提高了对劫掠和贸易所带来问题的认识,[2]并加强了国际和国内法律以应对这些威胁。[3] 法律改革当然可以带来强大的变革。但是,在我们提出更多法律解决方案之前,我们应该考虑以前的法律变革已经产生的改革效力。许多文化遗产倡导者主张制定更多的法律,常常高估法律消除抢劫和盗窃行为的能力。[4] 考虑到刑事起诉是独立的,这将难以阻

---

① 美国南得克萨斯大学法学院的助理教授。自 2008 年以来,德里克·芬钦一直担任艺术犯罪研究协会的受托人。他从苏格兰阿伯丁大学获得法学博士学位,研究聚焦于美国和英国对文化遗产非法贸易的反应。他还拥有维克森林大学的法律博士学位和堪萨斯大学的学士学位。

② 参见 Coggins,'Illicit Traffic of Pre-Columbian Antiquities',29 *Art J.* (1969),at pp. 94-114。

③ 这已经在许多国家发生。在美国,这些法律包括 1966 年《国家历史保护法》,即 2006 年《美国法典》第 16 编第 470 节;1979 年《考古资源保护法》,即 2006 年《美国法典》第 16 编第 470aa-470mm 节;以及《美国文化财产实施法案》,即 2006 年《美国法典》第 19 编第 2601 节及以后。

④ 正如梅西教授在更广泛情景下所指出的那样:"在人际交往非常广泛的范围中,相关法律规则的内容根本不重要。人们不必费心去学习影响其行为的潜在法律规则,而是依靠规范和习俗来规范他们的行为。Macey,'Public and Private Ordering and the Production of Legitimate Legal Rules',82 *Cornell L. Rev.* (1997) 1123,at p. 1126。

止文化物品的非法贸易。[①] 正如犯罪学家西蒙·麦肯齐(Simon Mackenzie)所述,存在各种各样的从事非法活动并应对其负责的个体,因此广泛的监管将是理想的做法,这不仅包括在高水平活动中对个体的监管,如古董商人,也包括在中等水平活动中的自我监管、制裁和激励,如行政制裁。[②] 当起诉发生时,其有可能影响到古物贸易和博物馆的日常运作,然而,对一件很久以前被掠夺的物品起诉或请求归还往往以要求进一步调查和采取行动而结束。但是制定更多的法律不是解决问题的方案。相反,我们需要更好的监管,要实现这一目标,需要更多关注目标群体如何改变其行为及原因。正如麦肯齐所述,理解贸易更好的模式理想情况下会创造一个"关于有效监管的讨论,这种监管可以借鉴当前比制定'更多法律'更复杂的思维"。[③] 为了超越制定更多法律的要求,要研究文化遗产法的最新实践以及可被观察到的影响。

当然,关于艺术作品应如何控制,存在两种相互竞争的观念,并且这两种观念都经过了详尽的讨论。[④] 一些博物馆和艺术品经销商采用其中的一套规则,认为艺术品应在某一系统中进行国际流通,并且这些文物最好保存在博物馆或在艺术市场中。[⑤] 这种观点经常忽略或低估重要遗产遗址中物体移除以及信息破坏等问题。相反,另一套规范表明,对古物和艺术品的需求助长了对遗址的掠夺。这些不同的文化遗产观点之间的尖锐冲突产生了一场根深蒂固且往往毫无助益的辩论。通过研究行为是如何变化的,我们可以开始为实现常识性方法构建基础,该方法可以减少对遗址的掠夺和对历史的破坏。[⑥] 当涉及非法文化遗产时,考古学家和收藏家社区确实在几个核心思想上达成了共识:他们为艺术品盗窃、考古环境的破坏以及考古文物的掠夺感到遗憾。即使是物质文化遗产的顽固买家和卖家,也不得不勉强

---

① 作者对非法文物贸易的刑事监管也提出了类似的论点。Fincham, 'Why U. S. Federal Criminal Penalties for Dealing in Illicit Cultural Property Are Ineffective, and a Pragmatic Alternative', 25 *Cordozo Arts & Ent. L. J.* (2007)597, at p. 601.

② Mackenzie, 'Illicit Deals in Cultural Objects as Crimes of the Powerful', 56 *J. Crime, L. & Social Change* (2011)133, at pp. 145-146.

③ Mackenzie, 'Illicit Deals in Cultural Objects as Crimes of the Powerful', at p. 149.

④ Merryman, 'Two Ways of Thinking about Cultural Property', 80 *Am. J. Int' l L.* (1986)831.

⑤ James B. Cuno, *Who Owns Antiquity? : Museums and the Battle over Our Ancient Heritage* (2008); Rothstein, 'Antiquities, the World Is Your Homeland', *N. Y. Times*, 27 May 2008, < http://www.nytimes.com/2008/05/27/arts/design/27conn.html? _r = 1&pagewanted = all > (last accessed 4 February 2013).

⑥ Fincham, 'A Coordinated Legal and Policy Approach to Undiscovered Antiquities: Adapting the Cultural Heritage Policy of England and Wales to Other Nations of Origin', 15 *Int' l J. Cultural Prop.* (2008)347, at p. 366.

接受适用于文物的法律。① 当提出解决方案并考虑非法行为的原因时,分歧就出现了。然而,这些解决方案是难以捉摸的。国家边界对艺术品没有任何障碍,有限的执法资源仅针对一小部分收藏家和经销商社区。我们应该更加关注文化遗产界的重要人物,以及他们的行为可能会如何变化。

最近发生的两起涉及经销商和收藏家社区知名人士的事件标志着根本性变化的出现。第一起事件涉及起诉著名古物经销商弗雷德里克·舒尔茨(Frederick Schultz)。他因串谋收受被盗的埃及古物而被定罪,但在此之前,他曾是曼哈顿著名的艺术品交易商,并公开批评古物交易的监管。② 当法律似乎对古物交易商不公平或过于严格时,古物交易商可能会决定违反并逃避它。舒尔茨曾担任全国古董、东方和原始艺术交易商协会主席,并对2001年的一项双边协议持批评态度,该协议强加了对源自意大利的某些古物实施进口限制,认为:"这在很多方面都是非常糟糕的先例……这些广泛定义的限制将不可能遵守且无法执行。"③因此,他公开批评使用进口限制来管理古董,也违反了这些法律。他拒绝遵守并接受这些法律限制,建立了自己的规则,也许是因为他认为当前的文化遗产法的范围过于广泛,以至于他无法作为文物交易商谋生,或者他没有充分重视考古背景,也没有尊重埃及保护自己遗产的主权。

第二起事件涉及前盖蒂馆长马里恩·特鲁(Marion True),她在意大利因密谋获取被盗文物而受审。④ 特鲁是一个矛盾的人物。一方面,她是积极变革的倡导者。在2000年美术馆馆长协会年度聚会上的一次演讲中,她批评了古物交易商,认为博物馆工作人员及其董事会应承担更多责任,并且最引人注意的是,她认为"如果为该物体最近的历史建立一个明确的谱系的认真努力是徒劳的,那么很可能,它是非法贸易的文物,即使不能百分之百的

---

① 菲利普·德·蒙特贝洛(Philippe de Montebello)曾长期担任纽约大都会艺术博物馆(Metropolitan Museum of Art)馆长,他承认博物馆应该遵守法律,但"对美国急于接受外国法律的热情感到困惑,这些法律最终可能会剥夺美国对本国公民的教育和愉悦有益的重要文物"。Kennedy and Eakin, 'Met Chief, Unbowed, Defends Museum's Role', *N. Y. Times*, 28 February 2006, < http://www.nytimes.com/2006/02/28/artws/28mont.html > (last accessed 4 February 2013).

② *United States v Schultz*, 333 F. 3d 393, 395 (2d Cir. 2003).

③ Bohlen, 'Old Rarities, New Respect: U. S. Works with Italy', *N. Y. Times*, 28 February 2001.

④ Povoledo, 'Italy and U. S. Sign Antiquities Accord', *N. Y. Times*, 22 February 2006, < http://query.nytimes.com/gst/fullpage.html? res = 9904EED7113EF931A15751C0A9609C8B63&pagewanted = all > (last accessed 4 February 2013).

确定,并且我们必须为这一事实承担责任"。① 在一个涉及从塞浦路斯掠夺的镶嵌画著名案例中,她以实际行动支持这些要求改革的呼吁。当被盗的镶嵌画被提供给盖蒂博物馆时,特鲁拒绝了这些文物,因为第七巡回上诉法院指出:特鲁博士向商人解释说,她与塞浦路斯共和国有工作关系,她有责任就此事与塞浦路斯官员联系。特鲁博士联系了瓦古斯·卡拉格佐吉斯博士(Vassos Karageorghis),他是共和国古物部门主任,也是参与在全球范围内搜寻镶嵌画的塞浦路斯主要官员之一。卡拉格佐吉斯博士证实,共和国实际上是在寻找特鲁博士所描述的镶嵌画,因此,他启动了调查和法律机制,最终使共和国得知了这些镶嵌画目前由在印第安纳波利斯的戈德伯格(Goldberg)所有。②

但另一方面,特鲁使用了许多她所批评的隐性政策,违反了国内法和国际法。最终,导致了在意大利开展了一场公开且漫长的审判,并使得盖蒂博物馆一些文物返还给了意大利。尽管在诉讼时效期届满时,她的起诉被驳回,③但她一直受到很多批评,并且似乎不太可能重返遗产领域。④

这两个著名的诉讼都作出警示,调查可能会变得更加广泛,一旦发生,后果将是严重的。在这两起以非正式规则和社会规范形式进行的公诉之后,情况发生了变化。与其简单地鼓励采取更多的起诉和严格的法治方法,不如鼓励一种更具成效的短期战略,它将与法律相结合,以鼓励经销商和收藏者群体的集体行为转变。

这些社会规范规制了个体的行为,同时也可以影响法律的运作。⑤ 通过检查个体的实际行为,我们可以看到哪些领域可能需要法律改革,以及应该如何分配执法资源。目前,法律已经到位。所有国家都禁止盗窃,考古遗址的大规模破坏严重违反了国内法和国际法。艺术贸易中心逐渐认识到外国

---

① Marion True, Speech Before the AAMD, presented in Denver, Colorado(1 June 2000), available at < https://www. documentcloud. org/documents/254275-marion-trues-2000-denver-presentation. html > (last accessed 4 February 2013).

② *Autocephalous Church v Goldberg*, 917 F. 2d 278, 283(7th Cir. 1990).

③ Felch, 'Charges Dismissed against Ex-Getty Curator Marian True by Italian Judge'(updated), *L. A. Time Culture Monster*, < http://latimesblogs. latimes. com/culturemonster/2010/10/charges-dismissed-against-getty-curator-marion-true-by-italian-judge. html > (last accessed 13 October 2010).

④ Bell, 'The Beautiful and the True', WSJ. com(2 July 2011), < http://online. wsj. com/article/SB 10001424052702303339904576405983959162302. html? mod = googlenews _ wsj > (last accessed 4 February 2013).

⑤ Robert C. Ellickson, *Order without Law: How Neighbors Settle Disputes*(1991), at pp. 4-6.

对文化遗产的所有权。① 然而,事实证明,使行为与这些法律相符合是困难的。艺术品不仅是有价值的且可移动的,②但是艺术品的销售常常涉及限制艺术品有关的信息。③ 当规范艺术和遗产的法律未能改变收藏界的行为时,这些规范将填补空白。

这并不是说国内法和国际法对生产改革没有帮助。他们有的确实有所帮助。但是,下一步的逻辑步骤应该考虑法律如何影响个体行为。在影响行为方面,社会规范是法律的一个不够可靠但不可避免的伙伴。有时,规范与法律制度冲突;有时,这些规范会改变法律本身。国家法律和国际公约试图通过自上而下的形式防止文物盗窃或遭到破坏。通过考察遗产界最近的一些行为和态度转变,我们可以看到法律文书产生了多大变化。影响文化遗产的国内法和国际法律可以改变重要行为者的行为:博物馆官员、艺术品经销商、艺术品购买者以及跨越国界运送古物的个体。在某些地区,法律改变了其文化。通过观察社会规范所起的重要作用,我们对一些有关规范如何产生、它们如何影响行为可以得出观察结果,并为经销商、收藏家、当地居民和博物馆行为的未来有益变化制定策略。

许多人已经提出了预防文化遗产犯罪的解决方法。一些人主张继续实行法律限制;④另一些人则提出,唯一的解决方案是彻底结束贸易;⑤存在另一个极端,有人提议建立合法的文化物品市场。各种各样的个体最终产生了管理文物的规范。⑥ 各国建立了管理文化物品的法律框架。⑦ 但是,文化遗产倡导者可以通过拓宽他们的方法而得到良好的服务。⑧ 自 1970 年《联

---

① *Republic of Iran v Barakat Galleries* [2007] EWCA Civ 1374.

② *Schultz v United States*, 333 F. 3d 393 (2d Cir. 2003).

③ 法院还批评艺术品交易缺乏信息,尤其是在纳粹时期的艺术品主张方面。参见 *Menzel v List*, 24 N. Y. 2d 91, 96-8 (1969) (如果罪犯们费心费力地询问所有权,则可以将文物出售给 List 一方,但前提是出售时他们不了解任何合法主张)。

④ Gerstenblith, 'Controlling the International Market in Antiquities: Reducing the Harm, Preserving the Past', 8 *Chi. J. Int'l L.* (2007).

⑤ Stanish, 'Forging Ahead—How I Learned to Stop Worrying and Love eBay', Archeology (2009), < http://www. archaeology. org/0905/etc/insider. html > (last accessed 4 February 2013).

⑥ Merryman, 'A Licit International Trade in Cultural Objects', 4 *Int'l J. Cultural Prop.* (1995).

⑦ 这两项主要的多边条约都与各国有直接联系,包括 1970 年 11 月 14 日发布的《关于禁止和防止非法进出口文化财产和非法转让其所有权的方法的公约》以及 1995 年 6 月 24 日发布的《国际统一私法协会关于被盗或者非法出口文物的公约》。

⑧ 遣返甚至被定义为"回归祖国,这意味着祖国被理解为一个国家"。Kowalski, 'Repatriation of Cultural Property Following a Cession of Territory or Dissolution of Multinational States', 6 *Art*, *Antiquity*, *& L.* (2001), at p.163.

合国教科文组织公约》签订的 40 年中,遣返和起诉案件数量的增加实际上是否正在阻止掠夺考古遗址的行为,并起到影响当事人的作用,仍然是一个悬而未决的问题。正如科林·伦弗鲁(Colin Renfrew)所观察到的那样,尽管要求遣返和出口管制物品的呼吁并没有阻止破坏,但是世界已经开始更加关注对遗址的掠夺。[①]

当法律无效时,社会规范会规范行为,而且由于古物贸易在每一个环节都竭尽全力以逃避审查,这些规范实际上在许多情况下实际上是对古物销售的监管。例如,我们只需要考虑在 20 世纪 70 年代末 80 年代初起源于盖蒂博物馆的做法。[②] 盖蒂博物馆故意选择不全面检查文物历史的程度,以及对许多非法物品实施税务欺诈的常规做法是普遍存在的。[③] 出现这些行为是因为行为者认为,制裁的风险远小于他们本人以及盖蒂博物馆的收益。随着个体和机构(如博物馆、大学以及美国博物馆联盟、美术馆馆长协会等团体)的行动,真正的变革已经出现。当法律对掠夺考古遗址、贩卖文化遗产或盗窃艺术品的行为反应不够灵活时,规范对个体行为的影响就越来越大。这些指导原则适用于在没有法律、法律有漏洞、法院没有获得管辖权或相关期限已过的情况下解决文化遗产争端。

在研究文化遗产规范与法律之间的关系时,必须考虑所有权与拥有权之间的区别,因为仅仅拥有某个文物并不一定意味着所有权。法律赋予所有权,而在许多情况下,社会规范赋予对物品的占有和处置权。例如,塞夫索宝藏(目前由北安普敦侯爵保管的十四件银器宝藏)尚未拍卖,因为该宝藏很可能是从克罗地亚或匈牙利掠夺的。[④] 这些文物很少被展示出来,并且其位置、发现地点和出处不明。北安普敦侯爵于 20 世纪 80 年代初获得这些文物,并于 2006 年在伦敦邦瀚拍卖行(Bonham's Auction House)展出这些文物。[⑤] 1993 年,在纽约最高法院进行了为期七周的审判之后,陪审团发现,克罗地亚和匈牙利对这些文物都没有合法所有权,所以北安普顿侯爵信托保

① Renfrew, 'Foreword', in Neil Brodie and J. Doole(eds) *Trade in Illicit Antiquities*: *The Destruction of the World's Archaeological Heritage*(2001).

② Jason Felch and Ralph Frammolino, *Chasing Aphrodite*: *The Hunt for Looted Antiquities at the World's Richest Museum*31-56(2011).

③ Felch and Frammolino, *Chasing Aphrodite*, pp. 31-56.

④ *Republic of Lebanon v Sotheby's*, 167 A. D. 2d 142, 143-4(N. Y. App. Div. 1990).

⑤ Riding, '14 Roman Treasures, On View and Debated', *N. Y. Times*, < http://query.nytimes. com/gst/fullpage. html? res-9C00E0D8173FF936A15753C1A9609C8B63 > (last accessed 5 May 2011).

留了财产。① 因此,这些文物尚未被拍卖过,似乎也不会在不久的将来参与拍卖。相反,这些文物被锁了起来,它们在现代是如何被发现的仍然是个谜。

规范规定了法院以外的财产。当一个文物在缺少法律程序的情况下被归还时,这种归还通常被称为自愿归还,而事实上这种归还并不是自愿的,"特别是当抢占行为可追溯到殖民统治时期时,归还或赔偿高价值或重要文化遗产物品是一种道义责任,这种观点正在迅速流行"。② 在对埃贡·席勒(Egon Schiele)的作品《沃利肖像》进行长期民事没收的案例中,最终达成和解。③ 这幅画是由鲁道夫·利奥波德(Rudolf Leopold)于1954年购买的,在发现过程继续进行的同时,这幅画已被锁了十多年。该画作被归还给了莉亚·邦迪·贾雷(Lea Bondi Jaray)的继承人,这幅画作于1938年被纳粹从继承人手中夺走。在和解中,奥地利的利奥波德博物馆保留了这幅画的所有权,但向继承人支付了1900万美元,并同意在与绘画历史有关的作品旁立一块牌匾。许多人对这一结果不满意。可以在新兴的社会规范中看到这些广泛的主题,这些规范在国家层面通过习惯国际法管理文化遗产,在个体层面通过社会规范管理文化遗产。

国际法通常并不直接适用于个体。也许我们应该提醒自己,个体对非法文化遗产的抢劫、运输以及买卖。国际法影响各个国家,而国家又影响个体。这种脱节可能解释了当前的国际框架为何难以防止盗窃和抢劫。国际法与个体之间的分离要求各个国家采取行动并执行国际法,例如1970年《联合国教科文组织公约》。当国家无法或不愿大力执行国际法时,社会规范就会填补这块空白。④

此外,在国家层面达成经纪协议的努力很难对文化遗址和贸易本身产

---

① *Republic of Croatia et al. v Tr. of the Marquess of Northampton* 1987 *Settlement*, 203 A. D. 2d 167, 167-8(N. Y. App. Div. 1994).

② Cornu and Renold,'New Developments in the Restitution of Cultural Property:Alternative Means of Dispute Resolution',17 *Int' l J. Cultural Prop.* (2010)1, at p. 3.

③ Kennedy,'Leopold Museum to Pay $ 19 Million for Painting Seized by Nazis', *N. Y. Times*, 20 July 2011, < http://artsbeat. blogs. nytimes. com/2010/07/20/leopold-museum-to-pay-19-millionfor-painting-seized-by-nazis/? scp-2&sq = portrait% 20of% 20wally&st = cse > (last accessed 4 February 2013).

④ Wallach,'The Alien Tort Statute and the Limits of Individual Accountability in International Law',46 *Stan. J. Int' l L.* (2009)121, at p. 137. 以国家身行事并违反国际义务的个体,会使其国家违反国际义务。这条规则的主要例外涉及海事法,或所有国家都有利益关系的地方,例如公海。最高法院认为,美国的管辖权"必须……仅限于我们管辖权完整的地方,我们自己的水域或所有国家的共同交通要道,即海洋"。参见 The Apollon,22 U. S. 362,371(1824).海洋是所有国家的共同交通要道,艺术和文物是人类的共同遗产,两者之间可以作一个有益的类比。

生影响。联合国教科文组织于 1978 年成立了促进文化财产归还原属国或返还非法占有文化财产政府间委员会，以防止非法挪用公款，并负责促进将物体返还原籍国的谈判。自 2005 年以来，该委员会一直负责协助促进有关文物的跨境争端，但似乎没有在解决任何现有争端方面发挥积极作用。

考虑国际法在国际破坏遗产方面的作用。对前南斯拉夫文化遗址的袭击促使联合国安理会保护文化财产，使其免遭破坏。① 然而，世界无法阻止 2001 年巴米扬佛像的毁灭。② 该佛像是为数不多的纪念性佛教雕塑之一。它们是在 1500 年前直接从一块位于中国和印度之间繁忙的贸易路线上的岩石上雕刻而成的佛像。2001 年 2 月 26 日，毛拉·穆罕默德·奥马尔(Mullah Mohammad Omar)下令摧毁阿富汗的所有雕塑。③ 许多国家对这一威胁表示反对。联合国全体大会迅速通过了一项决议，要求塔利班"防止进一步破坏阿富汗文化遗产中不可替代的文物、古迹或手工艺品"。④ 塔利班没有违反现行国际法。根据既定原则，塔利班完全处于主权国家的权利范围内。约瑟夫·菲什曼(Joseph Fishman)认为，"在提出限制领土国家自由裁量权的规范时，联合国全体大会主张了一项权益，该权益凌驾于该国对其文化财产的传统专有权上"。⑤《宣言》不构成任何法律义务，也不构成任何新的积极权利或责任；它只是强调当故意破坏文物时应充分利用国际法的范围。⑥

法律可以发挥部分作用，甚至可能是最重要的部分。但是，当达到其极限时，我们可以观察到，一些规范正在影响文化遗产的处置。可以在诉讼中看到这些规范，尽管它们是由法律规定的，但不一定完全受法律的驱使。这

---

① Abtahi, 'The Protection of Cultural Property in Times of Armed Conflict: The Practice of the International Criminal Tribunal for the Former Yugoslavia', 14 *Harv. Hum. Rts. J.* (2001) 1, at 1-2 (文章认为，杜布罗夫尼克、莫斯塔尔的内雷特瓦大桥、克罗地亚的贾塞诺瓦茨纪念建筑群和萨拉热窝图书馆的毁坏，所有这些都促使国际社会采取行动)。

② Cotter, 'Buddhas of Bamiyan: Keys to Asian History', *N. Y. Times*, 3 March 2001, < http://www.nytimes. com/2001/03/03/world/buddhas-of-bamiyan-keys-to-asian-history. html > (last accessed 4 February 2013).

③ 'Pre-Islan Idols Being Broken under Decree by Afghans', N. Y. Times, 2 March 2001, < http://www. nytimes. com/2001/03/02/world/pre-islam-idols-being-broken-under-degree-by-afghans. html > (last accessed 4 February 2013).

④ The Destruction of Relics and Monuments in Afghanistan, G. A. Res. 55/243, P 3, U. N. GAOR, 55th Sess. , U. N. Doc. A/RES/55/243 (9 March 2001).

⑤ Fishman, 'Locating the International Interest in Intranational Cultural Property Disputes', 35 *Yale J. Int' l L.* (2010) 347, at p. 363.

⑥ O'Keefe, 'World Cultural Heritage: Obligations to the International Community as a Whole?', 53 *Int' l & Comp. L. Q.* (2004) 189, at p. 204.

些规范的实际影响可见于以下三种情形：第一种，越来越多的人认为 1970 年后首次出现在市场上的文物被认为是非法文物；第二种，非法挖掘出的文物应归还其起源地；第三种，孤立地对文物交易商使用咄咄逼人的警察权力不会使他们遵守遗产法。

第二节　1970 年以来的非法古物

如今，人们普遍认为没有 1970 年以前历史的古物是非法古物，但是 1970 年的门槛在任何国家的法律中都没有直接的文字依据。但是，该日期当然可以追溯到 1970 年《联合国教科文组织公约》，但该公约中没有明确规定博物馆应将 1970 年作为分界线。这一分界时间已经导致出乎意料的行为变化，成为该公约本身最强有力的效果之一。不仅新古物的加入大大减少了，而且现在被非法从其周围移走的古物也正越来越多地返回其潜在起源国。

这代表了一项根本的变化。现在在购买没有 1970 年以前出处记录的文物时，博物馆会犹豫不决。然而，有 1970 年以前记载历史的古物可以在拍卖行进行拍卖。例如，2007 年以 2860 万美元成交的阿蒂米斯和雄鹿铜像①以及同年 12 月以 5710 万美元成交的葛诺母狮，两者都有清白的 1970 年以前的历史。② 许多博物馆已公开修订了其收购政策，以避免收购没有足够的文件证明其 1970 年后合法历史的文物。在考虑收购文物时，许多博物馆不会收藏那些在 1970 年《联合国教科文组织公约》颁布以前没有清白历史的文物。1970 年之所以被使用，首先是因为它是一个分水岭，在这个分水岭上，博物馆知晓当代古物买卖活动会加剧对考古遗址的掠夺。但也许更重要的是，选择一个距离现在已经相当遥远的日期，可以让博物馆确保他们目前的做法不会导致对考古遗址的持续掠夺。马修·博格达诺斯（Matthew Bogdanos）认为，1970 年这一时间节点对于限制文物的非法交易是"至关重要的"，

---

① Pollock, 'Bronze Artemis Sells for ＄28.6 Million, Sets Records（Update 2）', Bloomberg, 7 June 2007, ＜http://www. bloomberg. com/apps/news? pid = newsarchive&sid = agaewu8u95EE ＞（last accessed 4 February 2013）.

② Harmansah and Witmore, 'The Endangered Future of the Past: Looting of Antiquities', *Int' l Herald Trib.*, 22 December 2007.

因为"随着时间的推移,一件以前未公开(因此不为人知)的古董出现在市场上并合法化的可能性越来越小……"。①

主要的两组博物馆行业团体都修改了自己的指南,以预示这一转变。2008 年,美术馆馆长协会公布了一份新的考古材料和古代艺术获取报告。②其中一项准则规定,博物馆"不应获得一件作品,除非其出处研究证明该作品在 1970 年之前位于其可能的现代发现国之外,或在 1970 年之后从其可能的现代发现国合法出口"。③ 其中第 6 条准则指出,当一件文物出现在 1970年之后时,"该博物馆必须谨慎地平衡,为了今世后代的教育利益而收集、呈现和保存作品,采取这一步骤可能造成的财务和声誉损害"。④ 正如时任美国美术馆馆长协会主席在通过新规则时所指出的那样,1970 年这一分界线是世界上大多数国家采用的时间节点,这使美国博物馆的标准与其他国家博物馆的做法更加和谐。⑤ 而且,明确地说,美国美术馆馆长协会的规则不具有法律约束力。美术馆馆长协会可能会选择对成员的违规行为进行处罚。⑥

相比之下,美国博物馆联盟有更严格的标准。在其 2008 年的标准中,各博物馆"在该博物馆知情的情况下,不应获取任何从其现代发现国或其最后合法拥有国非法出口的物品"。⑦ 此外,就现有收藏而言:

为了推进进一步的研究、公众信任以及保管责任,博物馆应在其藏品中提供已知的考古材料和古代艺术品的所有权历史,并认真分配时间和资金,

① Bogdanos,'Thieves of Baghdad:Combating Global Traffic in Stolen Iraqi Antiquities',31 *Fordham Int'l L. J.* (2008)725,at p.729.

② Ass'n of Art Museum Dirs.,*New Report on Acquisition of Archaeological Materials and Ancient Art* (4 June 2008), < http://www. aamd. org/newsroom/documents/2008ReportAndRelease. pdf > (last accessed 4 February 2013).

③ Ass'n of Art Museum Dirs.,*New Report on Acquisition of Archaeological Materials and Ancient Art*,pt. II(E).

④ Ass'n of Art Museum Dirs.,*New Report on Acquisition of Archaeological Materials and Ancient Art*,pt. II(F).

⑤ Stoilas,'New Guidelines for US Museums Acquiring Antiquities',*Art Newspaper*,24 July 2008, < http://www. theartnewspaper. com/articles/New-guidelines-for-US-museums-acquiring-antiquities% 20/8635 > (last accessed 4 February 2013).

⑥ 美国国家科学院在 2008 年考虑出售部分收藏品时,得到了美国美术馆馆长协会的制裁。Pogrebin,'Bill to Stop Museums from Certain Art Sales May Die',*N. Y. Times*,10 August 2010, < http://www. nytimes. com/2010/08/11/arts/design/11selloff. html? _r = 1&partner = rss&emc = rss > (last accessed 4 February 2013).

⑦ Am. Ass'n of Museums,*Standards Regarding Archaeological Material and Ancient Art* § 2,para. 3 (July 2008), < http://www. aam-us. org/museumresources/ethics/upload/Standards% 20Regarding% C20Archaeological% C20Material% C20and% C20Ancient% Ä rt. pdf > (last accessed 4 February 2013).

对出处不完整或不确定的物体进行研究。博物馆可能会继续尊重捐赠者的匿名要求。①

甚至在 20 世纪 80 年代和 90 年代的大部分时间里,获取古物的主要博物馆——盖蒂博物馆修改了其政策,以使其与 1970 年时间节点保持一致。2006 年,盖蒂博物馆宣布了一项严格的收购政策,该政策以 1970 年为时间界线,来确定是否应将某文物视为合法文物。② 大英博物馆也采用了这一时间界限,其收购政策规定,该博物馆"通常只会收购那些有文件证明其合法历史可追溯至 1970 年 11 月 14 日的考古文物",尽管该政策还规定,博物馆馆长可以对那些没有纪实历史的文物"运用他们的最佳判断"。③ 纽约大都会艺术博物馆也以 1970 年为准。该博物馆规定,"除非出处研究证明该作品在 1970 年以前不在可能的现代发现国,或者在 1970 年以后从可能的现代发现国合法出口,否则不得收购该作品"。④

推动这一集体转变的动力使许多博物馆逐渐蒙羞。当团体的道德反对在很大程度上影响个体行为时,羞耻感将影响其行为。⑤ 博物馆大胆宣称,他们自豪地展示的文物是促进学习和文化交流的国际艺术运动的一部分。但是,当抢劫、欺骗和错误信息被完全揭露时,这些论点大都遭到严重破坏。因此,他们不仅将 1970 年以后出现的文物视为非法物品,而且也越来越多地将非法挖掘的文物归还其起源国。

第三节 非法挖掘的文物的归还

当发现有非法挖掘的文物时,各国都要求归还这些文物。尽管归还这

---

① Am. Ass'n of Museums, *Standards Regarding Archaeological Material and Ancient Art* § 3.

② 'Getty Revises Acquisitions Policy' (Getty Press Release), < http://www. getty. edu/news/press/center/revised_acquisition_policy_release_103606. html > (last accessed 4 May 2011).

③ 'British Museum Policy on Acquisitions' (2007), < http://bit. ly/r51DWg > (last accessed 4 February 2013).

④ 'Metropolitan Museum of Art Collections Management Policy' (2008), < http://www. metmuseum. org/works_of_art/collection_database/collection_management_policy. aspx#acquisitions > (last accessed 4 February 2013).

⑤ Skeel, 'Shaming in Corporate Law', 149 U. Pa. L. Rev. (2001) 1811-68, at p. 1816. ('Because shaming sanctions undermine the offender's reputation, they often serve the traditional functions of criminal law'.)("由于羞辱性制裁损害了罪犯的声誉,因此通常起到刑法的传统作用")。

一行为本身确实惩罚了非法供应链的末端,但它并不能真正消除已经对考古环境造成的损害和破坏。研究古物贸易的考古学家戴维·吉尔(David Gill)认为,"可悲的是,(被掠夺的)古物的归还几乎没有什么值得庆祝的。(它们)代表着被破坏的考古环境,有关的科学知识永远消失;甚至最好的研究也无法检索到这些信息……无论多么合理,强烈要求遣返古物的重点都应该在呼吁保护考古遗址上。①

近年来,意大利实现了许多引人注目的古物归还,这些文物主要来自美国博物馆。意大利拥有一系列遗址,其中包括联合国指定的世界遗产地,以及罗马和伊特鲁里亚文明以及文艺复兴时期的重要遗迹。② 意大利拥有也许是世界上最好的专门艺术品犯罪部门,即成立于 1968 年的意大利宪兵队(Armadei Carabinieri),旨在防止盗窃其宝贵艺术遗产。③ 尽管作出了这些努力,但维持治安和保护这些遗址仍然是一项昂贵而艰巨的任务。为了保护其遗产并寻求文物归还,意大利官员在文物被偷运出境时有理由表达其担忧。

意大利曾经能够成功遣返一些非法挖掘的文物。最引人注目的返还是欧弗洛尼奥斯陶瓶(Euphronioskrater),这是一个大型绘饰文物,很可能是在古希腊创造的,是从意大利切尔韦泰里(Ceveteri)附近的伊特鲁里亚墓中抢掠的,并于 1972 年以当时创纪录的 100 万美元购得。在宣布收购后不久,意大利就批评了这项收购,尽管最初对该文物的初步调查未能成功。④ 1995年,随着意大利和瑞士对属于贾科莫·梅迪奇(Giacomo Medici)的日内瓦仓库进行的调查,情况发生了变化。2004 年,梅迪奇因贩运掠夺性古物被判有罪,但这项调查的真正意义在于在波士顿美术馆、加利福尼亚盖蒂博物馆、普林斯顿博物馆以及其他地方展出的数千张陨石坑和其他文物的宝丽来照片。这些大量的照片确凿地证明,这些文物是来自被定罪的古物贩子手中,

① Bonn-Muller and Powell, 'A Tangled Journey Home', *Archaeology Mag.*, Oct. 2007, < http:// www. archaeology. org/0709/etc/returns. html > (last accessed 4 February 2013).

② U. S. Dep't of State, *Italy: U. S. Protection of Archaeological Material Representing the Pre-Classical, Classical, and Imperial Roman Periods, Background*, available at < http://exchanges. state. gov/culprop/ itfact. html > (last accessed 1 May 2011).

③ Suro, 'Going Undercover for Art's Sake', *N. Y. Times Mag.* (1987), < http://www. nytimes. com/1987/12/13/magazine/going-undercover-for-art-s-sake. html > (last accessed 4 February 2013).

④ Kennedy and Eakin, 'The Met, Ending 30-Year Stance, Is Set to Yield Prized Vase to Italy', *N. Y. Times*, 3 February 2006, < http://www. nytimes. com/2006/02/03/arts/03muse. html&ref = euphronioskrater > (last accessed 4 February 2013).

这个古董商过去曾贩卖过被抢劫的文物。① 由于这项非常成功的调查,意大利得以就归还大量非法挖掘并从该国非法转移的文物进行谈判。时任意大利文化部部长弗朗切斯科·鲁特利(Francesco Rutelli)做了出色的工作,利用新闻稿、专栏文章和公众说服力来改变公众对这些古物合法位置的看法。② 这些归还行为设立了一个重要的先例,该先例确立了一个规范,即当发现古物被非法挖掘时,应将其归还。

意大利与大都会艺术博物馆之间的一项协定为意大利与归还古物机构之间的许多其他协议定下了基调。③ 首先,意大利和大都会艺术博物馆要求合作,同意在意大利进行联合发掘。其次,该协定允许对所有有争议文物的所有权进行转让,尽管其中一些文物仍将在纽约展出,包括直到 2008 年才得以归还的欧弗洛尼奥斯陶瓶。再次,为了换取欧弗洛尼奥斯陶瓶,意大利将向大都会艺术博物馆提供其他文物出借,为期 4 年,这些物品具有"双方一致认同的同等的美感和艺术、历史意义"。④ 最后,意大利同意不对预定归还意大利的任何文物提起任何民事或法律诉讼。

该协议避免了对刑法、追回物品诉讼或其他任何法律工具的任何直接依赖。相反,双方进行了谈判,并达成了一项已被复制到其他机构的协议,其中最引人注目的是盖蒂博物馆。⑤ 这为从美国著名博物馆的许多其他文物归还带来了一个新的规范,即那些没有足够历史记录的文物,突然出现在艺术市场上,很有可能是被掠夺的,该文物将被归还。一个倔强的博物馆拒绝归还非法文物的时间越长,文物界和起源国对这些文物的潜在批评就会越响。为了确保这些文物的归还,意大利勾勒出了一个强有力的归还规范的先例,许多其他国家已经尝试效仿。

然而,尽管近年来在实践中发生了巨大的转变,但是在博物馆界的某些角落,仍然存在对这种归还的真正抵制。圣路易斯艺术博物馆起诉联邦政

---

① Gill and Chippindale, 'From Boston to Rome: Reflections on Returning Antiquities', 13 *Int' l J. Cultural Prop.* (2006).

② Rutelli, Op-Ed. , 'Rogue Gallery', *Wall St. J.* , 17 January 2007.

③ Agreement Between the Ministry for Cultural Assets and Activities of the Italian Republic and the Metropolitan Museum of Art('Accord')(21 February 2006)(on file with author).

④ Agreement Between the Ministry for Cultural Assets and Activities of the Italian Republic and the Metropolitan Museum of Art, art. 4. 1(b).

⑤ Felch, 'Getty's Aphrodite Is Returned to Sicily', *L. A. Times*, 23 March 2011, < http://www. latimes. com/entertainment/news/la-et-return-of-aphrodite-20110323, 0, 6998689. story > (last accessed 4 February 2013).

府,阻止其对 Ka Nefer-Nefer 面具提出没收主张。[①] 圣路易斯艺术博物馆已经对公众和埃及表态,如果他们提供证据证明面具被劫掠或被盗,博物馆将把面具还给埃及。这个面具是圣路易斯艺术博物馆于 1998 年收购的,该面具于 1952 年被挖掘出来。埃及和博物馆双方对面具后来的历史有完全不同的说辞。人们并不确定 1952 年到 1998 年期间发生了什么。但鉴于我们对古董贸易的了解,应该强烈怀疑某些非法活动将该面具带到市场上,并在圣路易斯艺术博物馆展出。

2011 年 1 月,几位美国助理律师与圣路易斯艺术博物馆接洽,他们表示打算对面具提起没收诉讼。但在该案中,圣路易斯艺术博物馆并没有等待没收诉讼,而是决定尝试排除美国律师的诉讼,辩称从 2005 年 12 月至 2006 年 1 月,美国曾多次就有关面具历史的问题进行沟通。[②] 他们以博物馆安全网络的佟·克雷默斯(Ton Cremers)发送的帖子和电子邮件为例。他至少向联邦调查局的邦妮·马格尼斯-加丁纳(Bonnie Magness-Gardiner)、国际刑警组织以及移民与海关执法局的詹姆斯·麦克安德鲁(James McAndrew)发送了两封电子邮件。博物馆的投诉引用了克雷默斯的电子邮件,该电子邮件已发布在博物馆安全网络上。

博物馆在投诉中辩称,有关美国政府官员已于五年前知道了潜在主张,并且根据《美国法典》第 1621 节的规定,五年的诉讼时效已经到期。法院将决定博物馆在 20 世纪 90 年代向国际刑警组织发送的这些有关面具的电子邮件和询问,是否足以让美国政府对这一潜在主张有实际或建设性的了解。圣路易斯艺术博物馆根据《关税法案》寻求宣告性裁决,认为该诉讼受到诉讼时效的禁止。即使成功,该诉讼也只能排除美国政府的诉讼。这标志着博物馆努力将争端从法律舞台上消除,并根据圣路易斯艺术博物馆的要求,埃及博物馆方面提供了一些一致的文件,证明面具实际上是从埃及仓库偷盗而来的。

这不会证明面具的收购过程。该面具于 1998 年由圣路易斯艺术博物馆从凤凰古艺平台(Phoenix Ancient Art)以 50 万美元的报价收购。在收购面具时,圣路易斯艺术博物馆试图以多种方式展示其尽职调查。圣路易斯艺

---

① Harris,'Museum Sues USA over Mummy Mask',*Courthouse News Serv.* ,16 February 2011,< http://www. courthousenews. com/2011/02/16/34223. htm > (last accessed 4 February 2013).

② Complaint,*Museum Dist. of the City of St. Louis v United States*,No. 4:11-cv-00291,2011 WL 903377(E. D. Mo. 2011).

术博物馆给开罗博物馆退休管理员穆罕默德·萨利赫(Mohammed Saleh)发了一封信,询问该面具或类似于该面具文物的存在。圣路易斯艺术博物馆还联系了艺术丢失登记处、国际刑警组织以及国际艺术研究联合会。1998年,圣路易斯艺术博物馆要求一名瑞士律师对凤凰古艺平台和该面具的自称前任所有者进行了背景调查,该调查确认了所谓的前任所有者的地址,并确认凤凰古艺平台的商业财产没有任何留置权或产权负担。圣路易斯艺术博物馆还致信密苏里州公路巡逻队,要求对国际刑警组织的数据库进行检索。检索结果表明,该数据库没有将该面具标记为被抢劫或被盗物品。圣路易斯艺术博物馆确实进行了调查该面具历史的努力,但显然并没有尽全力。圣路易斯艺术博物馆并未与最高古物理事会或文化部联系。圣路易斯艺术博物馆辩称,美国政府已经等待了太长时间,才继续宣称这件物品被盗。

在撰写本章内容时,美国已对 Ka-Nefer-Nefer 面具发起了民事没收诉讼。[①] 有人可能会认为,各个博物馆的收购程序普遍缺失,在该案件中,我们当然可以批评圣路易斯艺术博物馆实施的程序不完善,以对面具提出质疑。尽管该面具没有出口许可证,但圣路易斯艺术博物馆仅声称联邦政府是等待了太久而不能提出没收面具的主张。

也许,圣路易斯艺术博物馆很可能并不急于深入研究这件文物的历史,因为该博物馆害怕无法收购面具,仅表现出表面上的尽职调查——如果没有直接迹象表明一件物品是非法的,那么一件物品的美感及其在世界博物馆中展览的重要性证明了其收购的合理性。卖家告诉圣路易斯艺术博物馆,1952 年在一家古董商那里看到了这个面具,在接下来的 40 年里,它一直属于随处可见的"瑞士收藏品"之一。圣路易斯艺术博物馆聘请的专家彼得·拉沃瓦拉(Peter Lavovara)推断,该面具很可能是在 1952 年的挖掘之后授予挖掘者的。[②] 这可以解释不久后为什么这个面具会出现在布鲁塞尔市场。尽管如此,面具仍是从埃及移走的,违反了埃及法律,应予以归还。如果美国政府在这起案件中取得法律胜利,那么这将使博物馆在未来面临这样的遣返呼吁时,认真考虑行事,以避免诉讼。也许这就是圣路易斯艺术博

---

① Mann, 'Government Sues to Seize St. Louis Museum's Mummy Mask', *St. Louis Post-Dispatch*, 17 March 2011, < http://www. stltoday. com/news/local/metro/article_98d72244-9976-5b8a-a73d-5c211c6a771b. html > (last accessed 4 February 2013).

② Gay, 'Out of Egypt', *Riverfront Times* (2006), < http://www. riverfronttimes. com/2006-02-15/news/out-of-egypt/1/ > (last accessed 4 February 2013).

物馆如此有力地为这一诉讼辩护的原因,但最终此案的结果将在短期内对博物馆官员的诉讼产生重要影响。如果博物馆在未来能够避免类似的遣返,它可能会促使其他博物馆运用类似的尽职调查。

另外,可能会出现一种截然不同的遣返规范,即试图通过遣返古物来弥补过去的其他不公正现象,即使古物与盗窃或考古劫掠没有任何联系。实质上,这种遣返与近年来归还意大利的情况有很大不同,尽管遣返规范将这些归还作为一个先例和潜在理由。这种遣返可以与埃莱扎·巴肯(Elezar Bakan)所描述的内容联系在一起,"对其遗产的控制被视为平等的标志,这在当今世界已经成为一种特权。因此,文化财产归还处于中间地带,可以为谈判身份提供必要的空间,并在犯罪者和受害者的历史之间建立一种调解机制"。① 然而,对遣返的支持引发了经常被忽视的"认识论矛盾"。②

与意大利协定具有相似性的遣返协定是对一种完全不同的文化迁移的回应,这种文化迁移没有掠夺,而是学术研究,但没有充分尊重文物的起源环境。耶鲁大学与秘鲁签署了一项协定,对近一个世纪前从马丘比丘移走的文物进行处理。③ 在 20 世纪早期的三次不同的探险中,海拉姆·宾厄姆(Hiram Bingham)从秘鲁给耶鲁大学带回了 5000 件文物。秘鲁已要求耶鲁大学归还这些文物,并与耶鲁大学达成归还这些物品的互利协定。早期试图解决争端和达成友好协定的努力都没有成功。秘鲁前第一夫人埃莉安娜·卡尔普-托莱多(Eliane Karp-Toledo)在 2008 年的一篇专栏文章中称,秘鲁拥有这些物品,并且问道:在经历了近一个世纪的出借违约之后,耶鲁大学为什么很难放弃这些藏品?是时候让秘鲁学者和公民,特别是那些把宾厄姆带到古代建筑群的人的土著后裔,接触这些藏品了。在承认秘鲁对从马丘比丘夺走的一切财产拥有主权的基础上,应放弃目前的协定,开始新的

---

① Barkan, 'Amending Historical Injustices: The Restitution of Cultural Property—An Overview', in E. Barkan and R. Bush(eds), *Claiming the Stones*, *Naming the Bones*: *Cultural Property and the Negotiation of National and Ethnic Identity*(2002).

② 例如,通常不清楚一个物体应该回到哪个国家。考虑一下欧弗洛尼奥斯陶瓶或圣马克马这些重要的古物作品,它们在被掠夺之前就已经在地中海各地流传了数百年。更好的对话(例如存在于在于美国与《美国原住民格雷夫斯保护和遣返法》进行的对话)可能是更好的解决方案,因为它强调了地理位置之间的"从属关系"。Bauer et al., 'When Theory, Practice and Policy Collide, or Why Do Archaeologists Support Cultural Property Claims?', in Y. Hamilakis and P. Duke(eds), *Archaeology and Capitalism*: *From Ethics to Politics*(2009), at p.50.

③ Nutman, 'Yale and University of Cusco Sign Collaboration Agreement', *Yale Daily News*, 11 February 2011, < http://www. yaledailynews. com/news/2011/feb/11/yale-and-university-cusco-signcollaboration-agree/ > (last accessed 4 February 2013).

谈判。①

最终达成的协定避免了双方之间持续的诉讼,这将为秘鲁库斯科的印加文化研究建立一个联合中心。该中心将保存文物,允许研究和展示这些文物,并促进相关研究。在库斯科将设立一个新的联合研究中心,把耶鲁大学与圣安东尼奥大学配对,开展合作。尽管这些文物将不在位于康涅狄格州,但这些文物将可用于未来的研究,而且仍将得到照料。一些美国和秘鲁知名官员表示支持这些古物返回秘鲁。参议员克里斯·多德(Chris Dodd)提出干预并表示,"马丘比丘文物不属于任何政府、任何机构或任何大学""它们属于秘鲁人民"。② 秘鲁对这些古物的要求存在矛盾。一些人认为,秘鲁的国家归属法规定了这些文物的所有权,"使政府能够利用(文物)来培养民族认同感,并从中获利,而不需对其土著社区给予财政或文化方面的考虑"。因此,秘鲁可能会在其国内政策中低估土著人民的利益,同时在国内为寻求从美国著名大学归还文物而赢得信誉。

类似的困难在埃及从美国和德国归还文物的请求中同样存在。对待正确移除的文物(纳芙蒂蒂半身塑像)和几乎可以肯定被盗的物体(Ka-Nefer-Nefer 面具)所用的措辞几乎没有什么区别。尽管纳芙蒂蒂半身塑像是被合法移走的,但它还是被要求返还。扎希·哈瓦斯(Zahi Hawass)当时还在埃及文物部的显要位置上,他对德国媒体说,"如果该文物是非法离开埃及的,正如我所相信的那样,那么我将正式要求德国归还。③ 尽管如此,这尊半身塑像自 1913 年以来就一直保存在德国;1912 年,德国考古探险队在阿玛纳附近挖掘发现了可能是雕塑家图特摩斯的房子和工作室建筑群;纳芙蒂蒂半身塑像和其他石膏模型一同在一个储藏室的地板上被发现"。德国艺术史教授、立法者、著名文化专家莫妮卡·格拉特斯(Monika Grutters)认为,哈瓦斯和埃及人返回的理由不均衡:

有关文件已经存在。协定也已经达成了。这一过程是合法的……人们

---

① Karp-Toledo,'The Lost Treasure of Machu Picchu', *N. Y. Times*, 23 February 2008, < http://www.nytimes.com/2008/02/23/opinion/23karp-toledo.html? _r = 1&ref = todayspaper&oref = slogin > (last accessed 4 February 2013).

② Press Release from US Senator Christopher J. Dodd,'In Peru, Dodd Works to Mediate Dispute over Machu Picchu Artifacts'(2010), < http://dodd.senate.gov/? q = node/5658 > (last accessed 4 February 2013).

③ Dempsey,'Egypt Demands Return of Nefertiti Statue', *N. Y. Times*, 19 October 2009, < http://www.nytimes.com/2009/10/19/world/Europe/19iht-germany.html? _r = 2&ref = global-home > (last accessed 4 February 2013).

对埃及将要剩下的东西以及将带给德国的东西有了完全的了解……也许埃及方面对纳芙蒂蒂半身塑像有点嫉妒。无论如何,我不确定埃及是否有保存这座雕像的最佳条件……而且因为它是如此脆弱,我甚至不确定这座雕像是否可以飞行。而这在德国有很好的条件。①

　　这和圣路易斯艺术博物馆的争端有很大的不同,后者基于盗窃或抢劫。尤其是在最近进行了一项备受关注的调查之后,在美国国内也可以看到这些规则的适用。

第四节　美国四州交界点的文物掠夺文化

　　尽管有严厉的刑事处罚和在 1986 年进行的一次引人注目的突袭,②但在四州交界点,③抢劫仍在继续。这一地区已经从考古遗址广泛获取美洲土著文物的做法中进行了转变。近年来,一项大规模的联邦调查试图利用警方的力量打击一个大型文物交易网络。造成这种镇压的原因显然是基于那些有责任防止和惩罚掠夺遗产者所面临的艰巨任务。美国国家公园管理局、美国森林服务局和土地管理局共同估计,在联邦土地上的 200 万个考古遗址中,有三分之一遭到抢劫或破坏。④ 此外,亚利桑那州国家林地上 6000个最重要的遗址中,有一半已经被摧毁。⑤ 有关古物抢掠者和冰毒贩子之间联系的报道也有所增加。⑥ 出警的区域很大,而警察人数很少,抢劫和抢劫

---

① Dempsey,'Egypt Demands Return of Nefertiti Statue'.

② Jones,'Utah Town Torn Between Law and Tradition',*AP Online*,14 December 1986.

③ 关于本部分讨论的四州交界点调查,参见 Fincham,'Justice and the Cultural Heritage Movement:Using Environmental Justice to Appraise Art and Antiquities Disputes',Va. J. Social Pol'y& L. (forthcoming 2013).四州交界点是美国西南部的一个地区,该地区以其土著文明的遗迹和干旱的气候而闻名,这里保存着没有人类破坏的文物。

④ 'Precious Artifacts Stolen,Ancient Culture Shattered:Looters Ravage Indian Ruins to Sell Pottery,Heirlooms on Black Market',*Arizona Republic*,12 November 2006.

⑤ R. D. Hicks,*Time Crime:Protecting the Past for Future Generations*(1997), < http://www2. fbi. gov/publications/leb/1997/july971. htm > (last accessed 4 February 2013).

⑥ Patel,'Drugs,Guns and Dirt',62 *Archaeology*(2009), < http://www. archaeology. org/0903/etc/drugs. html > (last accessed 4 February 2013).

所带来的回报往往会超过抢劫者被抓住的机会。① 一位博物学家和生态学家克雷格·查尔兹(Craig Childs)曾访问过一些偏远地区,他认为"犹他州的右下角是……北美最富裕的地区之一""25000 平方英里范围内有 50 万座坟墓,超过 10 万个被遗弃、被灰尘掩埋的定居点"。②

自 1906 年通过《古物法案》以来,对这些遗址的掠夺是非法的,但这一地区的掠夺仍在继续,劫掠行为甚至存在于社区里受人尊敬的成员当中。犹他州圣胡安县的一些人会在周日野餐过程中用铲子和水桶寻找手工艺品。臭名昭著的抢劫犯厄尔·舒威(Earl Shumway)的叔叔德瓦·舒威(Devar Shumway)在 1986 年告诉记者,"在大萧条时期的三个夏天里,盗墓是我父亲唯一的工作"。在 1994 年和 1995 年两年中,厄尔·舒威都被《考古资源保护法》指控损害美国财产。③ 最终,舒威因在曼蒂拉萨尔国家森林(Manti-LaSal National Forest)附近的联邦土地上对两个考古遗址进行未经授权的发掘而被定罪,并因违反《考古资源保护法》以及与其他不法行为有关而损害美国财产而被判有罪。他被判处最高刑期为六年半监禁。④

然而,这种严厉的监禁判决非常罕见。例如,在美国诉 Austin 中,检察官根据《考古资源保护法》和另一项盗窃联邦财产法规的罪名起诉了布拉德利·欧文·奥斯汀(Bradley Owen Austin)。⑤ 经过 1986 年和 1987 年两年的调查,政府人员查获了 2800 件文物、挖掘工具和照片。在上诉中,奥斯丁辩称,起诉是报复性的,《考古资源保护法》过于宽泛且违宪。第九巡回法庭确认了这一定罪,但奥斯丁在联邦监狱中仅服刑四个月。⑥

在最近的另一起案件中,约翰·利根(John Ligon)和卡罗尔·米泽尔

---

① In the south-west alone, there may be as many as five million archaeological sites. Egan, 'In the Indian Southwest, Heritage Takes a Hit', *N. Y. Times*, 2 November 1995, < http://www. nytimes. com/1995/11/02/us/in-the-indian-southwest-heritage-takes-a-hit. html > (last accessed 4 February 2013).

② C. Childs, *Finders Keepers: A Tale of Archaeological Plunder and Obsession* (2010). 查尔兹在较早的文章中详细描述了该破坏:"亚利桑那州的洞穴已经被清空到基岩。新墨西哥州的部分地区看起来像地毯被炸了一样。在犹他州,我经常发现坟墓刚被洗劫一空,松树皮的软包装像礼物包装一样被撕开。科罗拉多州西南部地区看上去遭到了摧残……目睹这种从土地上大规模清除人类古代遗迹,很难不感到愤怒。"Childs, 'Pillaging the Past', 40 *High Country News* (2008).

③ *United States v Shumway*, 112 F. 3d 1413, 1417 (9th Cir. 1997).

④ 'Pothunter Gets 6 1/2-Year Sentence for Desecration', *Denver Rocky Mountain News*, 16 December 1995.

⑤ United States v Austin, 902 F. 2d 743, 743 (9th Cir. 1990); 18 U. S. C. § 641 (2006).

⑥ 'Artifact Excavation Law Survives Its First Test', *Seattle Times*, 8 May 1990.

（Carroll Mizell）在 2003 年被指控盗窃政府财产和违反《考古资源保护法》。① 第九巡回上诉法院驳回了定罪，认为检方未证明被盗岩石艺术品的商业价值超过 1000 美元。他们两人被判无罪释放，但在该刑事案件结案后，美国森林服务局对这两名男子提起了罚金诉讼，他们被勒令罚款 21523 美元，作为对考古造成全部损害的赔偿，并修复古迹和损坏的岩画。②

该地区保持了遗址抢劫和文物贩运的风气。为了管理和改变这些行为，检察官越来越多地利用秘密代理或线人来管理劫掠行为。罗德尼·蒂德威尔（Rodney Tidwell）因将印第安村落阿科马普韦布洛（Acoma Pueblo）的 Hopi 面具和长袍出售给秘密的联邦特工而受到《美国原住民格雷夫斯保护和遣返法》、《考古资源保护法》以及《国家被盗财产法》的指控。③ 为蒂德威尔提供面具的那个人是欧内斯特·夏佩拉（Ernest Chapella），在本案中夏佩拉最初是被起诉的，但自杀身亡。④ 因此，大约从 20 世纪 80 年代中期开始，我们就开始进行一系列案件审理和调查，这些案件使用了《考古资源保护法》和其他联邦刑事法规来监管古代遗址。但是，管理这些处罚的理由仍不可靠，因为随着这些处罚的增加，抢劫行为仍在继续。盗取遗址的劫掠者和非法获得物品的经销商首先应受到惩罚，以期保存在劫掠者扰乱古代遗址时经常被销毁的信息。

2006 年，联邦调查局和国土管理局的特工将泰德·加德纳（Ted Gardiner）确定为秘密资料来源。加德纳曾是考古物品的经销商，并且在这些物品的交易中有许多联系渠道。⑤ 2007 年 3 月，加德纳开始与联邦调查局和国土管理局合作，并且采购了大约 256 件考古文物，价值超过 33.5 万美元，在大多数情况下他是在监视下进行采购的。这项调查的结果是，联邦特工发现了一个由个体组成的网络，这些个体在美国四州交界点劫掠考古遗址，并将这些物品卖给其他交易商和收藏家。当个体出售这些物品时，他们经常谎称这些古物的起源为私人财产或租赁财产。这些古物通常还包含出处证明。但是，对于加德纳记录的许多交易，这些出处信息基本都是伪造的。

---

① *United States v Ligon*, 440 F. 3d 1182, 1183-84（9th Cir. 2006）.

② Press Release,'Peavine Mountain Rock Art Update', 2007 WLNR 15243152（2007）.

③ *United States v Tidwell*, 191 F. 3d 976（Ariz. Ct. App. 1999）.

④ *United States v Tidwell*, at p. 979.

⑤ Foy,'More Are Sentenced in Four Corners Artifacts Case', AP, 12 July 2010, < http://www. nativetimes. com/index. php? option = com_content&view = article&id = 3903; more-are-sentenced-in-four-corners-artifacts-case&catid = 55&Itemid = 31 >（last accessed 4 February 2013）.

在众所周知的四州交界点突袭中,进行了一项大规模的联邦调查,调查发现了抢劫和交易古物的网络,但对成功调查的兴致很快就消失了。泰德·加德纳后来自杀,与此案有关的其他两个人也自杀了。[①] 史蒂文·施拉德(Steven Shrader)是一名推销员和"业余"收藏家,在他被捕后不久自杀。医生詹姆斯·雷德(James Redd)也是如此。雷德的妻子和女儿被判缓刑。因此,总共至少有 26 项起诉书。所有人都应认罪,将被判缓刑。博物学家克雷格·查尔兹总结了两年半调查后的情况,他正确地指出,在调查古董经销商和考古学家时,两个团体都不特别喜欢彼此:"在其他任何研究领域,我都没有遇到过这么多想要对方死的人。"参议员奥林·哈奇(Orrin Hatch)认为,在犹他州圣胡安县,突袭和搜查是"不必要且残酷的",并"破坏了对政府的良好感觉",[②]而考古学家和遗产倡导者则支持突袭,认为这是重新强调贸易的一个迹象。犹他州考古学家凯文·琼斯(Kevin Jones)说,"我很高兴看到联邦政府注意到这类罪行"。[③] 考古学家将这些文物视为遗产,它们具有多代的价值,应该以非常特别的方式加以研究、保存和尊重。经销商和收藏家也重视这些物品,但其价值取决于这些物品的产权和这些文物所蕴含的个人利益。

被告的判刑受到与该地区遗产的历史关系的影响。自 2009 年 6 月以来,已有 20 多人因挖掘和买卖被盗或抢劫的文物而被捕且受到指控,但没有人因此被判处监禁。从公共土地上拿走陶器碎片或箭头和其他手工艺品被大部分公众视为一种无害的爱好,最多是不正当地行使联邦权力。这种反应的一部分源于传统做法。安德鲁·克尔(Andrew Kerr)在哈佛获得了博士学位,1915 年被任命于犹他大学就职,从此开始,他开始对拿给他的每个罐子支付 2 美元,以增加大学的收藏。[④] 然而今天,这些做法受到了反对,因为这种活动破坏了考古环境,剥夺了我们有关这些物品和产生这些物品的文化信息。

现行的刑事处罚没有普遍的威慑作用。在这种情况下,它们的使用可

---

① 'Utah:Third Apparent Suicide in Indian Looting Investigation', *N. Y. Times*, 3 March 2010.

② Senate Committee on the Judiciary Hearing on Oversight of the Justice Department, 6/17/09 eMediaMilt Works Pot. Transcripts 19:10:00(17 June 2009).

③ Draper, '24 Indicted in Artifact Thefts Officials Say a Network, Including Three Coloradans, Illegally Dug at Sites and Sold What They Found', *Denver Post*, 11 June 2009.

④ Goddard, 'Anticipated Impact of the 2009 Four Corners Raid and Arrests', 56 *Crime, L. Social Change*(2011).

能促进了特定的威慑,因为这些个体似乎不太可能倾向于在未来处理这些物品,但其他经销商和个人如何改变其行为? 联邦探员的武力展示、三起悲惨的自杀事件以及对认罪者的轻判,都玷污了人们对突袭行动的看法。四州交界点逮捕很可能不会使该地区成为更好的保存地点。短期内,许多人会改变自己的行为,或更努力地逃避执法,但市场的基本现实依然存在。正如加德纳作为线人时向他出售文物的搜查令和经销商的行为所显示的那样,这些物品的买卖双方不需要透露其历史。即使需要透露文物历史时,这些信息也很容易被捏造。在古董经销商的基本行为发生变化,以提供准确的信息,帮助买家确定他们是否在出售被盗物品之前,可能会有更多的大规模调查。管理古物贸易的更好办法是惩罚违法者,但要以一贯、公正的方式,告知公众古物为何应被视为遗产,仔细研究这些文物可以得到的内容,并在实践中让本地社区参与进来,这是保留这些文物及其有关环境的最佳方式。本质上,基本的态度和行为必须改变。

第五节 结语

文化遗产物品的处置一直是人们讨论的话题。或许,这场讨论过多地局限于法律可以发挥何种作用上。集体行为影响法律,受法律约束。我们已经看到了这些变化,包括收购政策的变化、文物归还方式和时间的变化,以及美国西南部土著和经销商社区文化的变化。当我们看到盗窃、被掠夺的遗址以及其他非法文物的销售时,一个理性的观察者对法律在保护文化遗产方面所起的作用感到悲观是可以谅解的。然而,一个细心的观察者也能看到这些行为改变和态度转变的地方。更好的未来实践的基础正在形成,遗产倡导者必须保持他们的勤勉,以积极的方式推动和强制行为改变。法律规定各个标准,个体对这些标准作出反应。

第十一章
对杰作的追求：博物馆的传统收藏做法

霍莉·弗洛拉（Holly Flora）[①]

第一节　引言

在过去的十几年中，各博物馆被一再指控在知情的情况下收购被盗古物。在意大利政府的压力下，面对诸多负面新闻，盖蒂博物馆、大都会艺术博物馆、波士顿美术博物馆、普林斯顿大学美术馆等最近还将其他一些珍宝归还给意大利，例如欧弗洛尼奥斯陶瓶（Euphronioskrater）和所谓的阿佛洛狄忒雕塑（Morgantina Aphrodite）等珍品。盖蒂博物馆前任馆长马里昂·特鲁（Marion True）和普林斯顿美术馆馆长迈克尔·帕吉特（Michael Padgett）已受到意大利政府的审判，他们被指责各自的博物馆收购了据称是非法出口的考古材料。国际博物馆理事会、美国博物馆理事协会和美国博物馆协会等主要博物馆专业组织发布了新的道德准则，谴责对来源可疑古物的收藏行为。博物馆也修改了其收购政策，以反映新的道德标准。在本章中，我关注的问题是，这些新的道德守则在捍卫文化遗产方面的有效性如何？博物馆能否找到更好的方法，使其使命和收购传统与当代道德标准相协调？首先，我想简要介绍一下美国博物馆中相关收购伦理的历史，为当前关于这些最近修订的道德规范的争论和背后的理论基础做铺垫。我将详细地研究这些法条，以评估这些法条迄今为止的有效性。最后，我想提出一些新的策略，以供博物馆在合乎伦理地收集文物时使用。

[①]　美国杜兰大学副教授，威廉贾威尔大学文学学士，纽约大学美术学院文学硕士，纽约大学美术学院博士。

世界上许多伟大的博物馆，尤其是那些被视为"百科全书式"的博物馆，也就是说，它们的收藏品具有广泛的时代、地点和文化特征，这些博物馆都是在远离当今标准的道德规范下建立的。的确，有人可能会争辩道，诸如卢浮宫和英国博物馆的藏品是从帝国主义国家掠夺的战利品。① 尽管有些藏品不是因战争而获得的，但它们还是成为富裕的可赞助考古发掘国家的特权，例如德国和美国的一些博物馆。或者，富裕的收藏家建立了私人收藏集，这些私人收藏集后来成为博物馆基础收藏的一部分，例如大都会艺术博物馆的摩根大通（JP Morgan）的收藏。② 美国许多博物馆实际上是建立在业界大人物的财富及其在欧洲在当时购买并合法出口宝藏的可获得性之上，如摩根大通（JP Morgan）。

20 世纪初，欧洲国家开始通过各项法律，防止那些已经被称为其文化遗产一部分的艺术品离开各自的国家。美国雕塑家、收藏家和商人乔治·格雷·巴纳德（George Gray Barnard）现在将收藏品收藏在纽约修道院博物馆的中心，当他从圣米歇尔·德·库萨修道院中移走整个修道院回廊并将其出口到美国时，他的行为启发了法国政府制定此类法律。巴纳德在这类可能会阻止他出口行为的法律通过前几天，出口了粉红色的大理石柱子和资金。③ 从博物馆的角度来看，民族主义和收藏伦理问题在这一时期尚未出现。在 20 世纪初期，有关的法律规范才刚刚开始建立，只要文物是合法获得的，博物馆当时这样做就没有问题。

到 20 世纪中叶，由于欧洲各国对民族认同感的增强以及国际法律协定的建立，合法所有权和文化遗产保护的概念开始兴起，以至于第二次世界大战期间的盟军创建了古迹卫士（Monuments Men），这是一支由艺术界专业人士组成的团队，其中包括詹姆斯·罗里默（James Rorimer）。他后来担任大都会艺术博物馆的负责人，他不仅保护重要建筑物和艺术品免遭战争的破坏，还努力实现纳粹掠夺的众多艺术品的归还。④ 因此，文化遗产的国家权

---

① Sharon Waxman, *Loot: The Battle over the Stolen Treasures of the Ancient World* (New York: Times Books, 2008).

② Louis Auchincloss, *J. P. Morgan: The Financier as Collector* (New York: Abrams, 1990).

③ James J. Rorimer, *Medieval Monuments at the Cloisters: As They Were and As They Are* (New York: The Plantin Press, 1941).

④ Lynn H. Nicholas, *The Rape of Europa: The Fate of Europe's Treasures in the Third Reich and the Second World War* (New York: Vintage, 1995); Robert Edsel, *The Monuments Men: Allied Heroes, Nazi Thieves, and the Greatest Treasure Hunt in History* (New York: Center Street, 2009).

利概念是欧洲国家战后恢复自己的民族身份的重要部分。在此,我把这一点仅作为预示我们所处环境的一种方式,我们仍生活在这种环境中,在这种环境中,欧洲各个国家认为某些艺术品是其文化独特性的标志。只考虑希腊为返还帕特农神庙雕塑(也称为埃尔金大理石雕)所做的不懈努力,就可以看到与遥远过去紧密相连的文物如何与当前身份认同观念紧密地联系在一起。下文将回到民族主义的这个问题。

所有这些使我们回到了博物馆及其传统收藏做法的问题。至少对于美国各个博物馆而言,战后时期似乎并未激发人们想象的那种精心的收藏做法。例如,在 20 世纪 60 年代初期,纽约修道院博物馆以收购现在被称为回廊十字架而闻名,这是一个 12 世纪的象牙坛,上面刻有一百多个人像。将十字架卖给博物馆的交易商拒绝透露其购买来源;据报道,该交易商甚至没有向妻子透露这些信息,后来在没有向任何人透露这个秘密信息的情况下死去。① 据推测,这种极为罕见的文物可能在第二次世界大战后从东欧走私出去,但当然这一点无法证明。然而,著名的特立独行且直率的时任博物馆馆长马斯斯·霍文(Thomas Hoving)因其稀有性和美感毫不犹豫地购买了它。

在很大程度上,可以用四个字来概括大都会艺术博物馆等博物馆传统收购政策的优先选择:收购杰作,仅此而已。道德和法律考虑在某种程度上是次要的,或者也许可以更准确地说,当时的规范不同。霍文甚至在其著作《忏悔者之王》和《让木乃伊跳舞》中自豪地记载了这种做法,并带有某种程度的修饰和夸张。② 为博物馆收藏是一场绅士鉴赏家的盛大游戏,获胜者发现了全世界最珍贵的隐藏宝藏,并为博物馆对这些藏品评分,无论花费多少。各个博物馆应该确保提议要收购的文物不是被盗文物,并具有合法的出处,但是在许多情况下,文物本身的"质量"更为重要。

第二节 最近修订的道德标准和收购政策

我相信,正是这种对于杰作不加限制的探索,导致了当前的改革环境。

---

① Thomas Hoving, *King of the Confessors* (New York : Simon & Schuster, 1981).

② Thomas Hoving, *Making the Mummies Dance : Inside the Metropolitan Museum of Art* (New York : Simon & Schuster, 1993).

在 20 世纪后期，美国各个博物馆开始受到外国政府（尤其是意大利政府）施压，以确保其收购的藏品不是最近被劫掠的文物。在这里我要指出，考虑到这一基准可追溯到 1970 年，各个博物馆对这些压力的反应实际上是在最近十年才出现的，相对较晚。盖蒂博物馆和大都会艺术博物馆等各博物馆被指控公然和/或暗中无视 1970 年协定。①

但是，意大利对文物的归还要求以及对马里昂·特鲁提起的诉讼揭示了文化态度的转变。相反，最近的指控引发了一场指责的拉锯战。没有人否认抢劫考古遗址是一个长期存在的问题，在像意大利这样拥有大量未出土遗址的地方，不可能所有文物都得到适当的保护。② 意大利（以及其他国家）指责博物馆和富有的收藏家创造并维持了这种文物市场，进而鼓励抢劫。相反，一些博物馆官员辩称，古物黑市是"保留主义"文化财产法的过错，该法律将所有出土物认定为国家政府财产。③ 为了给博物馆辩护，马里昂·特鲁和其他人指责意大利人制定了一场政治上的恐吓运动，迫使美国各个博物馆归还文化宝藏，而没有对其收购提供足够的证据证明。④ 审判随着诉讼时效的结束而终止，在审判终止后，特鲁进一步谴责了意大利政府把时间和金钱浪费在"无休止的诉讼"上，因为他们无法挖掘和管理自己的古建筑遗产。⑤ 无论支持哪一方的论点，毫无疑问，都需要采取某些措施来解决当前的情况。

为了防止他们潜在地参与黑市交易并保护博物馆社区免受不良声誉，近年来，领先的博物馆和专业博物馆组织已经修订了其道德准则。此类措施的目的还在于超越法律规范以制定更高的道德标准。正如美国博物馆协会最近所述："法律标准是最低要求。博物馆责任人除了避免违反法律外，他们还必须做更多的事情，采取积极措施来维护其形象，以树立在公众中的

---

① Peter Watson and Cecilia Todeschini, *The Medici Conspiracy: The Illicit Journey of Looted Antiquities* (New York: Public Affairs/Perseus, 2006).

② Jonathan Tokeley, *Rescuing the Past: The Cultural Heritage Crusade* (London: Imprint Academic, 2006).

③ James Cuno, *Who Owns Antiquity? Museums and the Battle over Our Ancient Heritage* (Princeton: Princeton Univ. Press, 2008), at xxxii.

④ Eakin, 'Treasure Hunt', *New Yorker*, 17 December 2007; *see also* Eakin, 'Marion True on Her Trial and Ordeal', *New Yorker* online blog post, 14 October 2010, < http://www.newyorker.com/online/blogs/newsdesk/tny41 > (last accessed 4 February 2013).

⑤ Marion True, '"Neither Condemned Nor Vindicated," Marion True on Why It Is Hard to Accept the Lack of Verdict After Her Five Year Trial', *Art Newspaper*, Issue 220(5 January 2011).

信心。他们不仅必须在遵守法律的基础上行事,而且要在符合道德的基础上行事。"①下文展示了一些新的道德守则。各博物馆的专业组织领导了一场运动,使博物馆的收藏标准符合1970年协定。国际博物馆理事会(ICOM)是其中最大的组织,该组织在1970年一场关于"收购伦理"的报告中为此铺平了道路,在该报告中,国际博物馆理事会宣布"必须有完整、清晰和令人满意的关于任何待收购文物来源的文件"。② 人们可以立即看到这是如何被非常广泛地解释。在2004年发布的国际博物馆理事会修订的道德准则中,有关表述更为具体:在收购文物之前,必须尽一切努力以确保任何用于购买、馈赠、贷款、遗赠或交换的文物或活标本,并不是从可能合法拥有该文物或活标本的起源国或任何中间国家(包括博物馆本国)非法获取或出口。在这方面的尽职调查应当涵盖该文物从发现或产生时开始的完整历史记录。③

这也许是最严格的专业组织守则,因为它要求"尽职调查……应当涵盖该文物完整的历史记录"。

美国博物馆联盟开始起草类似但不那么严格的准则。2004年,美术馆馆长协会建议各个博物馆对可能收购文物的出处进行彻底研究,并在收购后立即发布照片和出处历史,所有收购都应遵循联合国教科文组织协定的准则。④ 当无法明确确定出处时,博物馆被告知要使用"专业判断"来决定是否要收购一件文物。尽管这里推荐了某些可接受的标准,但最终,博物馆在获取缺乏完整出处文件的文物时有很大的自由度。该政策遭到考古学家们的批评,他们声称该政策不够严格。⑤

几年后,在2008年,按照美国最大的博物馆专业组织美国博物馆联盟提出的新准则,美术馆馆长协会发布了考古材料收购的具体标准。在此美术

---

① American Association of Museums Code of Ethics(2000), < http://www. aam-us. org/museumre-sources/ethics/coe. cfm > (last accessed 4 February 2013).

② International Council on Museums Report on the Ethics of Acquisitions(1970), < http://icom. museum/acquisition. html > (last accessed 4 February 2013).

③ International Council on Museums Code of Ethics(2004), § 2. 3, < http://icom. museum/eth-ics. html > (last accessed 4 February 2013).

④ Am. Ass'n of Museum Dirs. , 'Report on Acquisition of Archaeological Materials and Ancient Art' (2004), < http://www. aamd. org/papershttp://www. aamd. org/papers/ > (last accessed 4 February 2013).

⑤ Robert Bagley and Patty Gerstenblith, 'Museums Taxed by New Allegations' (2008), < http://www. archaeology. org/online/features/camuseums > (last accessed 4 February 2013).

馆馆长协会和美国博物馆联盟的规范体现出近期事件引发的更严格的道德规范。美国博物馆联盟标准要求博物馆应该：

1. 在收购之前严格研究文物出处；
2. 齐心协力获取有关文物历史的准确书面文件，包括进出口文件；
3. 要求卖方、捐赠者及其代表提供所有可用的信息和文件。

但是，美国博物馆联盟准则仍然包括以下警告：

美国博物馆联盟认识到，当博物馆收购一件没有上述所列情形中表明文物出处的完整文件证明的文物时，这件文物可能符合公众利益，从而将其带入公共领域。如果博物馆在这种情况下接受文物，则应该充分地说明为什么这是一个与该博物馆馆藏政策和可适用的道德规范相符合的适当决定。[①]

据此，美国各博物馆现已修订了其收购政策。作为案例研究，本章研究了大都会艺术博物馆和盖蒂博物馆这两个博物馆，因为这两者是近年来与意大利在收购和归还问题上发生冲突最为引人注目的博物馆。这些新的收购政策以及大都会艺术博物馆在 2006 年与意大利达成的正式协定，都揭示了这两家博物馆对当前环境的不同回应。

盖蒂博物馆实际上修订了其收购政策，以体现出其早在大都会艺术博物馆之前就有对抢劫的担忧。马里昂·特鲁被指控为博物馆故意收购了被掠夺的物品，她为自己辩护，宣称自己长期以来在这一问题上一直在与意大利当局合作。然而，直到 20 世纪 90 年代中期，盖蒂博物馆才修改了其收购政策，规定博物馆将不接受拥有未知所有权记录的文物。盖蒂博物馆的政策规定，盖蒂博物馆可收购在 1995 年 11 月之前进口且无先前所有权证明的文物。考虑到 1970 年这一时间现在已成为标准，1995 年 11 月这一时间的确定似乎显得随心所欲，但对盖蒂博物馆来说，这一时间很方便，因为在 1994 年盖蒂博物馆出版了芭芭拉·弗莱施曼（Barbara Fleischman）和劳伦斯·弗莱施曼（Lawrence Fleischman）的古董收藏品目录，这些富有的收藏家成为了特鲁的朋友，甚至后来借钱给她在希腊买房，这一行为后来又被视为明显的利益冲突。由于这些文物在 1994 年公之于众，其中大多数文物在进

---

① Am. Ass'n of Museums, 'Standards Regarding Archaeological Material and Ancient Art' (2008), < http://www.aam-us.org > ; Am. Ass'n of Museum Dirs. , 'Report on Acquisition of Archaeological Materials and Ancient Art' (revised 2008), < http://www.aamd.org/newsroom/documents/ 2008ReportAndRelease. pdf > .

入弗莱施曼收藏集之前都没有出处,这一时间在盖蒂博物馆 1995 年的政策下建立了一个可接受的所有权记录。因此,盖蒂博物馆之后便能够接受弗莱施曼收藏品的很大一部分,这正好又赶上盖蒂博物馆在马里布专门用于收集古物的壮观新别墅的开幕。对合乎伦理的收购政策的努力显然没有奏效,因为盖蒂比其他任何博物馆都更因其收购做法而受到抨击,而特鲁本人就位于争议的中心。

在意大利文化部威胁要禁止与盖蒂博物馆的所有文物出借和文化合作之后,盖蒂博物馆于 2006 年采取了一项新政策,最终使收购标准与 1970 年联合国教科文组织的协定保持一致。新政策明确阐明了对出处证明和法定所有权的要求。该政策规定:

1. 如果无法确保转让有效且合法的所有权,则不会收购任何文物。

2. 博物馆将进行尽职调查,以建立正在考虑收购文物的合法法律地位,并尽一切合理努力调查、证实或阐明该文物的出处。

3. 据博物馆所知,任何被盗的、在违反美国签署的条约和国际公约的情况下被移走的、从起源国或最后合法拥有国非法出口的、非法进口到美国的文物都不会被收购。

4. 此外,对于收购任何古代艺术品或考古材料,博物馆将要求:

(1)有文件或实质证据表明该文物截至 1970 年 11 月 17 日时位于美国(这一日期为联合国教科文组织《关于禁止和防止非法进出口文化财产和非法转让其所有权的方法的公约》所规定的日期),并且没有理由怀疑该文物是从其起源国非法出口的;

(2)有文件或实质证据表明该文物在 1970 年 11 月 17 日之前不在其起源国,但已经或将要合法进口到美国;

(3)有文件或实质证据表明该文物是在 1970 年 11 月 17 日之后从其起源国合法出口的,并且已经或将要合法进口到美国。

在这项政策中,没有作出任何允许收购无法证明其出处文物的警告。在要求提供有关文件时,盖蒂博物馆的政策比美术馆馆长协会和美国博物馆联盟所采用的标准严格得多,并且与国际博物馆理事会声明的标准更加一致。

大都会艺术博物馆提供了一个案例研究,揭示了与盖蒂博物馆所作回应的重大差异。在正式更改其收购政策以体现 1970 年协定之前,大都会艺术博物馆直到 2008 年才这样做(按照该政策规定,美术馆馆长协会和美国博物馆联盟的建议也仅在当年提出），2006年大都会艺术博物馆直接与意大利政府签订了基准协定。在该协定中，大都会艺术博物馆同意将欧弗洛尼奥斯陶瓶和其他一些重要古物归还意大利，以换取意大利提供的"同等美丽且重要"的长期文物出借。① 有关该协议，大都会艺术博物馆馆长菲力普·德·蒙特贝罗（Philippe de Montebello）发表了声明：这是当前这一复杂问题的适当解决方案，这一解决方案通过高度公平的安排纠正了过去收购过程中的不当行为。大都会艺术博物馆特别满意的一点是，根据该协定，通过意大利对大都会艺术博物馆的长期艺术出借，博物馆每年数以百万计的访客将继续看到相当可观的古代艺术作品。②

大都会艺术博物馆因此找到了与意大利合作的方式，同时保持了向公众展示"杰作"的传统。

大都会艺术博物馆做了这个交易，从而安抚了意大利，在某种意义上有效地解放了大都会艺术博物馆本身，其在2008年采取了一项新的收购政策，该政策既体现出了当前环境，也比盖蒂博物馆在2006年采取的立场得到了更广泛的解释。大都会艺术博物馆在其政策中指出：

1. 除非出处研究证实该文物在1970年之前位于可能的现代发现国之外，或者文物是1970年之后从可能的现在发现国合法出口的，否则通常情况下博物馆不应该收购该文物。

2. 博物馆意识到，即使经过最广泛的研究，某些文物仍将缺少完整的书面所有权历史记录。在某些情况下，博物馆可能会作出判断，认为该作品是在1970年前位于可能的现代发现国之外，或者是在1970年之后从可能的现代发现国合法出口的，因此可以收购该作品。在其他情况下，考虑到出处研究所得出的各项事实和情况，这些研究内容包括但不限于该文物的独立展览和出版、公开展示的时长以及近期的所有权历史，博物馆可以就此作出判断来决定是否收购该文物。在这两种情况下，博物馆都应谨慎权衡可能的财务和声誉损害，以及为当代和子孙后代的教育利益而收集、展示和保存文

---

① 'The Metropolitan Museum of Art—Republic of Italy Agreement of February 21, 2006', 13 *Int' l J. Cultural Prop.* (2006), at pp. 427-434.

② Press Release, Metropolitan Museum of Art (21 February 2006), < http://www. metmuseum. org/ press_room/full_release. asp? prid = % 7BF9704AC3-297B-4704-999B-111ACC8E6804% 7D > (last accessed 4 February 2013).

物所得益处的潜在法律责任。①

这里引用的文字表述,例如关于博物馆"通常情况下"将不会收购不符合联合国教科文组织 1970 年协定的文物的声明,以及对"当代和子孙后代的利益"的让步,使大都会艺术博物馆可以收购无法证明其出处的作品。

从某种意义上讲,这种让步是有道理的,但是人们可能会批评大都会艺术博物馆、盖蒂博物馆和其他博物馆的收藏做法,毫无疑问,这种做法具有将伟大的艺术品带入公众视野的有益作用,使得美国和国际公众都可以接触这些文物。最近对罗马朱利亚别墅的参观发现,欧弗洛尼奥斯陶瓶和其他来自美国博物馆的归还物正在展出,还有成千上万的其他类似的陈列文物,而这些文物在画廊中基本上都没有参观者。除了最专业人士参观以外,其他人都对这些文物有些迷惘和不欣赏。在那不勒斯的考古博物馆中,"回归物品(restituzioni)"有一个专门的展厅,这里陈列的是美国博物馆和收藏家返还的文物,这些文物被明显且自豪地贴上了这样的标签。人们至少在当前的排布中已经意识到,文物归还的事实比将这些文物放置在合适的"环境"(即归还文物的考古意义)中更为重要。某个文物一旦非法地或不当地被发掘出来,其考古环境就消失了,即使将这些文物与来自类似环境的文物并置在一起,我们也无法将这个考古环境完全复原。他们仍是在博物馆的陈列柜中。

因此,这又带来了另一伦理困境,芝加哥艺术学院前院长詹姆斯·库诺(James Cuno)最近被任命为盖蒂基金会(Getty Trust)负责人。在库诺的著作《谁拥有古物?》中,库诺指出,当博物馆面对一件未经证实的古物时,会出现一个难题,因为其考古背景已经丢失,这样伦理上的两难问题就变成了博物馆是应该将该文物带入公众视野,还是保持公众对其的未知状态,保留在私人手中。

因此,我们面临的问题是,在实现将博物馆从共同参与劫掠古物行为中移除的目标方面,新伦理标准有多有效? 2008 年,当发布美国博物馆联盟的考古材料收购新标准时,该组织主席福特·贝尔(Ford W. Bell)曾说:美国人民依靠博物馆来保存和诠释世界文化遗产。然而,近年来,公众开始期望博物馆通过其收藏活动,不会助长文化财产的非法交易。遵守这些标准将确

---

① Metro. Museum of Art, 'Policy for Acquisitions and Collections Management' (2008), < http://www.metmuseum.org/works_of_art/collection_database/collection_management_policy.aspx#acquisitions > (last accessed 4 February 2013).

保博物馆在行事时符合法律、伦理和道德。[①]

第三节 从伦理到行动：博物馆还能做什么？

博物馆、馆藏和古物非法交易问题还有哪些其他解决方案？最近，许多新出版的著作提供了一些想法。詹姆斯·库诺在其 2008 年出版的《谁拥有古物?》一书中提供了一种保护文化遗产的多层面方法。他写道：保存考古记录和未经证实或"孤独"古物的最佳方法是鼓励对考古记录进行科学调查，保护考古遗址，通过恢复文物所有权分割来扩大对考古发现的接触，允许合理收购未经证据证实的古物，加强和建立新的百科全书博物馆，并广泛开展藏品、学术和专业知识的共享和交流项目。

按照库诺的定义，文物所有权分割将会允许东道国以外的博物馆和大学在该国进行发掘，然后与当地博物馆共享其发现。根据库诺的说法，这正是过去大量考古收藏品形成的方式。当然，这种想法的问题在于，现行文化遗产立法规定，任何出土的发现物都应属于起源国，因此有关博物馆现在无法以这种方式合法地收集其藏品。像意大利这样为古物归还而进行了如此艰苦努力的国家，将不愿让更多的古物成为外国博物馆的永久组成部分。

在 2010 年 12 月《纽约时报》上发表的一篇文章中，伯纳德·弗里斯切尔（Bernard Frischer）提出了对该文物所有权分割体系的修改版本。在他看来，将所有权与占有权分开是建立一个制度的关键，该制度将允许外国机构支付挖掘费用并与东道国分享随后的发现。他表示：

要是能将所有权与占有权分开，那么各个博物馆可能会与希腊和意大利等国家达成协议。运作方式如下：起源国拥有在该处发掘的任何物品，并将大部分藏品保留在当地合作博物馆中。但是赞助挖掘的博物馆将被允许借用一定比例的文物并在美国展出。最终，从该遗址获得的所有发现物将在起源国和支付挖掘费用和保险的博物馆之间轮流交换展出。

在这种情况下，弗里斯切尔还为收藏家们提供了另一种选择："即使是个人收藏家也可以投资并参与交易，只要他们接受培训，能够维护好临时出

---

① Am. Ass'n of Museums, *AAM Announces New Standards on Cultural Property* (2008)，< http://www.aam-us.org/ > (last accessed 4 February 2013).

借来的文物。有一天,投资者或他们的继承人可以在画廊拍卖或出售他们的股份,就像交易艺术品一样。这样,当今古物市场上的所有利益相关者都可以成为新交易的一部分。"①弗里斯切尔的建议还体现了博物馆与东道国之间长期出借的想法,这一想法也可以在大都会艺术博物馆与意大利达成的协议中看到。这似乎是解决目前富有的博物馆与渴望收集并拥有精美文物的私人收藏家之间紧张关系的理想解决方案。从学术的角度来看,长期出借也将是有益的,允许就发掘它们的环境对文物进行观察和研究,并在当地博物馆中展示,在那里可以看到与它们一起发掘出来的其他物品,以及可以在更大、更全球化的收藏中以一种不同但又不失启发性眼光的背景下看待它们。

当然,在该提议的解决方案中还存在许多固有的问题。与博物馆或收藏家对市场提供的文物所作出的选择相比,考古发掘涉及很多不确定性,不仅需要大量的金钱资源,而且还需要耐心。当没有人确切知道到底会发现什么以及挖掘出的东西是否会被认为是具有美感或足够重要时,博物馆可能不愿花大价钱进行挖掘。建立在文物出借基础上的合作关系,不仅对有关机构有一定的风险,而且还给文物带来一定的风险。在全球范围内运输文物不仅成本高昂,而且对文物还会有潜在危险;文物也更容易遭受盗窃或破坏。某些类型的文物因其状况、大小、易碎性等原因根本无法移动。

而且,东道国必须愿意甚至暂时放弃其文物。因此,开展这种考古合作的最大障碍不在于实践层面,而是在于意识形态层面。民族主义与全球主义之间的紧张关系是所有当前争论的核心,因此需要以某种方式解决。《纽约时报》国际艺术评论家迈克尔·金梅尔曼(Michael Kimmelman)等作家认为,文化遗产不能归于单个国家,而是全人类的遗产。他在2010年发表的一篇题为《谁划定了文化的边界》的文章中写道:"但是,除了掠夺和旅游费用外,普遍的问题是,为什么一些文物应该属于控制这块土地的现代民族国家?也许几千年前,这些文物来自这片土地。这一问题是文化如何在全球时代运作的核心。"②当然,金梅尔曼是在思考希腊政府继续要求大英博物馆归还帕特农神庙雕塑的问题。正如金梅尔曼在其回顾中所指出的那样,2009年,壮观的雅典新卫城博物馆(Acropolis Museum)的开幕可能是他们迄

①　Bernard Frischer,'Museums Should Dig In', *N. Y. Times*, 22 December 2010.

②　Michael Kimmelman,'Who Draws the Borders of Culture?', *N. Y. Times*, 5 May 2010.

今为止最有力的论据。但是，民族主义者的理想强调了对雕塑归还的需求，这也是真正共享文化遗产的绊脚石。① 如果希腊正式承认大英博物馆对它们的所有权，大英博物馆就提议将这些雕塑借给新博物馆。雅典新卫城博物馆馆长对此想法的回应是"没有希腊人会同意"。②

关于拥有自己民族文化遗产权利的观念在意大利尤为响亮，在意大利，反对掠夺的愤怒以及对美国收藏家和博物馆可能参与其中的愤怒是显而易见的。这在很大程度上也是合理的。我们今天所知道的意大利和希腊等国家的历史相对较短，因此，他们仍在寻求民族身份认同，并期望在其文化遗产中找到它。当其所声称的文化遗产被移走时，无论是否合法，这些民族都会感到受到侵犯。但有时，各个博物馆和这些国家需要找到共同点，并学会分享彼此珍视的艺术品。

---

① Jeanette Greenfield, *The Return of Cultural Treasures* (Cambridge: Cambridge University Press, 1995), at p. 312.

② Michael Kimmelman, ' Elgin Marble Argument in a New Light ', *N. Y. Times*, 24 June 2009.

案例表

Agudas Chasidei Chabad v. Russian Fed'n, 466 F. Supp. 2d 6 (D. D. C. 2006, per Lamberth CJ), 528 F. 3d 934 (D. C. Cir. 2008, per Williams SCJ)

Agudas Chasidei Chabad v. Russian Fed'n, 729 F. Supp. 2d 141 (D. D. C. 2010, per Lamberth CJ)

Agudas Chasidei Chabad v. Russian Fed'n, 798 F. Supp. 2d 260 (D. D. C. 2011, per Lamberth CJ)

Alfred Dunhill of London, Inc. v. Republic of Cuba, 425 U. S. 682 (S. Ct. 1976)

Allred v. Biegel, 240 Mo. App. 818 (Ct. App. 1949)

Andrew Orkin v. The Swiss Confederation, et al. , 2011 U. S. Dist. Lexis 4357 (13 Jan. 2011)

Andrew Orkin v. The Swiss Confederation, et al. , 770 F. Supp. 2d 612, 2011 U. S. Lexis 24507 (S. D. N. Y. 11 Mar. 2011), *aff' d*, Andrew Orkin v. The Swiss Confederation, et al. , 2011 U. S. App. (12 Oct. 2011)

Aqua Log, Inc. v. State of Georgia, 594 F. 3d 1330 (11th Cir. 2010)

Atocha Case, 569 F 2d. 330, 337 (1978)

Attorney General of New Zealand v. Ortiz [1982] 3 QB 432, *rev' d*, [1984] A. C. 1, *add' d*, [1983] 2 All E. R. 93

Autocephalous Greek Orthodox Church in Cyprus v. Willem O. A. Lans (District Court, Rb Rotterdam, 4 Feb. 1999; confirmed in Appeal, Hof Den Haag, 7 Mar. 2002, 99/693)

Autocephalous Greek-Orthodox Church of Cyprus & the Republic of Cyprus v. Goldberg & Feldman Fine Arts, Inc. , 717 F. Supp. 1374 (S. D. Ind. 1989), *aff' d*, 917 F. 2d 278 (7th Cir. 1990)

Bakalar v. Vavra, 619 F. 3d 136 (2d Cir. 2010)

Bakalar v. Vavra, 819 F. Supp. 2d 298 (S. D. N. Y. 2011), *aff' d*, 2012 U. S.

App. LEXIS 21042(2d Cir. 2012)

Bennis v. Michigan,516 U. S. 442,116 S. Ct. 994,134 L. Ed. 2d 68(1996),
167 Beyeler v. Italy, Application No. 33202/96, European Court of Human
Rights,Judgment of 5 Jan. 2000

Campuzano v. Iran,281 F. Supp. 2d 258(D. D. C. 2003)

Case No. 002/19-09-2007,Extraordinary Chambers in the Courts of Cambo-
dia,Closing Order against Ieng Sary,Khieu Samphan,Nuon Chea and Ieng Thirith

Case Concerning the Temple of Preah Vihear(Cambodia v. Thailand),Inter-
national Court of Justice,Judgment of 15 June 1962,ICJ Reports,1962

*Claude Cassirer v. the Kingdom of Spain and the Thyssen-Bornemisza Collec-
tion Foundation*,461 F. Supp. 2d 1157 (C. D. Cal. 2006),580 F. 3d 1048(9th
Cir. 2009),590 F. 3d 981(9th Cir. 2009),616 F. 3d 1019(9th Cir. 2009),2010
WL316970(9th Cir. 12 August 2010)

Certain Property(Liechtenstein v. Germany)(Preliminary Objections),Inter-
national Court of Justice,Judgment of 10 Feb. 2005,ICJ Reports,2005

De Csepel v. Republic of Hungary,808 F. Supp. 2d 113(D. D. C. 2011,per
Huvelle DJ)

De Préval v. Adrian Alan Ltd. (1997)(unreported)

Demartini c. Williams,Tribunal Correctionnel,18th Chamber,6 July 2001

Diag Human v. Czech Republic,Case No 72 E 1855/11 z-20(District Court
of Vienna,21 June 2011)

Dole Food Co. v. Patrickson,538 U. S. 468(2003)

Entscheidungen des Bundeserichtshofs in Zivilsachen,BGH,22 June 1972,
BGHZ 59 No. 14,82

Erie R. R. v. Tompkins,304 U. S. 64(1938)

Federal Republic of Germany v. Autonomous Prefecture of Vojotia,Court of
Cassation,20 May 2011,No. 11163

Ferrini v. Germany,Court of Cassation,11 Mar. 2004,No. 5044

Garb v. Republic of Poland,440 F. 3d 579(2d Cir. 2006,per Cabranes CJ)

Case Concerning the Application of the Convention on the Prevention and
Punishment of the Crime of Genocide (Bosnia and Herzegovina v. Serbia and
Montenegro),International Court of Justice,Judgment of 26 February 2007(Geno-

cide case)

Government of Peru v. Johnson, 720 F. Supp. 810(C. D. Calif. 1989) ,*aff' d*, 933 F. 2d 1013(9th Cir. 1991)

Government of the Islamic Republic of Iran v. Barakat Galleries Ltd. [2007] EWHC 705 QB,*rev' d*, [2007] EWCA Civ. 1374

Greek Orthodox Patriarchate v. Christies, Inc. , 1999 U. S. Dist. LEXIS 13257(S. D. N. Y. 1999)

In re Flamenbaum, 945 N. Y. S. 2d 183(App. Div. 2012)

In re Peters, 821 N. Y. S. 2d 61(App. Div. 2006)

In re: Islamic Republic of Iran Terrorism Litig. ,659 F. Supp. 2d 31 (D. D. C. 2009, per Lamberth CJ)

Insurance X v. A. M. , ATF 122 III 1 ,5 Mar. 1996

Italian State v. X & Court of Appeal of the Canton of the City of Basle, 82 I. L. R. 24, Swiss Federal Tribunal, 6 Feb. 1985

Jeannerette v. Vichy, 693 F. 2d 259(2d Cir. 1982)

Jurisdictional Immunities of the State (Germany v. Italy: Greece Intervening) , International Court of Justice, Judgment of 3 Feb. 2012

Kalogeropoulou & Others v. Greece & Germany, Application No. 59021/00 , European Court of Human Rights, Decision of 12 Dec. 2002

King of Italy v. Marquis Cosimo de Medici Tornaquinci, (1918)34 T. L. R. 623

Kunstsammlungen zu Weimar v. Elicofon, 478 F. 2d 231 (1973) , 536 F. Supp. 829(E. D. N. Y. 1981) ,*aff' d*, 678 F. 2d 1150(2d Cir. 1982)

L. v. Chambre d'accusation du Canton de Genève, ATF 123 II 134 ,1 Apr. 1997, SJ 1997, 529

Magness v. Russian Fed'n, 54 F. Supp. 2d 700(S. D. Tex. 1999, per Hittner DJ)

Magness v. Russian Fed'n, 84 F. Supp. 2d 1357(S. D. Ala. 2000, per Butler CJ)

Malewicz et al. v. City of Amsterdam, 362 F. Supp. 2d 298(D. D. C. 2005) ; 517 F. Supp. 2d 322(D. D. C. 27 June 2007)

Maria Altmann v. Republic of Austria, 142 F. Supp. 2d 1187 (C. D. Cal. 1999) ,*aff' d*, 317 F. 3d 954(9th Cir. 2002) , as amended, 327 F. 3d 1246(9th Cir. 2003) ,541 U. S. 677(2004)

Matthews v. Bay Head Improvement Ass'n, 471 A. 2d 355 (N. J. 1984) , *cert. denied* ,469 U. S. 821(1984)

Mazzoni c. Finanze dello Stato,Tribunale di Venezia,8 Jan. 1927

Menzel v. List,267 N. Y. S. 2d 804,809(Sup. Ct. N. Y. 1966),*rev'd*,246 N. E. 2d 742(N. Y. 1969)

Naftzger v. Am. Numismatic Soc'y,42 Cal. App. 4th 421(1996)

Navigational and Related Rights(Costa Rica v. Nicaragua), International Court of Justice,Judgment of 13 July 2009

O'Keeffe v. Snyder,416 A. 2d 862(N. J. 1980)

Odyssey Marine Exploration Inc. v. The Unidentified Shipwreck Vessel & the Kingdom of Spain,the Republic of Peru,United States District Court,Middle District of Florida,Tampa Division,3 June 2009

Odyssey Marine Exploration v. The Unidentified Shipwrecked Vessel,657 F. 3d 1159(11th Cir. 2011,per Black CJ)

Odyssey Marine Exploration,Inc. (Keith Bray,Intervenor Plaintiff)v. Spain, Docket n. 10-14396,31 Mar. 2011

Odyssey Marine Exploration,Inc. v. Kingdom of Spain,Docket n. 10-10269, 21 Sept. 2011

Odyssey Marine Exploration, Inc. v. The Unidentified Shipwrecked Vessel, No. 8:07-cv00614-SDM-MAP,21 Sept. 2011

Odyssey Marine Exploration, Inc. , Applicant v. Kingdom of Spain, et al. , Decision No. 11A745,9 Feb. 2012

Office des poursuites et faillites du district de Martigny v. Compagnie Noga d'importation et d'exportation SA,No 5A. 334/2007/frs(Swiss Federal Tribunal,29 Jan. 2008)

Penn Central Transportation Co. v. City of New York,438 U. S. 104(1978)

Porter v. Wertz,416 N. Y. S. 2d 254,259(App. Div. 1979)

Prince Hans-Adam II of Liechtenstein v. Germany,Application No. 42527/ 98,European Court of Human Rights,Decision of 12 July 2001

Prince of Liechtenstein v. Municipality of Cologne(Cologne Regional Ct. ,11 Nov. 1991)

Prosecutor v. Blaskić, Case IT-95-14-T, Trial Chamber, Judgment of 3 Mar. 2000

Prosecutor v. Brđanin, Case IT-99-36-T, Trial Chamber II, Judgment of 1 Sept. 2004

Prosecutor v. Gotovina,Čermak, Markač, Case IT-06-90-T,Trial Chamber I, Judgment of 15 Apr. 2011

Prosecutor v. Jokić, Case IT-01-42/1-S, Trial Chamber I, Judgment of 18 Mar. 2004

Prosecutor v. Karadžić& Mladić,Cases IT-95-5-R61 and IT-95-18-R61 ,Trial Chamber,Review of the Indictment Pursuant to Rule 61 of the Rules of Procedure and Evidence,11 July 1996

Prosecutor v. Kordić& Cerkez,Case IT-95-14/2-T,Trial Chamber,Judgment of 26 Feb. 2001

Prosecutor v. Krajišnik, Case IT-00-39-T, Trial Chamber, Judgment of 27 Sept. 2006

Prosecutor v. Krstić, Case IT-98-33-A, Appeals Chamber, Judgment of 19 Apr. 2004

Prosecutor v. Martić,Case IT-95-11-T,Judgment of 12 June 2007

Prosecutor v. Milutinović,Šainović,Ojdanić,Pavković,Lazarević,Lukić,Case IT-05-87-T,Judgment of 26 Feb. 2009

Prosecutor v. Naletilić, Case IT-98-34-T, Trial Chamber, Judgment of 31 Mar. 2003

Prosecutor v. Strugar, Case IT-01-42-T, Trial Chamber II, Judgment of 31 Jan. 2005

Prosecutor v. Tadić,Case IT-94-1-T,Trial Chamber,Judgment of 7 May 1997

Prosecutor v. Tadić,Decision on the Defence Motion for Interlocutory Appeal on Jurisdiction,Appeals Chamber,Decision of 2 Oct. 1995

R. M. S. Titanic,Inc. v. RMS Titanic,*in rem*,U. S. Court of Appeals,No 04-1933,31 Jan. 2006

Republic of Croatia v. Tr. of the Marquess of Northampton 1987 Settlement,610 N. Y. S. 2d 263(1st Dep't 1994) ,*appeal denied*,642 N. E. 2d 325(N. Y. 1994)

Republic of Lebanon v. Sotheby's,167 A. D. 2d 142(N. Y. App. Div. 1990)

Republic of Peru v. Yale Univ. , Compl. filed 5 Dec. 2008, Case 1:08-cv-02109-HHK(D. D. C. 2008)

Republic of Turkey v. Metro. Museum, 762 F. Supp. 44 (S. D. N. Y. 1990)

Republic of Turkey v. OKS Partners, 1994 U. S. Dist. LEXIS 17032 (D. Mass. 1994)

République fédérale du Nigeria c. Montbrison (Court of Cassation, 2006, JCP 2006, IV, 3005, 1917)

Rubin v. Iran, 349 F. Supp. 2d 1108 (N. D. Ill. 2004)

Rubin v. Iran, 456 F. Supp. 2d 228 (D. Mass. 2006)

Rubin v. Iran, 637 F. 3d 783 (7th Cir. 2011, per Sykes CJ)

Rubin v. Iran, 810 F. Supp. 2d 402 (D. Mass. 2011, per O'Toole, Jr. DJ)

Rubin v. Iran, aff'd, 541 F. Supp. 2d 416 (D. Mass. 2008)

Solomon R. Guggenheim Found. v. Lubell, 567 N. Y. S. 2d 623 (Ct. App. 1991)

Sud Fondi Srl v. Italia, Application No. 75909/01, European Court of Human Rights, Decision of 20 Jan. 2009

Swift v. Tyson, 41 U. S. 1 (1842)

The Apollon, 22 U. S. 362 (1824)

The Art Museum Subdistrict of the Metro. Zoological Park and Museum Dist. of the City of Saint Louis & the County of Saint Louis v. United States of Am. , Case 4: 11-cv-00291, Complaint filed 15 Feb. 2011 (E. D. Mo. 2011)

Trib. Torino, 25 Mar. 1982

United States v. Aleman, 728 F. 2d 492 (11th Cir. 1984)

United States v. An Antique Platter of Gold, Known as a Gold Phiale Mesomphalos c. 400 B. C. , 184 F. 3d 131 (2d Cir. 1999)

United States v. An Archaic Etruscan Pottery Ceremonial Vasec. Late 7th Century, B. C. and a Set of Rare Villanovan and Archaic Etruscan Blackware with Bucchero and Impasto Ware, c. 8th-7th Century, B. C. , Located at Antiquarium, Ltd. , 948 Madison Avenue, New York, New York 10021, 96 Civ. 9437, verified complaint dated 12 Dec. 1996

United States v. Austin, 902 F. 2d 743 (9th Cir. 1990)

United States v. Caliendo, 910 F. 2d 429 (7th Cir. 1990)

United States v. Davis, 648 F. 2d 84 (2d Cir. 2011), aff'g, United States v. Painting Known as 'Le Marche', 2010 U. S. Dist. LEXIS 53420 (S. D. N. Y. 2010)

United States v. Diaz, 499 F. 2d 113 (9th Cir. 1974)

United States v. Eighteenth Century Peruvian Oil on Canvas Painting,597 F.
Supp. 2d 618(E. D. Va. 2009)

United States v. Gerber,999 F. 2d 1112(7th Cir. 1993)

United States v. Hall,104 F. A'ppx 475(6th Cir. 2004)

United States v. Hollinshead,495 F. 2d 1154(9th Cir. 1974)

United States v. Hooshmand,931 F. 2d 725(11th Cir. 1991)

United States v. La Jeune Eugenie,26 F. Cas. 832(1822)

United States v. Ligon,440 F. 3d 1182(9th Cir. 2006)

United States v. Mask of Ka-Nefer-Nefer,Complaint filed 16 Mar. 2011,Case
4:11-cv-00504-HEA;2012 U. S. Dist. LEXIS 47012(E. D. Mo. 2012)

United States v. McClain,545 F. 2d 988(5th Cir. 1977);593 F. 2d 658(5th
Cir. 1979)

United States v. Melnikas,929 F. Supp. 276(S. D. Ohio 1996)

United States v. One Ancient Egyptian, Yellow Background, Wooden Sar-
cophagus,Dating to the Third Intermediate Period,Complaint filed 8 Oct. 2009,
Case 09-23020(S. D. Fla. 2009)

United States v. Portrait of Wally,A Painting by Egon Schiele,2009 U. S.
Dist. LEXIS 91464(S. D. N. Y. 2009)

United States v. Pre-Columbian Artifacts and the Republic of Guatemala,845
F. Supp. 544(N. D. Ill. 1993)

United States v. Schultz,178 F. Supp. 2d 445(S. D. N. Y. 2002),*aff' d*,333
F. 3d 393(2d Cir. 2003)

United States v. Shumway,112 F. 3d 1413(9th Cir. 1997)

United States v. The Schooner Amistad,40 U. S. 51(1841)

United States v. Tidwell,191 F. 3d 5-20(1999)

Vineberg et al. v. Maria-Louise Bissonnette et al. ,529 F. Supp. 2d 300(27
Dec. 2007)

Vineberg v. Bissonnette,548 F. 3d 50(1st Cir. 2008)

Whiteman v. Dorotheum GMBH & Co. KG,431 F. 3d 57(2d Cir. 2005,per
Cabranes CJ)

Winkworth v. Christie,Manson & Woods Ltd. ,[1980] 1 Ch. 496,[1980] 1
All E. R. 1121

法律表

International

Agreement between the United Nations and the Royal Government of Cambodia Concerning the Prosecution under Cambodian Law of Crimes Committed during the Period of Democratic Kampuchea, Phnom Penh, 6 June 2003

Agreement on Succession Issues of the Former Socialist Federal Republic of Yugoslavia, Annexes A to G, Vienna, 29 June 2001

American Convention on Human Rights, San José, 22 Nov. 1969

Convention(IX)Concerning Bombardment by Naval Forces in Time of War, The Hague, 18 Oct. 1907

Convention Concerning the Protection of the World Cultural and Natural Heritage, Paris, 16 Nov. 1972

Convention(I)for the Amelioration of the Condition of the Wounded and Sick in Armed Forces in the Field, Geneva, 12 Aug. 1949

Convention(II)for the Amelioration of the Condition of Wounded, Sick and Shipwrecked Members of Armed Forces at Sea, Geneva, 12 Aug. 1949

Convention(I)for the Peaceful Settlement of International Disputes, The Hague, 18 Oct. 1907

Convention for the Safeguarding of the Intangible Cultural Heritage, Paris, 17 Oct. 2003

Convention on Jurisdictional Immunities of States and Their Property, New York, 2 Dec. 2004

Convention on Stolen or Illegally Exported Cultural Objects, Rome, 24 June 1995

Convention on Succession of States in respect of State Property, Archives and Debts, Vienna, 7 Apr. 1983

Convention on the High Seas, Geneva, 29 Apr. 1958

Convention on the Means of Prohibiting and Preventing the Illicit Import, Export and Transfer of Ownership of Cultural Property, Paris, 17 Nov. 1970

Convention on the Prevention and Punishment of the Crime of Genocide, Paris, 9 Dec. 1948

Convention on the Protection and Promotion of the Diversity of Cultural Expressions, Paris, 20 Oct. 2005

Convention on the Protection of Cultural Property in the Event of Armed Conflict, The Hague, 14 May 1954

Convention on the Protection of the Underwater Cultural Heritage, Paris, 2 Nov. 2001

Convention on the Recognition and Enforcement of Foreign Arbitral Awards, New York, 10 June 1958

Convention on the Settlement of Matters Arising out of the War and the Occupation, Bonn, 26 May 1952

Convention(III) relative to the Treatment of Prisoners of War, Geneva, 12 Aug. 1949

Convention(IV) relative to the Protection of Civilian Persons in Time of War, Geneva, 12 Aug. 1949.

Convention(IV) respecting the Laws and Customs of War on Land and Its Annex, The Hague, 18 Oct. 1907

Convention(II) with respect to the Laws and Customs of War on Land and Its Annex, The Hague, 29 July 1899

European Convention for the Protection of Human Rights and Fundamental Freedoms, Rome, 4 June 1950

European Convention on State Immunity, Basel, 16 May 1972

European Convention on the Protection of the Archaeological Heritage, London, 6 May 1969

European Landscape Convention, Florence, 20 Oct. 2000

Declaration Concerning the Intentional Destruction of Cultural Heritage, Paris, 17 Oct. 2003

Declaration on the Rights of Indigenous Peoples, New York, 13 Sept. 2007

International Convention for the Unification of Certain Rules Relating to the

Immunity of State-Owned Ships, Brussels, 10 Apr. 1926

International Convention on Salvage, 28 Apr. 1989

Memorandum of Understanding between the Government of the People's Republic of China and the Government of the United States of America on Implementation of Import Restrictions of Categorized Archaeological Objects between the Paleolithic Era to Tang Dynasty and Historic-Site Sculptures and Mural Art Works of over 250 Years Old, Washington, 14 Jan. 2009

Protocol Additional to the Geneva Conventions of 12 August 1949, and relating to the Protection of Victims of International Armed Conflicts (Protocol I), 8 June 1977

Protocol Additional to the Geneva Conventions of 12 August 1949, and relating to the Protection of Victims of Non-International Armed Conflicts (Protocol II), 8 June 1977

Protocol to the Convention for the Protection of Cultural Property in the Event of Armed Conflict 1954, The Hague, 14 May 1954

Second Protocol to the Hague Convention of 1954 for the Protection of Cultural Property in the Event of Armed Conflict, The Hague, 26 Mar. 1999

Statute of the International Criminal Court, Rome, 17 July 1998

Statute of the International Criminal Tribunal for Yugoslavia, 25 May 1993

Treaty of Peace between the Allied and Associated Powers and Austria, Saint-Germain-en-Laye, 10 Sept. 1919 (Treaty of Saint-Germain)

Treaty of Peace between the Allied and Associated Powers and Germany, Versailles, 28 June 1919 (Treaty of Versailles)

Treaty of Peace between the Allied and Associated Powers and Hungary, Trianon, 4 June 1920 (Treaty of Trianon)

Treaty of Peace between the Holy Roman Emperor and the King of France and their respective Allies, Munster (Westphalia), 24 Oct. 1648 (Treaty of Westphalia)

Treaty of Peace with Turkey, Sèvres, 10 Aug. 1920 (Treaty of Sèvres)

Treaty of Peace with Turkey, Lausanne, 24 July 1923 (Treaty of Lausanne)

Treaty of Rapallo between the Kingdom of Italy and the Kingdom of Serbs, Croats and Slovenes, 12 Nov. 1920 (Italo-Austrian Treaty)

United Nations Convention on the Law of the Sea, 10 Dec. 1982

Canada

First Nations Sacred Ceremonial Objects Repatriation Act, 2000
Justice for Victims of Terrorism Act(Bill C-10) , 2012
State Immunity Act, 1985

China

Law for Protection of Cultural Relics, 2002
Regulation for Protection of the Great Wall, 2006

Germany

Gesetz zum Schutzdeutschen Kulturgutesgegen Abwanderung (Act on the Protection of German Cultural Property) , 1999

Japan

Act No. 24 on the Civil Jurisdiction with Respect to a Foreign State, 2009

Italy

Code on Cultural Properties and Landscape, 2004, 126

Russia

Law on Cultural Valuables Displaced to the USSR as a Result of the Second World War and Located on the Territory of the Russian Federation, Federal Law No 64-FZ, 1998

Switzerland

Loi federale sur le transfert international des biens culturels, 2003
Ordonnance sur le transfert international des biens culturels, 2005

United Kingdom

Customs and Excise Management Act, 1979

Dealing in Cultural Objects(Offences)Act,2003

Tribunals,Courts and Enforcement Act,2007

United States

Antiquities Act,1906

Archaeological Resources Protection Act(ARPA),1979.

Civil Asset Forfeiture Reform Act,2000

Convention on Cultural Property Implementation Act(CPIA),1983

Foreign Sovereign Immunities Act(FSIA),1976

Immunity from Seizure Act(IFSA),1965

International Emergency Economic Powers Act,1977

Native American Graves Protection and Repatriation Act(NAGPRA),1990

National Stolen Property Act(NSPA),1934.

Payne-Aldrich Tariff Act,1909

Terrorism Risk Insurance Act(TRIA),2002